SIWONSCHOOL

TOEFL

Basic

R Reading + **L** Listening + **S** Speaking + **W** Writing

시원스쿨 **LAB**

SIWONSCHOOL
TOEFL Basic

개정2판 1쇄 발행 2023년 8월 1일
개정2판 3쇄 발행 2024년 5월 2일

지은이 시원스쿨어학연구소
펴낸곳 (주)에스제이더블유인터내셔널
펴낸이 양홍걸 이시원

홈페이지 www.siwonschool.com
주소 서울시 영등포구 영신로 166 시원스쿨
교재 구입 문의 02)2014-8151
고객센터 02)6409-0878

ISBN 979-11-6150-715-6 13740
Number 1-110505-18180400-09

TOEFL Basic,
토플 입문자를 위한 토플에 대한 모든 것!

토플은 수능 영어나 토익보다 어려운 시험입니다.

하지만, 시험이 어렵다고 해서 공부도 어렵게 할 필요는 없습니다.

특히 토플을 처음 공부하는 입문자는 토플의 유형과 핵심을 한눈에 파악하는 것이 가장 중요하기 때문에 정리가 잘 된 교재로 출제 유형부터 학습하는 것이 좋습니다.

또한 자신의 실력 대비 최대한 높은 점수를 얻을 수 있도록 실전 스킬과 공부 방법을 익혀서, 토플 공부에 재미와 의욕을 느낄 수 있어야 합니다.

이에 시원스쿨은 토플 입문자들을 위한 맞춤형 교재인, 『TOEFL Basic』을 개발하였습니다.

「TOEFL Basic」은

① 딱 한 권으로 토플 입문 과정을 끝냅니다.

  토플 시험에 대한 전반적인 설명부터, Reading, Listening, Speaking, Writing 모든 영역의 핵심 출제 유형과 실전 문제를 이 책 한 권에 담았습니다.

② 핵심만 다루어 분량이 많지 않습니다.

  토플 입문 과정에서 꼭 알아야 할 핵심 내용만 다루었기 때문에, 교재에서 제공하는 학습 플랜을 따라가면 단 한 달 만에 토플 기초를 완성할 수 있습니다.

③ 토플 기초 학습자들을 세심히 배려하였습니다.

  교재 내 QR코드 이미지를 스캔하여, 기초 영문법과 영어 발음에 대한 특강을 무료로 볼 수 있습니다. 시원스쿨 대표 토플 선생님들과 원어민 선생님이 알기 쉽게 차근차근 설명해 줍니다.

④ 시험 적응력을 높여줍니다.

  실제 토플 시험과 똑같은 컴퓨터 화면 구성으로 최대한 많은 문제를 지면에 제공하여 토플을 처음 접하는 수험생들도 토플 시험을 제대로 이해할 수 있도록 하였습니다.

⑤ 실제로 점수를 올려줍니다.

  가장 많이 출제되는 전형적인 토플 문제들을 상세한 해설과 함께 답변 템플릿, 샘플 답안 등을 제공하여 입문자들도 실력과 점수를 동시에 올릴 수 있습니다.

아무쪼록 이 책으로 토플 고득점의 기초 발판을 마련하고 토플 시험에 대한 자신감을 얻기를 바랍니다.

시원스쿨어학연구소 드림

목차

Chapter 1 TOEFL Overview

Chapter 2 TOEFL Reading

| Chapter 3　TOEFL Listening

Listening 기본 정보

Listening 학습 방법

Listening 문제 유형 및 풀이 전략

| Chapter 4　TOEFL Speaking

Speaking 기본 정보

Speaking 학습 방법

Speaking 문제 유형 및 풀이 전략

목차

| Chapter 5 TOEFL Writing

MP3 다운로드

toefl.siwonschool.com > 교재/MP3 > 교재/MP3 페이지의
과목명 탭에서 『토플』 클릭 후 『TOEFL Basic』 찾기

토플 입문 맞춤형 교재, 『TOEFL Basic』

① 한 권으로 토플 전 영역 기초 완성

▷ 대부분의 토플 교재들은 Listening, Reading, Writing, Speaking의 네 권으로 나뉘어 있습니다. 이렇게 네 권으로 분리되면, 처음 토플을 공부하는 입문자들이 토플이라는 하나의 시험을 한눈에 제대로 이해하기 어렵습니다. 물론 교재 구입 비용도 네 배로 듭니다. 『TOEFL Basic』은 반드시 알아야 할 토플의 핵심만을 엄선하여 한 권에 담아, 입문자들이 토플 시험을 정확히 이해하고, 시간과 비용을 절약할 수 있도록 합니다. 또한 원어민 성우가 녹음한 음원도 전부 무료로 제공됩니다.

▷ 토플 각 영역에 대한 자세한 설명을 제공하여 토플이 어떤 시험인지 확실히 이해할 수 있도록 하고, 문제 푸는 순서와 요령을 최대한 상세하게 보여줌으로써, 학습자들이 실전 문제 풀이에 쉽게 응용할 수 있도록 합니다.

② 토플에 대한 모든 궁금증 해소

▷ 토플 시험은 노트테이킹(Note-taking), 템플릿(Template), 배경 지식 등 토플만의 고유한 학습 방법이 있습니다. 본 교재는 이와 같은 토플 공부에 꼭 필요한 개념과 학습 방법을 친절히 안내하고, 특히 중요한 내용을 질의 응답(Q&A) 형태로 짚어 줍니다.

▷ 『TOEFL Basic』은 토플 시험 접수부터 준비, 응시까지 토플에 대한 모든 것을 한 권에 정리한 완벽한 가이드북입니다.

③ QR코드를 통한 영어 기초 학습 + 실전 감각 기르기

▷ 영어 기초가 부족하여 토플 학습이 힘겨운 학습자들을 위해, 기초 영어 특강을 무료로 제공합니다. 간편하게 QR코드를 스캔하면 국내 최정상 토플 선생님들과 원어민 선생님을 만날 수 있습니다.

▷ Listening과 Speaking 영역의 실전 모의고사는 QR코드 스캔을 통해 실제 iBT 시험을 간접적으로 경험할 수 있습니다.

④ 우주에서 가장 쉬운 토플 교재

▷ 제대로 된 토플 교재 중 독자들이 만날 수 있는 가장 쉬운 책을 만들자는 취지에서 만들어진 『TOEFL Basic』은 어려운 토플을 쉽고 재밌게 학습할 수 있는 교재입니다. 교재에 포함된 다양한 이미지는 학습자들의 흥미를 유발할 뿐만 아니라, 어려운 개념을 보다 쉽게 이해할 수 있도록 해줍니다.

▷ 시원스쿨어학연구소의 토플 전문 연구원들과 국내 유명 토플 선생님들이 '왜 학습자들이 토플 시험을 어려워하는지'를 집중적으로 연구하였습니다. 토플이 어렵다고 느껴지는 영어적인 요인과 영어 외적인 요인 모두를 분석하여 그에 대한 해결책을 제시합니다.

⑤ 최신 개정 완벽 반영

▷ 『TOEFL Basic』은 2023년 7월부터 시행 중인 개정된 토플을 위한 교재입니다. 교재의 빈출 토픽과 문제 유형 분석은 개정 토플 시험을 정확히 반영하고 있기 때문에, 수험생들은 최신 시험 트렌드를 완벽히 따라잡을 수 있습니다.

▷ 개정 전 시험과 개정 후 시험을 비교하여, 기존 수험생들은 개정된 토플을 보다 쉽게 이해할 수 있습니다.

⑥ 따라하기 쉬운 완벽한 학습 플랜

▷ 교재에서 제공하는 학습 플랜을 따르면, 토플 입문자 또는 영어 실력이 부족한 영어 기초 학습자들도 30일 안에 본 교재를 거뜬히 끝낼 수 있습니다. 영어에 어느 정도 자신 있는 수험생이라면 초고속 10일 완성 학습 플랜을 통해 더 빨리 끝낼 수 있습니다.

▷ 동영상 강의를 수강할 경우 더욱 쉽고 확실하게 입문 단계를 완성할 수 있습니다. 각 강의는 평균 30분 정도로 제작되어, 입문자 여러분들이 부담 없이 학습할 수 있습니다.

이 책의 구성과 특징

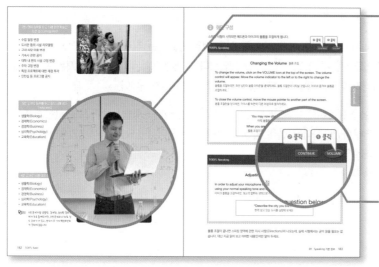

다양한 이미지로 이해도 UP!

학습 내용의 이해를 돕는 다양한 이미지들을 삽입하여 쉽고 재미있게 학습할 수 있도록 하였습니다. 학습 도중 지칠 때 기분을 업 시켜줄 뿐만 아니라, 쉽게 이해할 수 있도록 도와주고, 학습 내용이 오래 기억에 남도록 해줍니다.

iBT 시험 화면을 지면에 구현

실제 시험 화면을 최대한 지면에 구현함으로써, 수험생들이 컴퓨터 화면에 익숙해져서 실제 시험에서 당황하지 않도록 해줍니다.

문제 유형과 문제 풀이 전략 소개

각 영역별로 문제 유형을 구분하고 그에 맞게 문제 풀이 스킬을 제공합니다. 여기에 제시된 과정들을 차근차근 뜯어 보다 보면 금세 올바른 문제 접근법이 몸에 밸 것입니다.

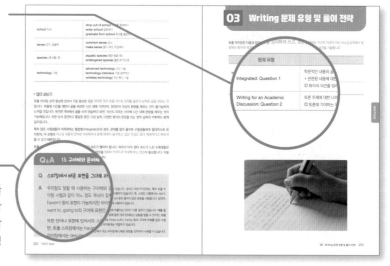

Q&A

토플 수험생들이 가장 궁금해하는 내용들을 친절하게 설명해 주는 코너로, 토플 학습 방법 및 전략부터 토플 공부를 하며 발생하는 다양한 궁금증들을 명쾌하게 설명해 줍니다.

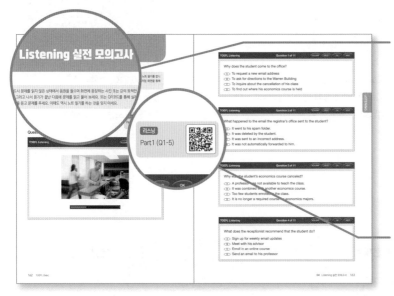

최신 개정 출제 경향이 반영된 실전 모의고사

실제 시험에 나왔던 기출 포인트를 적용한 문제를 제시하여 토플 문제를 푸는 가장 효과적인 방법을 설명합니다. 여기에 안내된 대로 문제를 풀어야 시간을 절약하고 정답률을 높일 수 있습니다. 단서에서 정답을 이끌어내는 과정을 차근차근 뜯어 보다 보면 금방 올바른 문제 접근법이 몸에 밸 것입니다.

QR로 보는 모의고사 & 특강

QR코드 이미지를 스캔하여 Listening과 Speaking 영역 모의고사를 실제 시험을 보는 듯한 느낌으로 경험해 볼 수 있습니다. 또한 교재 본문에 있는 QR코드를 통해 유명 토플 선생님들의 생생한 특강을 들을 수 있습니다.

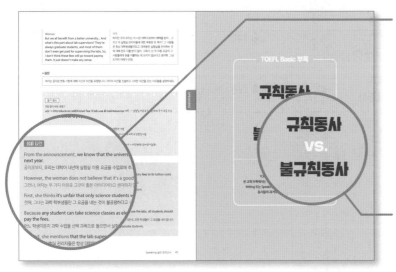

상세하고 친절한 해설집

별책으로 된 해설집에 해석과 해설, 어휘 설명이 누구나 쉽게 이해할 수 있도록 제시되어 있습니다. 특히 노트테이킹과 함께 답변 템플릿을 확인할 수 있는 Speaking/Writing 샘플 답안은 Speaking과 Writing 답안 구성에 어려움을 겪는 대다수 수험생들에게 답안 작성 능력을 길러 줄 것입니다.

영어 왕초보를 위한 부록: 규칙동사 vs 불규칙동사

교재 마지막에 수록된 부록에서는 영어에서 가장 중요한 문장성분이자 품사인 동사, 특히 토플 시험에서 많이 등장하는 동사들을 선별하여 규칙, 불규칙 동사로 구분하여 제공합니다.

토플 시험 한눈에 보기

토플은 어떤 시험인가요?

TOEFL(Test of English as a Foreign Language)은 미국 대학에서 수학할 비영어권 학생을 선별하기 위해 미국 ETS(Educational Testing Service)가 개발한 영어 능력 평가 시험입니다. 즉, 미국을 비롯한 영어권 국가 대학에서 수학할 능력의 영어 수준이 되는지를 측정하는 시험입니다. 보통 토플 시험이라고 하면 컴퓨터 인터넷 연결로 시험을 보는 iBT(internet-based test) TOEFL을 말합니다.

시험은 어떻게 구성되나요?

영역	지문 및 문제 수	시간	배점
Reading	총 2개 지문 (한 지문에 10문제씩 출제)	총 35분	0~30점
Listening	총 2개 대화 + 강의 3개 (대화 하나에 5문제, 강의 하나에 6문제씩 출제)	총 36분	0~30점
Speaking	총 4문제 (독립형 1번, 통합형 2, 3, 4번)	총 16분	0~30점
Writing	총 2문제 (통합형 1번, 토론형 2번)	총 29분	0~30점

시험 접수는 어떻게 하나요?

접수 방법	▹ 시험일로부터 최소 7일 전 ETS 토플 홈페이지에서 접수
접수 비용	▹ 시험 접수 비용: US $220 ▹ 추가 접수 비용: US $260 ∟ 시험일로부터 7일~2일 사이 접수 시 연체료(late fee) US $40 추가 ▹ 날짜 변경 비용: US $60 ▹ 재채점 비용: US $80 (Speaking/Writing 각각, Reading/Listening 불가) ▹ 추가 리포팅 비용: US $20 (건당) ∟ 시험 접수 시, 무료로 4개까지 성적 리포팅 받을 기관 선택 가능 ▹ 취소 성적 복원 비용: US $20
등록 취소	▹ ETS 토플 홈페이지에서 취소 가능 ▹ 응시료 환불은 시험 접수 후 7일 이내 100%, 응시 4일 전까지는 50%, 응시일로부터 3일 이내는 환불 불가
시험일	▹ 1년에 50회 정도로 보통 주말마다 실시되며, 실시 국가마다 차이가 있음
시험 장소	▹ 다수의 컴퓨터를 비치하고 있는 전국/전세계 교육기관 또는 ETS Test Center에서 시행 ▹ 집에서 Home Edition으로도 응시 가능

시험 당일 준비물이 있나요?

공인된 신분증(여권, 주민등록증, 운전면허증, 군인신분증 중 하나)의 원본을 반드시 지참합니다. 또한 접수번호(Registration Number)도 챙겨둡니다.

성적 확인은 어떻게 하나요?

시험 응시일로부터 약 6일 후에 온라인으로 성적을 확인할 수 있습니다. PDF로 된 성적표는 시험 응시일로부터 8일 이내 다운로드 가능합니다. 성적표 유효기간은 시험 응시일로부터 2년입니다.

초단기 완성 학습 플랜

- 자신의 레벨에 맞게 다음의 학습진도를 참조하여 매일 학습합니다.
- 실전 모의고사를 풀 때에는 시간 제한을 두고 실제 시험처럼 풀어 봅니다. 문제를 푼 뒤에는 문제를 풀면서 궁금했던 사항들을 반드시 확인하세요.
- 교재를 끝까지 한 번 보고 나면 2회독에 도전합니다. 두 번째 볼 때는 훨씬 빠르게 끝낼 수 있어요. 같은 교재를 여러 번 읽을수록 훨씬 효과가 좋으니 다독 하기를 권합니다.
- 혼자서 학습하기 어렵다면, 시원스쿨토플 홈페이지(toefl.siwonschool.com)에서 류형진 선생님과 레이첼 선생님의 강의를 들으며 보다 쉽고 재미있게 공부할 수 있습니다.

초고속 10일 완성 학습 플랜

- 영어 실력이 어느 정도 있고 토플을 전에 접해본 적이 있는 수험생 대상
- 토플 시험이 얼마 남지 않은 상태에서 짧은 시간 최종 정리를 원하는 수험생 대상

1일	2일	3일	4일	5일
Chapter 1	Chapter 2 • 실전 모의고사 전까지	Chapter 2 • 실전 모의고사	Chapter 3 • 실전 모의고사 전까지	Chapter 3 • 실전 모의고사

6일	7일	8일	9일	10일
Chapter 4 • 실전 모의고사 전까지	Chapter 4 • 실전 모의고사	Chapter 5 • 실전 모의고사 전까지	Chapter 5 • 실전 모의고사	Chapter 2~5 • 총복습

입문자 30일 완성 학습 플랜

- 토플 입문자 또는 영어에 자신 없는 수험생 대상

1일	2일	3일	4일	5일
Chapter 1	Chapter 2 • Reading 기본 정보 • Reading 학습 방법	Chapter 2 • Reading 문제 유형 및 풀이 전략	Chapter 2 • 실전 모의고사 Question 1-10	Chapter 2 • 실전 모의고사 Question 11-20
6일	**7일**	**8일**	**9일**	**10일**
Chapter 3 • Listening 기본 정보 • Listening 학습 방법	Chapter 3 • Listening 문제 유형 및 풀이 전략	Chapter 3 • 실전 모의고사 Part 1 (Question 1-5)	Chapter 3 • 실전 모의고사 Part 1 (Question 6-11)	Chapter 3 • 실전 모의고사 Part 2 (Question 1-5)
11일	**12일**	**13일**	**14일**	**15일**
Chapter 3 • 실전 모의고사 Part 2 (Question 6-11)	Chapter 3 • 실전 모의고사 Part 2 (Question 12-17)	Chapter 2~3 • 총복습	Chapter 4 • Speaking 기본 정보 • Speaking 학습 방법	Chapter 4 • Speaking 문제 유형 및 풀이 전략 1 Independent: Question 1
16일	**17일**	**18일**	**19일**	**20일**
Chapter 4 • Speaking 문제 유형 및 풀이 전략 2 Integrated: Question 2	Chapter 4 • Speaking 문제 유형 및 풀이 전략 3 Integrated: Question 3	Chapter 4 • Speaking 문제 유형 및 풀이 전략 4 Integrated: Question 4	Chapter 4 • 실전 모의고사 Question 1	Chapter 4 • 실전 모의고사 Question 2
21일	**22일**	**23일**	**24일**	**25일**
Chapter 4 • 실전 모의고사 Question 3	Chapter 4 • 실전 모의고사 Question 4	Chapter 5 • Writing 기본 정보	Chapter 5 • Writing 학습 방법 1 기본 쓰기 실력 향상법	Chapter 5 • Writing 학습 방법 2 토플 라이팅 맞춤형 공부법
26일	**27일**	**28일**	**29일**	**30일**
Chapter 5 • Writing 문제 유형 및 풀이 전략 1 Integrated: Question 1	Chapter 5 • Writing 문제 유형 및 풀이 전략 2 Discussion: Question 2	Chapter 5 • 실전 모의고사 Question 1	Chapter 5 • 실전 모의고사 Question 2	Chapter 4~5 • 총복습

Chapter 1

TOEFL Overview

미리 보기
이렇게 나와요!

1 **총 4개 영역이 출제됩니다.**
   토플은 Reading(읽기), Listening(듣기), Speaking(말하기), Writing(쓰기)의 4가지 영역을 전부 측정하는 시험입니다.

2 **영어권 국가 대학에서 수학할 수 있는 영어 실력을 측정합니다.**
   토플은 영어권 국가의 대학에서 학부, 대학원 과정을 공부할 때 필요한 영어 실력을 측정하는 시험이기에, Academic(학문적) 내용을 바탕으로 출제되고 난이도 역시 다른 영어 시험에 비해 높은 편입니다.

3 **이전 보다 시험이 짧아졌습니다.**
   2023년 7월 이후 토플 시험은 Reading, Listening, Writing 문제 수가 줄고, 그에 따라 시험 시간도 짧아져서, 보다 응시자 친화적으로 시험이 변경되었습니다.

01 토플에 대한 모든 것

① 토플 시험 소개

토플(TOEFL, Test of English as a Foreign Language)은 미국 대학에서 수학할 비영어권 학생을 선별하기 위해 미국 ETS(Educational Testing Service)가 개발한 영어 능력 평가 시험으로, 현재 전 세계 150개 이상의 국가에 속한 10,000개가 넘는 기관들이 토플 점수를 인정하고 있습니다.

비록 토플이 영어권 대학 입학에 필요한 영어 능력을 측정하기 위한 시험으로 개발되기는 했지만, 많은 기관들이 학문적인 영어 실력 뿐만 아니라 일반적인 영어 실력을 판단하는 척도로 토플 점수를 인정하고 있습니다. 특히, 국내에서는 토플 활용 범위가 아주 넓은데, 국내 대학 및 대학원 진학은 물론, 카투사(KATUSA)와 어학병 지원 자격 요건에 해당되며, 다수의 민간 기업과 공기업들이 토플 점수를 입사 성적으로 인정하고 있습니다.

Q&A 1. 토플 공부의 왕도

Q 토플은 공부하기 어려운데 그 이유는 무엇이며 어떻게 공부해야 효율적일까요?

A 토플이 다른 영어 시험보다 공부하기 어려운 이유로 여러 가지가 있겠지만, 가장 큰 이유는 수험생들이 학문적인 영어에 익숙하지 않기 때문입니다. 주제도 생소하고 거기에 나오는 전문적인 단어들을 잘 알지 못해서 공부하기 어렵습니다. 따라서 토플에 나오는 전문적인 주제로 된 글들을 많이 읽고 관련 단어들을 반드시 숙지해야 합니다. 토플 점수는 어휘력에 비례한다는 점을 잊지 마세요.
결론! 가장 효율적인 토플 공부 방법은 다양한 토플 문제를 익숙해질 때까지 최대한 많이 반복해서 풀면서 관련 단어들을 확실히 외우는 것입니다. 이것이 토플 공부의 왕도입니다.

② iBT TOEFL

토플 시험의 변천 과정을 보면, 처음에는 읽기, 듣기, 문법, 쓰기 시험에서 출발하였는데, 지금은 문법 영역이 말하기로 대체되면서 언어의 네 가지 영역을 모두 평가하는 시험이 되었습니다. 이러한 변화는 응시 방식과도 연관되어 있는데, 종이 시험(PBT)에서 처음 시작되어 컴퓨터 시험(CBT)을 거쳐 지금의 인터넷 기반 시험(iBT)으로 바뀌었습니다. 따라서 현재 토플은 일반적으로 iBT TOEFL을 의미하며, 본 교재도 iBT TOEFL에 대해 다룹니다.

컴퓨터 화면으로
문제를 풀어 보니
종이로 풀 때와 다르네...

	PBT (Paper-Based Test)	CBT (Computer-Based Test)	iBT (Internet-Based Test)
형태	· 종이 시험	· 컴퓨터에 설치된, 또는 CD에 담긴 시험 프로그램을 컴퓨터로 응시	· 인터넷 연결로 시험 응시
과목	· Listening (듣기) · Structure and Written expression (문법 및 작문 표현) · Reading (읽기) · Test of Written English (쓰기)	· Listening (듣기) · Structure (문법) · Reading (읽기) · Writing (쓰기)	· Reading (읽기) · Listening (듣기) · Speaking (말하기) · Writing (쓰기)
만점	· 677점	· 300점	· 120점
시행	· 기관토플(ITP)로 변형되어 진행	· iBT 등장 후 사라짐	· 현재 전 세계에서 시행되는 시험 형태

iBT TOEFL은 Reading, Listening, Speaking, Writing의 모든 언어 영역을 총체적으로 평가하는 시험이므로 이전보다 응시생의 영어 실력을 더 정확하게 평가할 수 있습니다. 다만, 컴퓨터 화면을 통해 문제를 풀어야 하는 특성상 종이보다 컴퓨터 화면으로 문제를 푸는 것에 익숙해질 필요가 있습니다. 토플 공식 홈페이지에서(ets.org/toefl) iBT TOEFL 실전 문제 세트를 무료로 경험할 수 있으므로 이용해 보기 바랍니다.

❸ ITP(기관토플), TOEFL Primary, TOEFL Junior

아직도 국내 일부 대학은 독립적으로 PBT 형태의 기관토플(ITP: Institutional Testing Program)을 시행하고 있는데, 기존의 PBT와 다른 점은 쓰기 영역(Test of Written English)이 존재하지 않는다는 것입니다. 또한 기관토플 점수는 해당 대학 내에서 대학원 입학, 졸업 논문 제출 자격, 그리고 교환 학생 선발 기준으로 활용되고 있으며, 타 기관에서는 인정하지 않기 때문에 활용도가 낮습니다. 하지만 비용이 저렴하고(iBT TOEFL이 약 24만원인데 비해 기관토플은 약 3만원) 한국인 수험생들이 가장 약한 Speaking과 Writing 영역도 포함되어 있지 않으며, Reading과 Listening도 iBT TOEFL보다 쉬운 편이므로 기관토플로 대체가 가능하다면 많은 수험생들이 iBT TOEFL대신 기관토플 응시를 선호하고 있습니다.

이외에 TOEFL Primary(토플 프라이머리)와 TOEFL Junior(토플 주니어) 시험도 있는데, 토플 프라이머리는 초등학교 수준 영어 능력을, 토플 주니어는 중학교 수준 영어 능력을 평가하는 시험이며, 어린 학생들의 영어 능력 수준을 확인하고 관리하는 데 활용할 수 있습니다.

❹ 토플 점수

토플은 Reading, Listening, Speaking, Writing 각 영역에 대해 30점 만점, 총 120점이 만점입니다.
토플 점수는 응시일로부터 2년 동안 유효하며, 2년이 지난 점수는 사용할 수 없습니다. 또 다른 유의 사항으로는, 대학마다 그리고 대학별 전공 및 코스(학사, 석사, 박사)마다 필요로 하는 토플 점수의 기준이 다르다는 점입니다. 예를 들어, A 대학의 경영학 학사 과정은 65점만 넘으면 되지만, B 대학의 약학 석사 과정은 105점 이상이어야 지원 가능합니다. 또한 매년 대학 입학 기준이 바뀌면서 필요한 최소 토플 점수 역시 달라집니다. 따라서 반드시 진학하고자 하는 대학 학과에 대한 최신 입시 정보를 바탕으로 토플 목표 점수를 설정해야 합니다.

참고로, 다음 표에서 미국 대학의 학사 과정에 대략적으로 필요한 최소 토플 점수를 확인해 보시기 바랍니다.

대학명	점수	대학명	점수
Arizona State University	61	Cornell University	100
Boston University	95	Duke University	100
Brigham Young University	85	Emory University	79-80
Brown University	100	Florida State University	80
Carnegie Mellon University	100	George Mason University	88-100
Cleveland State University	65	Georgetown University	100
Columbia University	100	Georgia Institute of Technology	79
Harvard University	100	University of Georgia	80

Iowa State University	71
Johns Hopkins University	100
Kansas State University	79
Ohio State University	71
Ohio University	80
Rice University	90
Stanford University	100
St. Louis University	80
SUNY – Albany	79
SUNY – Stony Brook	80
Syracuse University	80
Temple University	79
Texas Tech University	79
UC Berkeley	90
UCLA	87
University of Dayton	80
University of Florida	80

University of Houston	79
University of Iowa	81
University of Kentucky	71
University of Louisville	79
University of Maine	71
University of Michigan	88-106
University of Minnesota	79
University of Missouri	61
University of Utah	61
University of Virginia	90
University of Washington	76
University of Wisconsin–Madison	80
University of Wisconsin–Milwaukee	68
Utah State University	79
Washington State University	68
Western Michigan University	80
Yale University	100

< Harvard University >

02 최신 개정

① 2023년 7월 이후

2023년 7월부터 한국을 포함해 세계적으로 개정된 토플이 시행되고 있습니다. 개정된 토플은 이전보다 문제 수와 시험 시간을 줄여 수험생의 피로도 감소와 공신력 유지를 목표로 합니다.

	2023년 7월 이전	2023년 7월 이후
Reading 문제 수 감소	· 3-4개 지문(passage) ➡ 한 지문당 10개 문제	· 2개 지문(passage) ➡ 한 지문당 10개 문제
Listening 문제 수 감소	· 3-4개 강의(lecture) ➡ 한 강의당 6개 문제 · 2-3개 대화(conversation) ➡ 한 대화당 5개 문제	· 3개 강의(lecture) ➡ 한 강의당 6개 문제 · 2개 대화(conversation) ➡ 한 대화당 5개 문제
Speaking 변경 없음	· 4개 과제(task) ➡ 1개 독립형(independent) 　 3개 통합형(integrated)	· 4개 과제(task) ➡ 1개 독립형(independent) 　 3개 통합형(integrated)
Writing 문제 유형 변경	· 2개 과제(task) ➡ 1개 통합형(integrated) - 20분 　 1개 독립형(independent) - 30분	· 2개 과제(task) ➡ 1개 통합형(integrated) - 20분 　 1개 토론형(discussion) - 10분
총 시험 시간	· 약 3시간	· 약 2시간

문제 수와 시험 시간이 이전보다 줄었는데, 이는 Reading 영역에서 지문 수가 2개로 줄고, 특히 Reading 과 Listening 영역에서 더미 문제(성적에 반영되지 않는 실험용 문제)가 더 이상 나오지 않게 되었기 때문입니다. 또한 Writing 영역에서 30분짜리 독립형 에세이 문제가 10분짜리 토론형 문제로 대체되었습니다. 그리고 Listening 시험 끝나고 있던 10분의 휴식 시간(Break time)도 없어졌습니다.

② MyBest Scores

2019년 8월 이후 시험 성적표에는 두 가지 시험 성적이 제시됩니다. 하나는 시험 응시일의 시험 점수이고, 또 하나는 2년 동안 본 자신의 시험 점수 중에 영역별 최고 점수만 모아 둔 MyBest Scores, 즉 나의 최고 점수입니다.

만일 2020년 3월 28일에 Reading 20점, Listening 20점, Speaking 18점, Writing 17점, 총 75점의 점수를 받은 수험생이 2020년 5월 8일에 Reading 18점, Listening 19점, Speaking 20점, Writing 20점, 총 77점의 점수를 얻었다면, 이 수험생 성적표에는 2020년 5월 8일 성적과 함께, MyBest Scores로 Reading 20점, Listening 20점, Speaking 20점, Writing 20점, 총 80점의 성적도 기재됩니다.

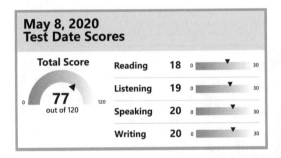
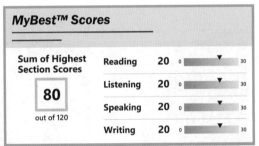

유의할 점은 MyBest Scores를 모든 대학과 기관이 인정하는 것은 아니므로 자신이 지원하는 학교의 프로그램에서 이 점수를 인정하는지 반드시 확인해야 한다는 것입니다.

③ 채점 방식 및 재채점

채점(Scoring) 방식과 관련해, 이전과 동일하게 객관식인 Reading과 Listening은 컴퓨터가 채점을 합니다. Speaking은 기존의 여섯 번 채점에서 여덟 번 채점으로 바뀌었는데, 특히 컴퓨터 채점이 새롭게 도입되었습니다. 즉, 네 번은 사람이 내용과 전개 등 언어에 대한 전체적인(Holistic) 관점에서 채점하고, 나머지 네 번은 컴퓨터가 발음과 강세 등의 언어 특징을 분석적인(Analytic) 관점에서 채점합니다. Writing 채점 방식은 기존에 비해 변화가 없으며, 마찬가지로 사람과 컴퓨터가 나눠서 채점합니다. Speaking처럼 전문 채점관이 전체적인 관점에서 글의 내용과 논리를 채점하고, 컴퓨터는 분석적인 관점에서 문법을 채점합니다.

참고로, Writing과 Speaking은 사람이 채점하는 과정에서 발생 가능한 오류와 관련해 재채점(Score Review)을 신청할 수 있습니다. 재채점은 시험 응시일 이후 30일 이내에 신청 가능하고, 한 시험에 한 번만 할 수 있으며 영역마다 $80의 비용이 발생합니다. 즉, Speaking과 Writing 중 하나만 신청하면 $80, 둘 다 신청하면 $160입니다. 보통 결제 후 1~3주의 기간 내에 재채점 결과를 알 수 있습니다. 다만, 실제로 재채점을 신청해서 점수가 오르는 경우는 극소수이며, 오히려 점수가 내려가기도 하므로 신중하게 생각하고 신청해야 합니다. 또한 시험 접수 시에 성적표 제출 대학 또는 기관에 성적표가 직접 보내지도록 신청을 한 경우에는 재채점 신청이 불가능합니다.

03 응시 절차

① 시험 접수

토플 시험 접수는 시험 주관사인 ETS 영문 홈페이지에서 회원 가입(ETS 계정 등록)을 한 다음에 진행할 수 있습니다. 물론 이미 계정이 있다면 바로 사용자 이름과 비밀번호를 입력해 접수할 수 있습니다. 사이트가 영문으로 되어 있어 시험 접수에 어려움을 느낄 수 있는데, 사이트 우측 상단의 Language Preference 항목을 클릭하면 한국어(Korean)를 선택하여 한국어로도 사이트를 볼 수 있습니다.

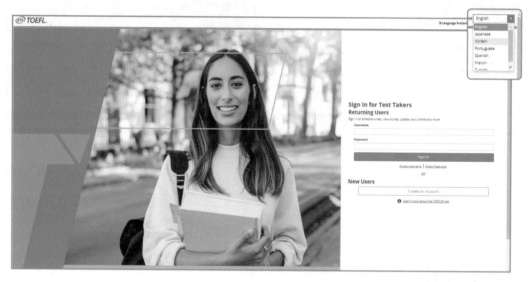

출처: ETS 토플 등록 홈페이지

토플 시험 응시료는 미화 220달러로 개정에 따른 차이는 없습니다. 단, 응시일로부터 7일 이내에 접수하면 late fee(연체료) 40달러가 추가되어 260달러를 지불해야 하므로, 응시 희망일로부터 최소 7일 전까지 접수하도록 합니다.

시험 응시료 환불과 관련해, ETS는 특별히 한국에서 시험에 응시하는 경우에는 100% 환불 규정을 두고 있는데, 시험 등록 후 7일 이내에 환불을 요청하는 경우에 해당됩니다. 또한 시험 응시 4일전까지는 50%가 환불되고, 응시일로부터 3일 이내의 기간 중에는 환불되지 않습니다. 100% 환불 규정이 적용되는 경우, 환불액이 50%씩 나뉘어 두 번에 걸쳐 입금됩니다. 또한 late fee를 지불하고 접수한 응시생은 100% 환불 규정이 적용되지 않습니다.

❷ 시험 진행

토플 시험이 개정되면서 오후 시간대에도 응시 가능한 수험장이 생기고 있지만, 아직도 대부분의 토플 시험은 오전에 진행됩니다. 먼저 고사장에 도착한 순서대로 번호표를 받아 입실하고, 입실 순서대로 시험을 시작합니다. 즉, 응시자들의 시험 시작 시간이 달라서 토플 수험실은 다른 시험들과 달리 산만한 느낌이 들며, 특히 자신의 Listening 또는 Writing 영역이 진행되는 중에 옆 사람의 Speaking 영역 답변이 들릴 수도 있는데, 이에 신경 쓰지 말고 자신의 시험에만 집중해야 합니다.

시험 시작 전에 신분증을 검사 받고 서약서에 서명하게 됩니다. 이후에 사진 촬영을 하고 서약서를 직접 읽으며 녹음해야 합니다. 연필과 메모지(Scratch Paper)가 제공되므로 시험 중에 자유롭게 메모지에 필기할 수 있으며, 부족하면 손을 들어 더 요청할 수 있습니다.

마이크 테스트를 마치고 나면 Reading → Listening → Speaking → Writing 순으로 시험을 보게 됩니다.

❸ 성적 확인

시험 응시일로부터 약 6일 후에 온라인으로 성적을 확인할 수 있습니다. PDF로 된 성적표는 시험 응시일로부터 8일 이내에 다운로드 가능하고, 시험 접수 시 성적표 수령 방법으로 "인터넷과 우편을 동시에"를 클릭하면(1부 무료) 응시자의 집으로도 발송됩니다. 그리고 응시자의 선택에 따라 응시 대학 또는 기관(4부 무료)에도 우편 발송됩니다.

Q&A   2. 시험 당일 준비 사항

Q 시험 당일 어떻게 준비해야 하나요?

A 사실 대부분의 수험생들이 시험 전날 잠을 설쳐, 시험 당일 컨디션이 좋지 않을 가능성이 높습니다. 따라서 시험 일주일 전부터는 9시 반에 시험장에 도착한다는 생각으로 생활 습관을 들여 규칙적인 생활을 하는 것이 좋습니다. 시험 전날에 잠이 오지 않으면 억지로 자려 하지 말고, 잠자리에서 그동안 공부해 왔던 것을 편하게 다시 한 번 쭉 훑어보는 것도 좋은 방법이 될 수 있습니다.

각자의 습관에 따라 아침 식사 여부를 결정하고, 반드시 신분증을 챙기고 편안한 복장으로 시험장에 갑니다. 또한 시험 당일에는 새로운 것을 공부하려고 하지 말고 그동안 공부해 온 교재를 들고 가세요. 새로운 것을 보다가 몰랐던 내용이 나오면 걱정이 많아지고 자신감도 떨어지게 됩니다. 특히 마음이 불안해지면 시험을 그르칠 수 있으므로 그동안 공부해 왔던 내용을 다시 보는 것이 더 좋습니다.

Chapter 2

TOEFL
Reading

Reading

미리보기

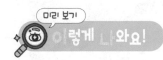
1 **총 두 개의 지문이 나옵니다.**
미국 대학 교재 수준의 학문적(Academic) 글이 총 2개 출제됩니다. 지문은 약 700개 단어로 이루어져 있으며 평균 6개 문단으로 구성되어 있습니다.

2 **하나의 지문에 10문제씩 등장합니다.**
지문 하나에 10문제가 출제되며, 이러한 지문 하나를 18분 이내에 풀어야 합니다.

3 **다양한 학문적 토픽에 관한 지문이 출제됩니다.**
생물학, 예술사, 역사, 고생물학, 지구과학, 천문학, 교육학 등 다양한 전공의 토픽이 지문으로 출제됩니다.

01 Reading 기본 정보

① 출제 범위: Academic Passage

Reading은 대학 수준의 학문적 글을 이해할 수 있는지 평가하는 영역입니다. 이에 따라 Reading에 나오는 지문은 미국 대학 교재 수준의 학문적(Academic) 글의 일부 발췌문(Passage)으로, 어떠한 개념이나 주제 및 이론을 소개하는 글들이 출제됩니다. 등장하는 지문의 수준이 높고 전문적이지만, 주제나 개념에 대한 배경지식이 없어도 지문 내에서 문제를 푸는 데 아무 지장이 없게 출제됩니다. 즉, 순수하게 독해 능력을 측정할 수 있도록 문제가 나옵니다.

지문 길이	지문 및 문제 수	시간
600~700자	· 총 2개 지문 출제 · 지문 하나 당 10문제 · 지문 길이는 약 700단어 이내로 평균 6개 문단으로 구성	· 약 35분 · 한 지문당 약 18분

리딩 영역에서 자주 나오는 주제는 다음과 같습니다.

생물 (Biology)

생물과 관련된 주제는 토플 시험에서 가장 많이 출제됩니다. 특히 동물학(Zoology), 식물학(Botany), 생태학(Ecology), 생리학(Physiology) 등의 세부 주제들이 자주 나오고 있습니다.

예술 [Art]

예술은 생물과 함께 가장 많이 출제되는 주제로, 미술(Art), 문학(Literature), 영화(Film), 연극(Theater), 음악 (Music), 무용(Dance) 등 다양한 내용 이 나옵니다.

유적 [Remains]

고고학(Archaeology), 역사(History), 고생물학(Palaeontology) 등 오래된 유적, 유물, 화석에 대한 탐사와 그 시대 의 역사, 그리고 관련 이론들이 자주 나 옵니다.

지구 [Earth]

지구과학 영역으로, 바람/번개/눈/ 비 등의 대기(Atmosphere)와 기상 (Meteorology), 지진/화산/판구조론 등의 지질(Geology), 바다/강/호수/ 지하수/빙하 등의 물(Hydrology), 그 리고 최근 이슈가 되고 있는 기후 변화 (Climate Change) 등이 출제됩니다.

우주 [Universe]

천문학(Astronomy), 우주 생명체
(Astrobiology), 우주 과학(Space
Science) 등 우주와 관련된 주제들이
토플 리딩에 자주 출제됩니다.

사회 [Society]

인류학(Anthropology), 경제학
(Economics), 사회학(Sociology),
심리학(Psychology), 철학
(Philosophy), 아동 발달(Child
Development) 등 인간과 사회의 관계
를 공부하는 학문이 출제됩니다.

과학 [Science]

재생에너지 관련 환경 과학
(Environmental Science)과 기
술(Technology) 등의 영역이 물리
(Physics)나 화학(Chemistry)같은
순수 과학보다 자주 나오는 경향이 있습
니다.

건축(Architecture)과 도시 계획(City Planning)같은 인간의 환경도 출제되고 있지만, 동물과 식물의 서식지(Habitats)가 보다 자주 출제됩니다.

Q&A 3. 배경지식의 필요성

Q 토플 시험에 나오는 주제들에 대한 배경지식을 많이 알면 문제 푸는 데 도움이 될까요?

A 토플 문제를 푸는 데 정답이 되는 근거는 모두 제시된 지문에 있습니다. 따라서 배경지식이 없어도 정답을 선택하는 데 문제는 없습니다. 하지만 여러분이 관련 주제에 대한 배경지식이 있고 그 주제에 친숙하다면, 지문 내용을 보다 쉽게 이해할 수 있으므로 문제를 푸는 시간을 단축할 수 있고 정답을 선택할 확률도 더 높일 수 있습니다. 예를 들어, 역사 전공자가 토플 지문으로 역사 지문을 풀게 된다면, 지질학 등의 자연 과학 지문을 풀 때보다 좀 더 쉽게 풀 수 있을 것입니다.

이는 Reading 뿐만 아니라, Listening, Speaking, Writing에도 해당됩니다. 미국 대학 환경에 익숙하다면, 대학 내에서 벌어지는 학생 간, 또는 학생과 교직원, 학생과 교수 간의 대화 내용이 낯설지 않을 것입니다. 하지만, 이러한 대학 경험이 전혀 없는 한국의 중·고등학생들에게는 대화 상황이 직접적으로 와닿지 않아, 이러한 대학 문화를 경험해 본 사람들보다 더 어렵게 문제를 풀게 됩니다.

따라서 토플 문제를 풀고 나서 정답만 채점하고 끝내는 것이 아니라, 반복해서 내용을 꼼꼼히 살펴보며 관련 배경지식들을 숙지하다 보면, 생각보다 빨리 점수를 향상시킬 수 있습니다.

② 화면 구성

Reading 시험은 다음의 지시문(Directions)이 등장하면서 시작됩니다. 지시문은 Reading section에 대한 설명으로, 지금 이 책에서만 내용을 확인하고 실제 시험에서는 지시문을 읽을 필요 없이 바로 클릭해서 넘어가도록 합니다.

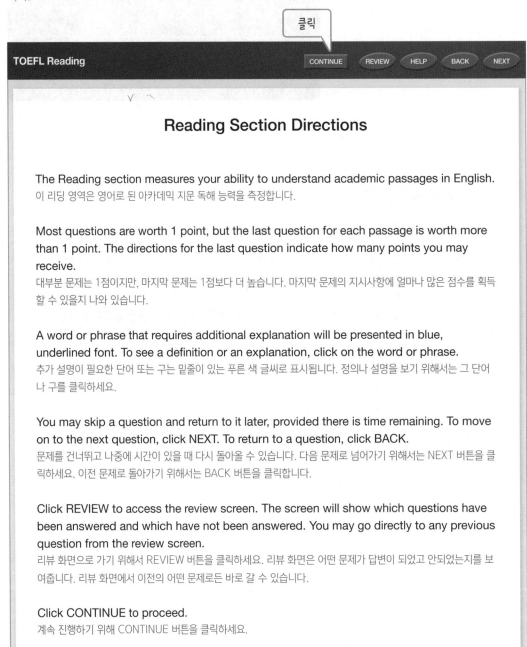

Reading Section Directions

The Reading section measures your ability to understand academic passages in English.
이 리딩 영역은 영어로 된 아카데믹 지문 독해 능력을 측정합니다.

Most questions are worth 1 point, but the last question for each passage is worth more than 1 point. The directions for the last question indicate how many points you may receive.
대부분 문제는 1점이지만, 마지막 문제는 1점보다 더 높습니다. 마지막 문제의 지시사항에 얼마나 많은 점수를 획득할 수 있을지 나와 있습니다.

A word or phrase that requires additional explanation will be presented in blue, underlined font. To see a definition or an explanation, click on the word or phrase.
추가 설명이 필요한 단어 또는 구는 밑줄이 있는 푸른 색 글씨로 표시됩니다. 정의나 설명을 보기 위해서는 그 단어나 구를 클릭하세요.

You may skip a question and return to it later, provided there is time remaining. To move on to the next question, click NEXT. To return to a question, click BACK.
문제를 건너뛰고 나중에 시간이 있을 때 다시 돌아올 수 있습니다. 다음 문제로 넘어가기 위해서는 NEXT 버튼을 클릭하세요. 이전 문제로 돌아가기 위해서는 BACK 버튼을 클릭합니다.

Click REVIEW to access the review screen. The screen will show which questions have been answered and which have not been answered. You may go directly to any previous question from the review screen.
리뷰 화면으로 가기 위해서 REVIEW 버튼을 클릭하세요. 리뷰 화면은 어떤 문제가 답변이 되었고 안되었는지를 보여줍니다. 리뷰 화면에서 이전의 어떤 문제로든 바로 갈 수 있습니다.

Click CONTINUE to proceed.
계속 진행하기 위해 CONTINUE 버튼을 클릭하세요.

클릭해서 넘어가면 시간이 흐르면서 첫 번째 지문이 나옵니다. 이 때, 제목만 확인하여 어떤 내용이 나올지 파악하고 스크롤바를 지문 마지막까지 내리고 Next 버튼을 클릭하고 넘어갑니다. 스크롤바를 끝까지 내리지 않으면 다음 화면으로 넘어가지 않음에 유의하세요.

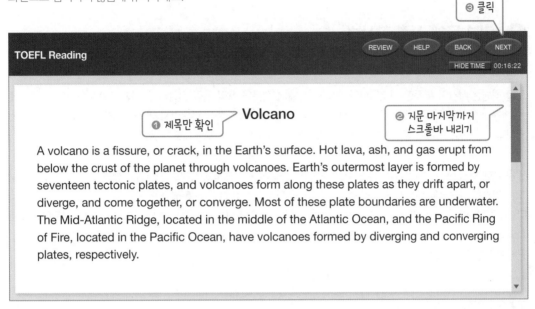

이제부터 본격적으로 화면에 오른쪽은 문제, 왼쪽에는 해당 문제와 연관된 지문 부분이 나옵니다. 정답을 찾아서 클릭한 다음, Next버튼을 누르면 다음 문제로 넘어가는 식입니다.

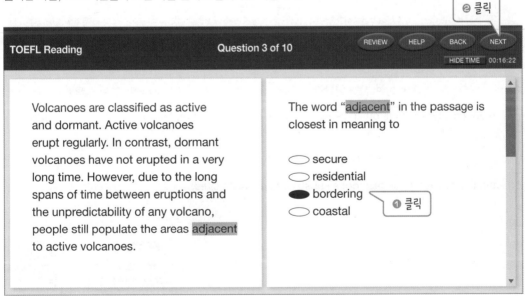

참고로 Reading 화면 상단의 툴바에는 여러 버튼이 있는데, 자신이 푼 답을 확인하고 싶을 때는 REVIEW 버튼을, 화면 설명에 대한 도움말을 얻고 싶을 때는 HELP 버튼을, 뒤로 돌아가고 싶을 때는 BACK 버튼을, 그리고 앞으로 계속해서 넘어갈 때는 NEXT 버튼을 클릭하면 됩니다. 또한 시험 시간을 숨기고 싶으면 HIDE TIME 버튼을 누르세요.

02 Reading 학습 방법

❶ 기본 독해 실력 향상법

■ 정독

토플 리딩은 시간이 부족한 시험입니다. 따라서 누구나 지문을 빨리 읽길 원합니다. 하지만 스피드보다 중요한 것은 내용 이해입니다. 우리가 초등학생 때부터 한글 신문이나 책을 쭉쭉 읽으면서 내용을 이해하였을까요? 아닐 것입니다. 초등학교 교과서부터 천천히, 자세하게 읽다 보니 어느 순간 독해 속도가 빨라진 것입니다.

영문 독해 역시 마찬가지입니다. 한 단어, 한 문장도 충실히 완벽하게 해석해보는 연습을 해보세요. 특히 토플에 나오는 어려운 문장들을 반드시 제대로 해석할 수 있을 때까지 연습합니다. 독해가 안 되는 이유는 크게 두 가지입니다. 바로 단어를 모르는 경우와 문장 구조가 이해되지 않는 경우입니다. 사전을 통해 단어를 다 찾아봐도 문장 구조 파악이 되지 않으면 제대로 된 해석을 할 수 없습니다. 따라서 독해를 위해서는 단어 암기와 문장 구조 분석(문법) 공부가 병행되어야 합니다.

문장 구조 분석 예

주어 부분 / 동사(서술어) 부분 / 목적어 부분

- Artists in the early years of the Renaissance / first began / using perspective in their work.

  르네상스 초기 예술가들이   먼저 시작했다   작품에 원근법을 사용하는 것을

수식어 부분 - 기간 설명 / 주어 부분 / 동사(서술어) 부분

- Over the subsequent decades, / numerous laws and regulations / have been introduced /

  그 후 수십 년에 걸쳐   수많은 법과 규제가   도입되어 왔다

수식어 부분 - 목적 설명 / 수식어 부분 - issue에 대한 부연 설명1

to control and manage other issues / such as pesticide use on farms /

다른 문제들을 통제하고 관리하기 위해   농장에서 살충제 사용과 같은

수식어 부분 - issue에 대한 부연 설명2

and the depositing of hazardous substances at waste sites.

그리고 쓰레기장에서 유해 물질을 축적하는 것

특강 01
문장성분
한눈에 파악하기

여러분은 어려운 문장 하나를 제대로 해석하는 데 30분이 넘게 걸릴 수도 있습니다. 최대한 끝까지 자신의 힘으로 해석해보고, 도저히 해석이 안 되면 주변 사람들에게 물어보세요. 참고로 시원스쿨 토플 강좌 수강생들은 교재 질문하기 게시판(lab.siwonschool.com접속 → 교재/MP3 클릭 → 교재 질문하기)을 이용하여 영어 문장 구조 및 해석에 대해 질문을 올리고 TOEFL 전문 강사 또는 연구원의 답변을 받는 서비스를 무료로 이용할 수 있습니다.

■ 스키밍 & 스캐닝

어느 정도 영문 정독이 숙달되어 지문의 내용을 이해할 수 있는 수준까지 도달했다면, 이제는 독해 스피드를 높이는 스키밍과 스캐닝 훈련을 해야 합니다.

스키밍(Skimming)은 문장의 주어, 동사 부분들 위주로 빠르게 흐름만 이해하면서 읽는 방법입니다. 스키밍을 하는 이유는 자신이 읽고 있는 문단이 어떠한 내용인지를 빠른 시간에 파악하기 위함입니다. 또한 스키밍을 통해 전체적 맥락과 흐름을 이해하고 있으면, 세부 내용을 찾는 스캐닝도 보다 빠르게 할 수 있습니다.

스캐닝(Scanning)은 문제에서 물어보는 특정 내용이 지문 어디에 있는지 빠르게 찾아가며 읽는 스킬입니다. 마치 두꺼운 여행책에서 자신에게 필요한 부분만 찾아 읽듯이 어떤 특정 정보를 찾기 위해 지문에서 문제의 핵심어 또는 이 핵심어의 유의어를 찾는 스킬입니다. Reading 문제의 80% 이상은 세부 내용을 묻는 문제 유형이기에 반드시 핵심어 또는 유의어를 스캐닝 할 수 있어야 합니다.

특강 02
스키밍&스캐닝
속도를 높여줄
8품사의 이해

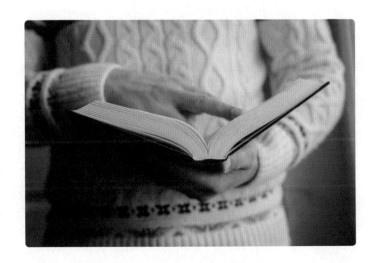

■ 패러프레이즈

패러프레이즈(Paraphrase)란 어떤 문장이나 문구를 같은 의미이지만 다른 말로 바꾸어 표현한 것을 말합니다. 보통 단어와 문장구조를 변형하여 패러프레이즈를 하는데, 대부분의 영어 독해와 듣기 문제의 경우 지문이나 음원에 나오는 표현이 그대로 선택지에 정답으로 나오는 것이 아니라 다른 말로 바뀌어 나옵니다.

패러프레이즈는 유사한 어휘로 대체해서 표현하는, 비교적 단순한 형태로 가장 많이 출제되지만, 어휘 변화와 함께 문장구조 변형도 함께 이루어지는 고난도 방식으로도 출제됩니다.

기출문제 패러프레이즈 예

지문 표현
stress for trees
나무에게 주는 스트레스

정답 표현
hardship for trees
나무에게 주는 고초

지문 표현
They knew very little about Western culture.
그들은 서양 문화를 거의 몰랐다.

정답 표현
They had almost no contact with Western culture.
그들은 서양 문화와 거의 접촉이 없었다.

지문 표현
Continued sedimentation causes high temperature and pressure.
계속되는 퇴적은 고온과 압력을 야기한다.

정답 표현
Pressure and heat from the weight of sediments
퇴적물의 무게로부터 오는 압력과 열

➡ 계속 누적되는 퇴적(Continued sedimentation)은 퇴적물의 무게(the weight of sediments)를 뜻하고, 여기서 야기되는(causes), 즉 이로부터(from) 발생하는 고온(high temperature)은 열(heat)로 표현되어 있습니다. 또한 지문 표현은 하나의 문장이지만, 정답 표현은 명사구로 변형되어 있습니다.

지문 표현
Many Indians are still using that traditional remedy.
많은 인도인들이 그 전통적 치료법을 여전히 사용하고 있다.

정답 표현
The old method is still commonly used in India.
그 오래된 방법이 인도에서 여전히 흔하게 사용되어진다.

➡ 능동태(are using) – 수동태(is used) 문장구조 변형을 통한 패러프레이즈도 자주 출제됩니다. 전통적 치료법(traditional remedy)이 오래된 방법(old method)으로, 많은 인도인들(Many Indians)은 인도에서 흔하게(commonly in India)로 표현이 바뀌었습니다.

특강 03
수동태 한 번에
정복하기

② 토플 리딩 맞춤형 공부법

■ 토플 지문 읽으며 단어 암기

토플 시험과 관련 있는 단어를 최대한 많이 알아야 합니다. 따라서 토플 리딩 지문을 많이 읽으면서 그 속에 나오는 단어를 모두 암기하세요. 처음에는 아는 단어가 거의 없어서 지문을 읽기가 너무 어려울 수 있습니다. 하지만 꾸준하게 단어를 암기하면서 같은 지문을 반복해서 읽다 보면, 어느새 지문 해석은 물론, 나오는 모든 단어를 완벽하게 암기할 수 있게 됩니다.

■ 토플 논리(정답 및 오답 패턴) 분석 – 문제 유형별 문제풀이 스킬 기르기

TOEIC, TOEFL 등 ETS에서 제작하는 시험의 특징은, 문제 유형마다 정답 및 오답 패턴, 점수 잘 나오는 답안 작성 등의 시험 스킬이 있다는 것입니다. 이러한 스킬들을 익히면, 자신의 영어 실력 이상의 점수를 얻을 수 있죠. 따라서 본 교재에서 상세히 분석한 문제 유형들과 풀이 스킬들을 익혀서 최대한 빨리 자신이 목표로 하는 토플 점수를 달성하도록 하세요.

■ 컴퓨터로 문제 풀기 연습

지면으로 문제를 읽고 풀 때와 화면으로 읽을 때 차이가 상당히 큽니다. 따라서 미리미리 화면으로 토플 문제를 푸는 연습을 해서 컴퓨터 시험에 익숙해지도록 합니다. 본 교재는 수험생의 화면 적응을 최대한 돕고자, 실제 시험 화면에서 보이는 것과 동일하게 문제를 지면에 구성하였습니다.

■ 시간 관리

토플 리딩은 18분동안 한 지문(10문제)을 풀어야 하는 시험입니다. 따라서 보통 2~3문제 정도 출제되는 어휘 문제를 각각 5초만에 풀고, 나머지 7~8문제를 각각 2분 이내로 풀어야 합니다. 특히 각 지문 마지막 Summary 또는 Table 문제는 2분 이상 시간이 소요될 수밖에 없기에, 중간에 문제를 푸는 데 한 문제에서 2분을 넘기지 않도록 합니다.

03 Reading 문제 유형 및 풀이 전략

TOEFL Reading에 출제되는 문제 유형들을 미리 숙지해두면, 시험장에서 문제 읽고 파악하는 시간을 현저하게 줄일 수 있으며 정답을 맞힐 확률도 높아집니다. 공식적으로 토플 리딩 문제는 다음의 10개 유형으로 나뉩니다.

문제 유형	출제 빈도 (한 지문 - 10문제 기준)	난이도
Factual Information 옳은 정보 찾기 Negative Factual Information 틀린 정보 찾기	두 유형 합쳐서 4문제 정도 출제 (Factual Information 유형이 다수 출제)	중
Vocabulary 어휘	1~3문제	하
Rhetorical Purpose 수사적 의도 파악	1문제 정도 (간혹 안 나옴)	중
Inference 추론	1문제 정도 (간혹 안 나옴)	상
Sentence Simplification 문장 간략화	1문제 정도 (간혹 안 나옴)	중
Reference 지시 대상 찾기	1문제 이하 (거의 안 나옴)	하
Insert Text 문장 삽입	1문제 (9번 문제로 출제)	중
Prose Summary 지문 요약 Fill in a Table 표 채우기	1문제 (10번 문제로 둘 중 하나만 나오는데 거의 Prose Summary만 나옴)	상

1 Factual Information 옳은 정보 찾기

줄여서 Fact 문제라고 불리며 지문 내용과 일치하는 선택지를 고르는 문제 유형입니다. 지문에 나오는 특정 세부 사항과 선택지에 대한 정보 일치를 묻거나 한 문단의 전반적인 내용을 묻기도 합니다. 아래와 같이 출제되며, 아래 질문 패턴을 미리 알아 두면 실제 시험에서 보다 빠르고 정확하게 문제를 이해할 수 있습니다.

빈출 질문 패턴

- According to paragraph 1, which of the following is true about A?

  첫 문단에 따르면, 다음 중 무엇이 A에 관한 사실인가요?

- According to paragraph 1, A because ~ .

  첫 문단에 따르면, ~ 때문에 A입니다.

- According to paragraph 1, why/what/when/where/how/which ~ ?

  첫 문단에 따르면, 왜/무엇이/언제/어디서/어떻게/어느 것이 ~인가요?

- Paragraph 1 indicates ~ .

  첫 문단은 ~을 나타냅니다.

- The author's description of A mentions ~ .

  글쓴이의 A에 대한 기술은 ~을 언급합니다.

문제 풀이 스킬

Step 1 문제 읽고 키워드 및 문제 내용 파악

먼저 문제를 읽고 문제의 키워드와 함께 무엇을 묻는 문제인지 파악합니다.

Step 2 지문에서 관련 내용 확인

문제 키워드를 바탕으로 지문에서 관련 부분을 스캐닝하여 찾습니다.

Step 3 선택지 검토

Fact 문제에서 4개의 선택지가 나오는데, 4개 전부 꼼꼼하게 따져 가면서 이중 3개가 오답이 되는 이유를 확인해야 합니다. 선택지가 오답이 되는 원인은 주로 다음과 같습니다.

- 지문에 없는 내용
- 지문에서 언급된 일부 내용을 지나치게 확대한 내용
- 지문과 동일한 단어가 사용되지만 주체와 객체 또는 원인과 결과가 뒤바뀌어 기술됨
- 지문과 시제나 순서가 불일치

아래 예제를 풀어보고 관련 문제 유형에 대해 확실히 숙지하세요.

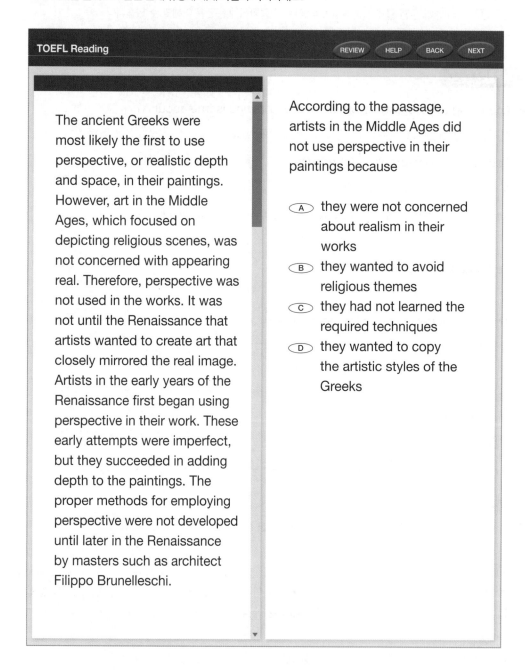

TOEFL Reading   REVIEW HELP BACK NEXT

The ancient Greeks were most likely the first to use perspective, or realistic depth and space, in their paintings. However, art in the Middle Ages, which focused on depicting religious scenes, was not concerned with appearing real. Therefore, perspective was not used in the works. It was not until the Renaissance that artists wanted to create art that closely mirrored the real image. Artists in the early years of the Renaissance first began using perspective in their work. These early attempts were imperfect, but they succeeded in adding depth to the paintings. The proper methods for employing perspective were not developed until later in the Renaissance by masters such as architect Filippo Brunelleschi.

According to the passage, artists in the Middle Ages did not use perspective in their paintings because

Ⓐ they were not concerned about realism in their works
Ⓑ they wanted to avoid religious themes
Ⓒ they had not learned the required techniques
Ⓓ they wanted to copy the artistic styles of the Greeks

Step 1 문제 읽고 키워드 및 문제 내용 파악

중세(Middle Ages) 예술가들이 원근법을 사용하지 않은 이유(not use perspective)를 키워드로
잡습니다.

Step 2 지문에서 관련 내용 확인

However, art in the Middle Ages, which focused on depicting religious scenes, was
not concerned with appearing real. Therefore, perspective was not used in the works.

그러나, 종교적 장면들을 묘사하는 것에 중점을 두었던 중세 예술은 사실적으로 보이는 것에는 관심이
없었다. 그래서, 원근법은 그들의 작품에 사용되지 않았다.

Step 3 선택지 검토

Ⓐ '사실주의에 관심이 없었다(were not concerned about realism)'는 표현이, 지문에서는
'사실적으로 보이는 것에 관심이 없었다(was not concerned with appearing real)'로 나
와있으므로 정답입니다.

Ⓑ 종교적 주제를 피했다는 내용은 지문 However 뒤, 종교적 장면 묘사에 중점을 두었다는 내용
(focused on depicting religious scenes)과 배치되므로 오답입니다.

Ⓒ 중세 예술가들이 원근법 기술을 배우려고 했다는 내용은 지문에 없으므로 오답입니다.

Ⓓ 그리스인들의 예술 스타일을 모방하기를 원했는지는 지문에 없는 내용이므로 오답입니다.

< 르네상스 시대 원근법이 잘 반영된 브루넬레스키의 벽화 >

맛보기 문제 풀이

○ 문제 키워드를 통해 관련 지문 내용 확인

문제 키워드 파악

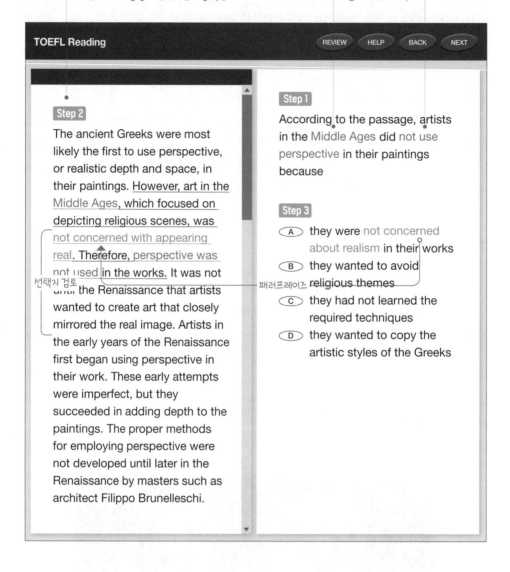

TOEFL Reading

REVIEW HELP BACK NEXT

Step 2

The ancient Greeks were most likely the first to use perspective, or realistic depth and space, in their paintings. However, art in the Middle Ages, which focused on depicting religious scenes, was not concerned with appearing real. Therefore, perspective was not used in the works. It was not until the Renaissance that artists wanted to create art that closely mirrored the real image. Artists in the early years of the Renaissance first began using perspective in their work. These early attempts were imperfect, but they succeeded in adding depth to the paintings. The proper methods for employing perspective were not developed until later in the Renaissance by masters such as architect Filippo Brunelleschi.

선택지 검토

Step 1

According to the passage, artists in the Middle Ages did not use perspective in their paintings because

Step 3

Ⓐ they were not concerned about realism in their works

Ⓑ they wanted to avoid religious themes

Ⓒ they had not learned the required techniques

Ⓓ they wanted to copy the artistic styles of the Greeks

패러프레이즈

정답 (A)

해석

고대 그리스인들은 처음으로 회화에서 원근법, 즉, 사실적 깊이와 공간을 사용했던 것 같다. 그러나, 종교적 장면들을 묘사하는 것에 중점을 두었던 중세 예술은 사실적으로 보이는 것에는 관심이 없었다. 그래서, 원근법은 그들의 작품에 사용되지 않았다. 르네상스 시대가 되어서야, 예술가들은 실제 이미지를 면밀히 반영하는 예술을 창조하길 원했다. 르네상스 초기 예술가들은 먼저 그들의 작업에 원근법을 사용하기 시작했다. 이러한 초기 시도는 불완전했지만, 회화에 깊이를 주는 데 성공했다. 원근법 사용에 대한 제대로 된 방법들은 르네상스 후기가 되어서야 건축가 필리포 브루넬레스키 같은 대가들에 의해 발달되었다.

지문에 따르면, 중세 예술가들은 그들의 회화에 원근법을 사용하지 않았는데 왜냐하면

(A) **그들은 그들의 작품에서 사실주의에 관심이 없었습니다**

(B) 그들은 종교적 주제를 피하기를 원했습니다

(C) 그들은 필요한 기술을 배우지 않았습니다

(D) 그리스인들의 예술 스타일을 모방하기를 원했습니다

Vocabulary

□ Middle Ages 중세	□ ancient 고대의	□ attempt 시도
□ perspective 원근법	□ be likely to ~하는 것 같다	□ imperfect 불완전한
□ painting 그림, 회화	□ realistic 사실적인, 현실적인	□ succeed in ~에 성공하다
□ be concerned 걱정하다, 관심 있다	□ depth 깊이	□ proper 제대로 된
□ realism 사실성, 사실주의	□ space 공간	□ method 방법
□ work 작업, 작품	□ focus on ~에 주력하다	□ employ ~을 사용하다
□ avoid ~을 피하다	□ depict ~을 묘사하다	□ develop ~을 발달시키다, 개발하다
□ religious 종교적인	□ scene 장면	□ not A until B B가 되어서야 A하다
□ theme 주제, 테마	□ appear ~처럼 보이다	□ master 대가
□ copy ~을 베끼다	□ real 진짜의, 현실적인	□ such as ~와 같은
□ Greek 그리스인	□ mirror ~을 반영하다	□ architect 건축가

❷ Negative Factual Information 틀린 정보 찾기

보통 Negative Fact라고 불리며, Fact 문제의 부정형(negative) 문제로, 선택지 중 아닌 것, 예외인 것을 고르는 문제입니다. 즉, 선택지 중에 지문 내용과 부합하는 것은 세 개이고 나머지 하나만 그렇지 않은데, 이 한 개를 골라내야 합니다. Negative Fact 문제는 다음과 같이 질문에 대문자로 NOT, EXCEPT가 써 있는 만큼 Fact 문제와 확연히 구분됩니다.

빈출 질문 패턴

- According to paragraph 1, which of the following is NOT true about A?

  첫 문단에 따르면, 다음 중 A에 관한 사실이 아닌 것은 무엇인가요?

- According to paragraph 1, all of the following statements are true EXCEPT:

  첫 문단에 따르면, 다음 모두는 사실입니다. 다음을 제외하고:

- The author's description of A mentions all of the following EXCEPT:

  A에 대한 저자의 기술은 다음 모두를 언급합니다. 다음을 제외하고:

문제 풀이 스킬

Step 1 문제 읽고 키워드 및 문제 내용 파악

문제에 NOT, EXCEPT가 있는지 확인하여 Negative Factual Information 유형임을 파악합니다.

Step 2 선택지를 보면서 지문에 내용이 있는지 하나씩 확인

각각의 선택지와 연관된 내용을 지문에서 찾습니다. 지문에 없는 내용, 사실 관계를 잘못 기술한 내용이 보통 정답으로 출제됩니다.

맛보기 문제

아래 예제를 풀어보고 관련 문제 유형에 대해 확실히 숙지하세요.

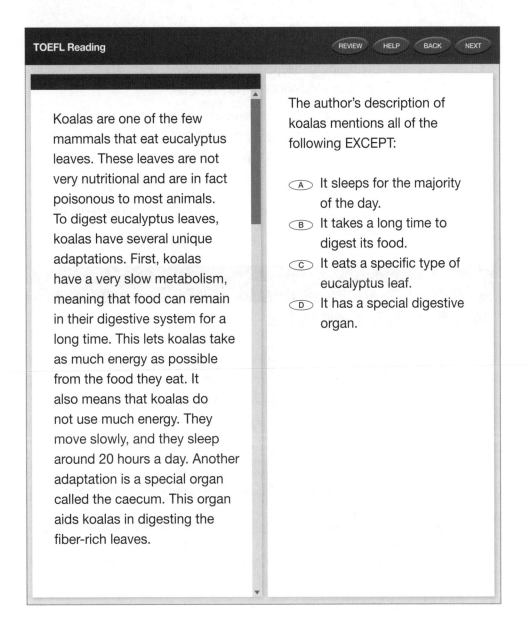

TOEFL Reading   REVIEW   HELP   BACK   NEXT

Koalas are one of the few mammals that eat eucalyptus leaves. These leaves are not very nutritional and are in fact poisonous to most animals. To digest eucalyptus leaves, koalas have several unique adaptations. First, koalas have a very slow metabolism, meaning that food can remain in their digestive system for a long time. This lets koalas take as much energy as possible from the food they eat. It also means that koalas do not use much energy. They move slowly, and they sleep around 20 hours a day. Another adaptation is a special organ called the caecum. This organ aids koalas in digesting the fiber-rich leaves.

The author's description of koalas mentions all of the following EXCEPT:

- (A) It sleeps for the majority of the day.
- (B) It takes a long time to digest its food.
- (C) It eats a specific type of eucalyptus leaf.
- (D) It has a special digestive organ.

Step 1 문제 읽고 키워드 및 문제 내용 파악

코알라(koalas)에 대해 지문에 없는 내용(EXCEPT)을 찾는 문제입니다.

Step 2 선택지를 보면서 지문에 내용이 있는지 하나씩 확인

Ⓐ 하루 중 대부분을 잔다(sleeps for the majority of the day)는 내용이, 지문에는 하루에 약 20시간을 잔다(sleep around 20 hours a day)로 나와 있습니다.

Ⓑ 음식물을 소화하는 데 오랜 시간이 걸린다(It takes a long time to digest its food)는 내용이, 지문에는 음식물이 소화 기관에 오랫동안 머물 수 있다고(food can remain in their digestive system for a long time) 나와 있습니다.

Ⓒ 특정 종류의 유칼립투스 잎을 먹는다는 내용은 지문에서 찾을 수 없으므로 정답입니다.

Ⓓ 특별한 소화 기관(a special digestive organ)으로 지문에서 맹장이(a special organ called the caecum) 언급되었습니다.

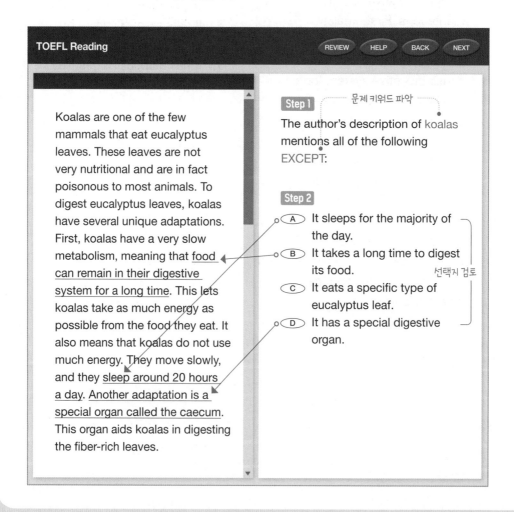

TOEFL Reading   REVIEW HELP BACK NEXT

Koalas are one of the few mammals that eat eucalyptus leaves. These leaves are not very nutritional and are in fact poisonous to most animals. To digest eucalyptus leaves, koalas have several unique adaptations. First, koalas have a very slow metabolism, meaning that food can remain in their digestive system for a long time. This lets koalas take as much energy as possible from the food they eat. It also means that koalas do not use much energy. They move slowly, and they sleep around 20 hours a day. Another adaptation is a special organ called the caecum. This organ aids koalas in digesting the fiber-rich leaves.

Step 1   문제 키워드 파악

The author's description of koalas mentions all of the following EXCEPT:

Step 2

Ⓐ It sleeps for the majority of the day.
Ⓑ It takes a long time to digest its food.   선택지 검토
Ⓒ It eats a specific type of eucalyptus leaf.
Ⓓ It has a special digestive organ.

정답   C

해석

코알라는 유칼립투스 잎을 먹는 소수의 포유류 중 하나이다. 이 잎들은 영양분이 아주 풍부하지 않으며, 사실 대부분 동물에게는 독성이 있다. 유칼립투스 잎을 소화하기 위해, 코알라는 여러 독특한 적응을 했다. 먼저, 코알라는 신진대사가 매우 느린데, 이는 음식물이 그들의 소화 기관에 오랫동안 머물 수 있음을 뜻한다. 이는 코알라들이 섭취하는 음식으로부터 가능한 한 많은 에너지를 취할 수 있도록 한다. 이것은 또한 코알라가 많은 에너지를 사용하지 않음을 의미한다. 코알라는 느리게 움직이고 하루에 약 20시간을 잔다. 또 다른 적응은 맹장이라 불리는 특수 기관이다. 이 기관은 코알라가 섬유질이 풍부한 잎을 소화하는 것을 돕는다.

코알라에 대한 저자의 기술은 다음 모두를 언급합니다. 다음을 제외하고:

Ⓐ 하루 중 대부분을 잡니다.
Ⓑ 음식물을 소화하는 데 오랜 시간이 걸립니다.
Ⓒ **특정 종류의 유칼립투스 잎을 먹습니다.**
Ⓓ 특별한 소화 기관을 갖고 있습니다.

< 유칼립투스 나무 위 코알라 >

Vocabulary

- □ **description** 서술, 기술
- □ **majority** 대부분
- □ **digest** ~을 소화하다
- □ **digestive** 소화의
- □ **organ** 기관
- □ **mammal** 포유류
- □ **nutritional** 영양이 풍부한
- □ **poisonous** 독이 있는
- □ **adaptation** 적응
- □ **metabolism** 신진대사
- □ **caecum** 맹장
- □ **fiber-rich** 섬유질이 풍부한

③ Vocabulary 어휘

어휘의 사전상 정의만 알고 있어도 쉽게 풀 수 있는 문제로, 무조건 이 유형에서 시간을 벌어야하기 때문에 한 문제 당 5초 이내에 풀도록 하세요. 어휘 문제는 다음과 같이 나옵니다.

빈출 질문 패턴

- **The word "A" in the passage is closest in meaning to** [정답]

  지문 속 단어 "A"는 의미상 [정답]과 가장 가깝습니다.

- **The phrase "A" in the passage is closest in meaning to** [정답]

  지문 속 문구 "A"는 의미상 [정답]과 가장 가깝습니다.

문제 풀이 스킬

Step 1 문제 읽고 키워드 및 문제 내용 파악

문제에서 묻는 어휘를 확인합니다.

Step 2 의미를 아는 경우, 선택지에서 바로 정답 선택

문제에서 묻는 어휘의 의미를 안다면, 지문을 읽을 필요없이 바로 선택지의 동의어를 선택하여 5초 이내 풀 수 있습니다.

Step 3 의미를 모르는 경우, 지문에서 의미 유추하여 정답 선택

모르는 단어가 문제로 출제되면, 지문 속에서 그 단어의 긍정적, 부정적 의미를 파악한 후 가장 유사한 느낌의 선택지 단어를 고릅니다. 또한 사전상 동의어가 선택지에 2개 이상 나올 때가 가끔 있는데, 이 경우 지문의 문맥도 추가적으로 고려해야 하므로, 단어가 포함된 문장과 그 앞 뒤 문장을 빠르게 읽고 정답을 선택합니다.

아래 예제를 풀어보고 관련 문제 유형에 대해 확실히 숙지하세요.

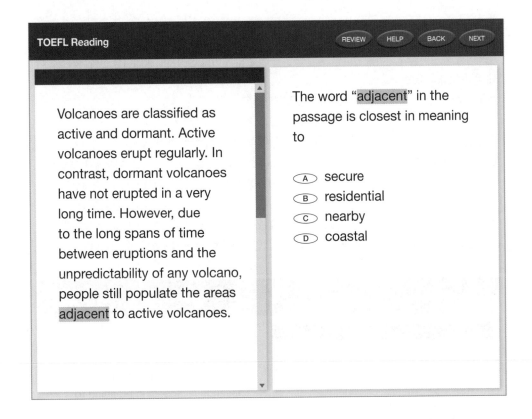

TOEFL Reading   REVIEW   HELP   BACK   NEXT

Volcanoes are classified as active and dormant. Active volcanoes erupt regularly. In contrast, dormant volcanoes have not erupted in a very long time. However, due to the long spans of time between eruptions and the unpredictability of any volcano, people still populate the areas adjacent to active volcanoes.

The word "adjacent" in the passage is closest in meaning to

Ⓐ secure
Ⓑ residential
Ⓒ nearby
Ⓓ coastal

Step 1 문제 읽고 키워드 및 문제 내용 파악

'인접한(adjacent)' 동의어 찾기 문제입니다.

Step 2 adjacent 의미를 아는 경우, 선택지에서 바로 정답 선택

문제에서 묻는 어휘의 의미를 안다면, 지문을 읽을 필요 없이 바로 선택지의 동의어를 선택하여 5초 이내 풀 수 있습니다.

adjacent(인접한) ≒ nearby(인근에, 인근의)

Step 3 adjacent 의미를 모르는 경우, 지문에서 의미 유추하여 정답 선택

의미를 모르면, 지문을 읽고 지문 내용을 토대로 어휘의 의미를 파악해야 합니다. 지문에서, 활화산은 정기적으로 분화하는데도, 분화 간의 긴 시간 간격과 화산의 예측 불가능성으로 인해, 사람들은 여전히 활화산에 adjacent한 지역에 거주한다고 나와 있습니다. 즉, 정기적으로 분화하는 활화산의 위험에도 불구하고 가까운 곳에 산다는 뜻을 유추할 수 있습니다. 이렇게 유추한 상태에서 선택지에 있는 단어들을 하나씩 대입해 보면 문맥상 가장 의미가 자연스러운 nearby를 선택할 수 있습니다.

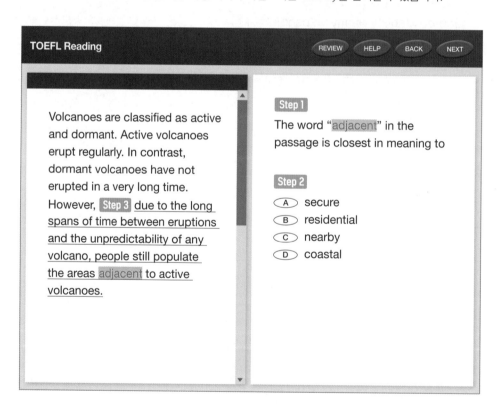

TOEFL Reading

REVIEW HELP BACK NEXT

Volcanoes are classified as active and dormant. Active volcanoes erupt regularly. In contrast, dormant volcanoes have not erupted in a very long time. However, **Step 3** due to the long spans of time between eruptions and the unpredictability of any volcano, people still populate the areas adjacent to active volcanoes.

Step 1
The word "adjacent" in the passage is closest in meaning to

Step 2
- Ⓐ secure
- Ⓑ residential
- Ⓒ nearby
- Ⓓ coastal

READING

정답　Ⓒ

해석

화산은 활화산과 휴화산으로 분류된다. 활화산은 정기적으로 분화한다. 반대로 휴화산은 오랜 시간 동안 분화하지 않는다. 그러나 분화 간의 긴 시간 간격과 화산의 예측 불가능성으로 인해, 사람들은 여전히 활화산에 인접한 지역에 살고 있다.

지문 속 단어 "adjacent"은 의미상 ~과 가장 가깝습니다.

Ⓐ 안전한
Ⓑ 주거의
Ⓒ 인근의
Ⓓ 해안의

< 용암을 분출하는 활화산 >

Vocabulary

□ **adjacent** 인접한, 가까운
□ **secure** 안전한, 확실한
□ **residential** 주거의
□ **nearby** 인근의, 인근에
□ **coastal** 해안의

□ **volcano** 화산
□ **classify** 분류하다
□ **active** 활동적인
□ **dormant** 휴면의
□ **erupt** 분출하다, 분화하다

□ **regularly** 정기적으로
□ **eruption** 분출, 분화
□ **span** 기간
□ **unpredictability** 예측 불가능성
□ **populate** 살다, 거주하다

④ Rhetorical Purpose 수사적 의도 파악

저자의 의도 파악 문제로, 저자가 왜 그 부분을 언급하는지, 또는 전체적인 맥락에서 특정 문단이 어떠한 의도로 사용되었는지 등을 묻습니다.

빈출 질문 패턴

• **Why does the author mention "A"?**

  왜 저자는 "A"를 언급하나요?

• **The author discusses "A" in paragraph 3 in order to ~**

  저자는 ~하기 위해 3 문단에서 "A"를 논합니다.

• **The author uses "A" as an example of ~**

  저자는 ~의 예시로 "A"를 사용합니다.

• **What is the purpose of paragraph 4 in the overall discussion?**

  전체 맥락에서 4 문단의 의도는 무엇인가요?

문제 풀이 스킬

Step 1 문제 읽고 키워드 및 문제 내용 파악

문제를 읽고 키워드와 함께 문제 내용이 저자의 의도 파악 유형임을 인지합니다.

Step 2 하이라이트 주변 지문에서 관련 내용 확인

저자의 의도 파악 문제는 지문의 하이라이트 표시된 부분 주변에 정답 단서가 있습니다. 하이라이트 표시된 부분을 저자가 왜 글에 썼는지, 그 부분의 목적이나 기능을 파악합니다.

Step 3 선택지 검토

각각의 선택지를 검토하면서 오답을 먼저 제외하세요. 이때, 글의 흐름과 전개 방식(구체적 설명, 예, 지지, 반론, 비교, 대조 등)을 파악하면 정답 선택에 도움이 됩니다.

아래 예제를 풀어보고 관련 문제 유형에 대해 확실히 숙지하세요.

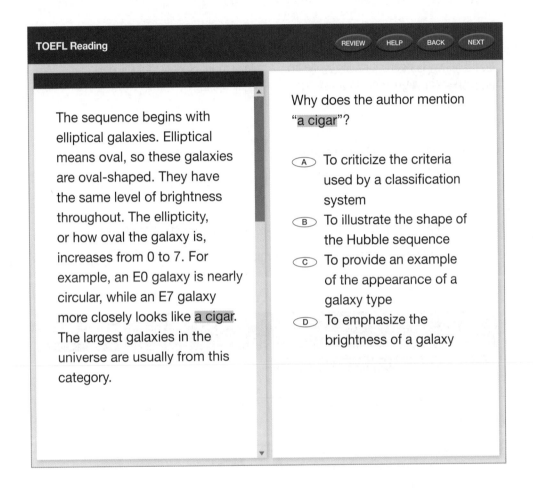

TOEFL Reading REVIEW HELP BACK NEXT

The sequence begins with elliptical galaxies. Elliptical means oval, so these galaxies are oval-shaped. They have the same level of brightness throughout. The ellipticity, or how oval the galaxy is, increases from 0 to 7. For example, an E0 galaxy is nearly circular, while an E7 galaxy more closely looks like a cigar. The largest galaxies in the universe are usually from this category.

Why does the author mention "a cigar"?

Ⓐ To criticize the criteria used by a classification system

Ⓑ To illustrate the shape of the Hubble sequence

Ⓒ To provide an example of the appearance of a galaxy type

Ⓓ To emphasize the brightness of a galaxy

Step 1 문제 읽고 키워드 및 문제 내용 파악

시가(cigar)를 저자가 언급하는 이유가 문제의 핵심입니다.

Step 2 하이라이트 주변 지문에서 관련 내용 확인

an E0 galaxy is nearly circular, while an E7 galaxy more closely looks like a cigar.
E0 은하는 거의 원형인 반면, E7 은하는 시가와 더 가깝게 보인다.

Step 3 선택지 검토

Ⓐ 분류 체계의 기준을 비판하기 위해 시가를 언급하는 것이 아니므로 오답입니다.

Ⓑ 특정 은하의 모양을 묘사하는 것이지 허블 시퀀스의 모양을 묘사하는 것은 아니므로 오답입니다.

Ⓒ E7 은하의 모양을 '시가'를 예로 들어(provide an example) 설명하고 있으므로 정답입니다.

Ⓓ 은하계 밝기와 관련이 없는 내용이므로 오답입니다.

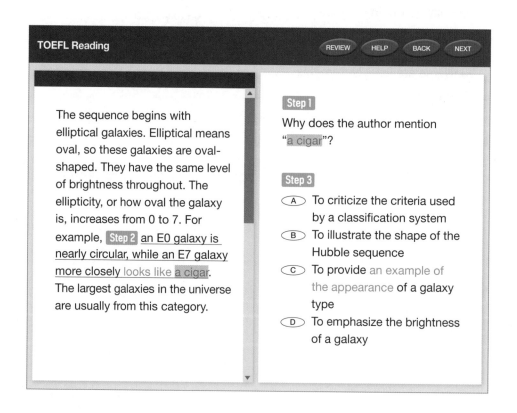

TOEFL Reading

REVIEW   HELP   BACK   NEXT

The sequence begins with elliptical galaxies. Elliptical means oval, so these galaxies are oval-shaped. They have the same level of brightness throughout. The ellipticity, or how oval the galaxy is, increases from 0 to 7. For example, Step 2 an E0 galaxy is nearly circular, while an E7 galaxy more closely looks like a cigar. The largest galaxies in the universe are usually from this category.

Step 1

Why does the author mention "a cigar"?

Step 3

Ⓐ To criticize the criteria used by a classification system

Ⓑ To illustrate the shape of the Hubble sequence

Ⓒ To provide an example of the appearance of a galaxy type

Ⓓ To emphasize the brightness of a galaxy

정답 C

해석

이 시퀀스는 타원형 은하에서 시작한다. 타원형은 계란형을 의미하므로, 이 은하들은 계란 모양으로 되어 있다. 이 은하들은 전체적으로 동일 밝기 수준을 지니고 있다. 타원율, 즉 은하가 얼마나 계란형인지는 0에서 7까지 증가한다. 예를 들어, E0 은하는 거의 원형인 반면, E7 은하는 시가와 더 가깝게 보인다. 우주에서 가장 큰 은하들은 일반적으로 이 범주에 속한다.

왜 저자는 "시가"를 언급하나요?

A 분류 체계에 사용되는 기준을 비판하기 위해

B 허블 시퀀스의 모양을 설명하기 위해

C 은하 유형 모양의 예를 들기 위해

D 은하의 밝기를 강조하기 위해

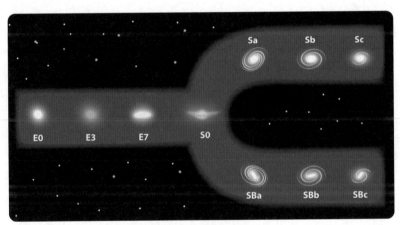

<허블 시퀀스: 허블의 소리굽쇠>

Vocabulary

- □ cigar 시가 (담배)
- □ criticize ~을 비판하다
- □ criteria 평가 기준
- □ classification 분류
- □ illustrate ~을 설명하다
- □ shape 모양

- □ sequence 시퀀스, 연속(물), 순서
- □ appearance 모습, 외모
- □ galaxy 은하
- □ emphasize ~을 강조하다
- □ brightness 밝기
- □ elliptical 타원형의

- □ oval 타원형의, 계란형의
- □ ellipticity 타원율
- □ nearly 거의
- □ circular 원형의
- □ closely 밀접하게
- □ category 범주, 부문

⑤ Inference 추론

추론 문제로, 토플에서 가장 난이도가 높게 나올 수 있는 문제 유형입니다. Fact 문제가 지문에 적혀 있는 사실 내용을 찾는 것이라면 추론 문제는 지문에 명백하게 드러나지 않지만 지문 속 Fact를 바탕으로 반드시 참인 사실을 파악해야 합니다. 이 문제 유형은 다음과 같이 질문에 infer(암시하다, 추론하다), imply(암시하다, 시사하다), suggest(암시하다, 시사하다) 등의 동사가 사용되는 특징이 있습니다.

빈출 질문 패턴

- It can be <u>inferred</u> from paragraph 2 that ~

  2 문단에서 ~임이 추론될 수 있습니다.

- Which of the following can be <u>inferred</u> about A?

  A에 대해 다음 중 무엇이 추론될 수 있나요?

- The author of the passage <u>implies</u> that ~

  지문의 저자는 ~임을 암시합니다.

- Paragraph 2 <u>suggests</u> that ~

  2 문단은 ~임을 시사합니다.

문제 풀이 스킬

추론 문제는 Fact 문제에서 한 번 더 생각하도록 만든 문제이므로 Fact 문제보다 풀이 시간이 조금 더 소요되며, 다음 순서로 문제를 풀도록 합니다.

Step 1 문제 읽고 키워드 및 문제 내용 파악

반드시 먼저 문제에서 추론이 필요한 부분(about A, that ~)을 정확히 숙지합니다.

Step 2 지문에서 관련 내용 확인

지문에서 이 부분의(about A, that ~) 사실 내용(Fact)을 확인합니다.

Step 3 선택지 검토

정답은 지문의 Fact에 사용된 표현이 그대로 쓰이지 않고 패러프레이즈가 됩니다.

➥ 오답은 지문에 있는 표현을 그대로 사용한 경우가 많습니다.

맛보기 문제

아래 예제를 풀어보고 관련 문제 유형에 대해 확실히 숙지하세요.

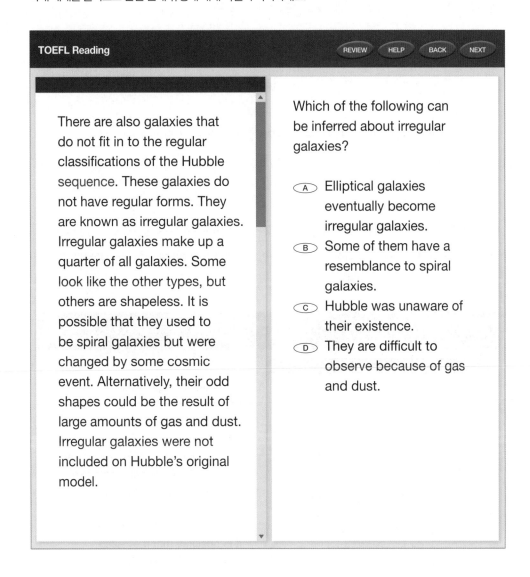

TOEFL Reading

REVIEW   HELP   BACK   NEXT

There are also galaxies that do not fit in to the regular classifications of the Hubble sequence. These galaxies do not have regular forms. They are known as irregular galaxies. Irregular galaxies make up a quarter of all galaxies. Some look like the other types, but others are shapeless. It is possible that they used to be spiral galaxies but were changed by some cosmic event. Alternatively, their odd shapes could be the result of large amounts of gas and dust. Irregular galaxies were not included on Hubble's original model.

Which of the following can be inferred about irregular galaxies?

Ⓐ Elliptical galaxies eventually become irregular galaxies.

Ⓑ Some of them have a resemblance to spiral galaxies.

Ⓒ Hubble was unaware of their existence.

Ⓓ They are difficult to observe because of gas and dust.

Step 1 문제 읽고 키워드 및 문제 내용 파악

불규칙 은하(irregular galaxies)에 대해 추론 가능한 것을 골라야 합니다.

Step 2 지문에서 관련 내용 확인

제시된 문단 전체가 불규칙 은하에 대한 내용이므로 문단 전체 내용과 선택지를 하나하나 맞춰봅니다.

Step 3 선택지 검토

Ⓐ 지문에서 타원 은하가 불규칙 은하로 되는지는 알 수 없으므로 오답입니다.

Ⓑ 지문 중반에 일부 불규칙 은하가 다른 은하와 비슷하게 보인다고 나와 있고(Some look like the other types), 여러 은하 형태 중 하나인 나선 은하가 지문에 언급되므로 일부 불규칙 은하도 나선 은하와의 외형적 유사성(resemblance)이 있음을 추론할 수 있습니다.

Ⓒ 허블이 불규칙 은하의 존재를 알지 못했는지는 지문 내용으로는 알 수 없으므로 오답입니다.

Ⓓ 가스와 먼지는 변형과 연관이 되어 있을 수 있지만 관찰의 어려움에 대해서는 지문 내용으로는 알 수 없으므로 오답입니다.

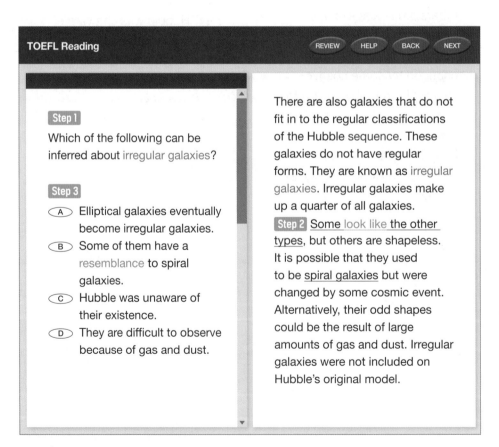

TOEFL Reading

REVIEW   HELP   BACK   NEXT

Step 1

Which of the following can be inferred about irregular galaxies?

Step 3

Ⓐ Elliptical galaxies eventually become irregular galaxies.
Ⓑ Some of them have a resemblance to spiral galaxies.
Ⓒ Hubble was unaware of their existence.
Ⓓ They are difficult to observe because of gas and dust.

There are also galaxies that do not fit in to the regular classifications of the Hubble sequence. These galaxies do not have regular forms. They are known as irregular galaxies. Irregular galaxies make up a quarter of all galaxies. **Step 2** Some look like the other types, but others are shapeless. It is possible that they used to be spiral galaxies but were changed by some cosmic event. Alternatively, their odd shapes could be the result of large amounts of gas and dust. Irregular galaxies were not included on Hubble's original model.

정답　Ⓑ

해석

허블 시퀀스의 일반적인 분류법에 꼭 들어맞지 않는 은하도 있다. 이 은하들은 규칙적인 형태가 없다. 이것들은 불규칙 은하로 알려져 있다. 불규칙 은하는 모든 은하의 4분의 1을 구성한다. <u>일부는 나머지 유형처럼 보이기도 하지만</u>, 다른 것들은 형태가 없다. 그것들은 한때 <u>나선형 은하</u>였지만 우주의 어떤 사건에 의해 변형되었을 가능성이 있다. 또는, 그 은하들의 이상한 형태는 많은 양의 가스와 먼지에 따른 결과일 수도 있다. 불규칙 은하는 허블의 원래 모형에는 포함되지 않았다.

불규칙 은하에 대해 다음 중 무엇이 추론될 수 있나요?

Ⓐ 타원 은하는 결국 불규칙 은하가 됩니다.

Ⓑ 일부 불규칙 은하는 나선 은하와의 외형적 유사성을 지니고 있습니다.

Ⓒ 허블은 불규칙 은하의 존재를 알지 못했습니다.

Ⓓ 불규칙 은하는 가스와 먼지 때문에 관찰하기 어렵습니다.

Vocabulary

☐ **irregular** 불규칙적인
☐ **eventually** 결국
☐ **resemblance** 외형적 유사성
☐ **spiral** 나선형(의)
☐ **unaware** 알지 못하는
☐ **existence** 존재
☐ **observe** ~을 관찰하다

☐ **dust** 먼지
☐ **fit in to** ~에 들어맞다
☐ **regular** 일반적인, 규칙적인
☐ **form** 형태
☐ **make up** ~을 구성하다
☐ **quarter** 4분의 1
☐ **shapeless** 형태가 없는

☐ **used to be** 한때 ~였다
☐ **cosmic** 우주의
☐ **alternatively** 또는, 그 대신
☐ **odd** 이상한
☐ **result** 결과(물)
☐ **include** ~을 포함하다
☐ **original** 원래의

Q&A   4. Glossary 용어 사전

Q 지문 중간에 갑자기 어휘가 다른 색으로 표시된 경우가 있는데 무엇인가요?

A 앞 지문의 sequence처럼 지문 중간에 갑자기 어휘가 파란 색으로 표시되는 경우가 있는데, 이러한 단어를 클릭하면 글로서리(Glossary), 즉 용어 사전이 화면에 뜨면서 단어를 설명해 줍니다.

Glossary	X
sequence: a series of related things or events, or the order in which they follow each other	

하지만 영어로 단어를 설명해 주기에, 글로서리를 해석하다가 오히려 시간을 빼앗길 수 있습니다. 따라서 그 어휘를 정말 몰라서 꼭 확인하고 싶은 단어가 아니라면 굳이 클릭할 필요는 없습니다.

⑥ Sentence Simplification 문장 간략화

지문에 하이라이트 표시된 문장을 보다 짧게 만드는 문제로, 간략화 문제 또는 하이라이트 문제라고도 합니다. 정답 문장에는 하이라이트 문장의 핵심 정보가 반드시 들어가야 하며 덜 중요한 정보는 생략**됩니다.** 항상 다음과 같이 문제가 길게 나오므로, 문제에 essential information이라는 단어가 들어가면 기계적으로 간략화 문제임을 파악하세요.

빈출 질문 패턴

- Which of the following best expresses the essential information in the highlighted sentence? Incorrect answer choices change the meaning in important ways or leave out essential information.

  다음 중 하이라이트 표시된 문장의 핵심 정보를 가장 잘 표현한 것은 무엇인가요? 오답은 의미를 왜곡하거나 핵심 정보를 빠뜨립니다.

문제 풀이 스킬

정답 문장은 지문에 하이라이트 문장의 핵심 정보(essential information)를 반드시 포함한 채, 패러프레이즈 되어 있습니다. 따라서 다음의 순서로 문제를 풀어 보세요.

Step 1 문제 읽고 키워드 및 문제 내용 파악

핵심 정보(essential information)를 패러프레이즈로 간략화하는 문제임을 파악합니다.

Step 2 하이라이트 문장의 핵심 정보 확인

지문 속에 있는 하이라이트 문장을 해석하고 핵심 정보를 파악합니다.

Step 3 선택지 검토

선택지 중 하이라이트 문장의 핵심을 유지한 패러프레이즈 된 문장을 고릅니다. 오답 선택지의 특징은 지문과 다른 내용이 있거나, 핵심 정보를 생략 또는 중요하지 않은, 마이너한 내용만 담고 있어서 정보가 불충분합니다.

맛보기 문제

아래 예제를 풀어보고 관련 문제 유형에 대해 확실히 숙지하세요.

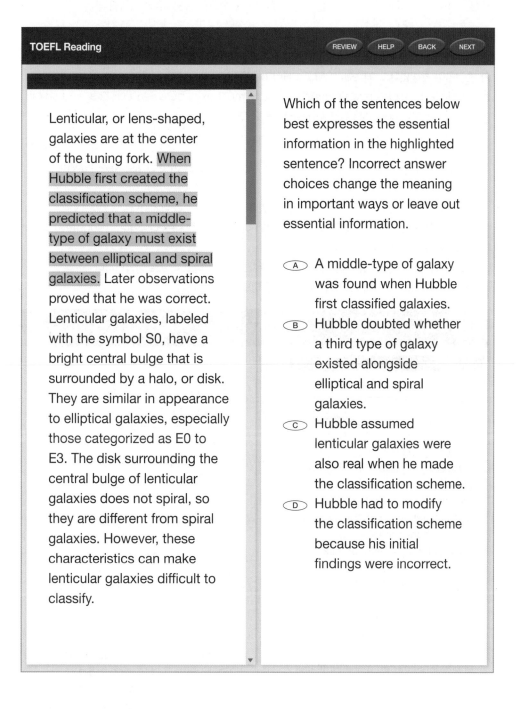

TOEFL Reading   REVIEW   HELP   BACK   NEXT

Lenticular, or lens-shaped, galaxies are at the center of the tuning fork. When Hubble first created the classification scheme, he predicted that a middle-type of galaxy must exist between elliptical and spiral galaxies. Later observations proved that he was correct. Lenticular galaxies, labeled with the symbol S0, have a bright central bulge that is surrounded by a halo, or disk. They are similar in appearance to elliptical galaxies, especially those categorized as E0 to E3. The disk surrounding the central bulge of lenticular galaxies does not spiral, so they are different from spiral galaxies. However, these characteristics can make lenticular galaxies difficult to classify.

Which of the sentences below best expresses the essential information in the highlighted sentence? Incorrect answer choices change the meaning in important ways or leave out essential information.

- (A) A middle-type of galaxy was found when Hubble first classified galaxies.
- (B) Hubble doubted whether a third type of galaxy existed alongside elliptical and spiral galaxies.
- (C) Hubble assumed lenticular galaxies were also real when he made the classification scheme.
- (D) Hubble had to modify the classification scheme because his initial findings were incorrect.

Step 1 문제 읽고 키워드 및 문제 내용 파악

핵심 정보(essential information)를 패러프레이즈로 간략화하는 문제임을 파악합니다.

Step 2 하이라이트 문장의 핵심 정보 확인

허블이 처음에 분류 체계를 만들었을 때, 그는 타원 은하와 나선 은하 사이에 중간 형태의 은하가 존재함이 틀림없다고 예측했다(When Hubble first created the classification scheme, he predicted that an middle-type of galaxy must exist between elliptical and spiral galaxies). ➡ 핵심 정보는 허블이 중간 형태의 은하 존재를 확신했다는 것입니다.

Step 3 선택지 검토

(A) 비록 선택지에 사용된 단어들이 하이라이트 문장의 단어들을 거의 그대로 사용하였지만, 두 문장의 의미는 다릅니다. 즉, 지문 문장에서는 중간 형태의 은하 존재를 허블이 예측했다는 내용이지만, 선택지는 중간 형태 은하가 발견되었다는 내용이므로 오답입니다.

(B) 지문에서는 존재를 확신한다고(must exist) 하였는데 선택지는 의심한다고(doubted) 하므로 부정확한 간략화로 오답입니다.

(C) 허블이 렌즈형 은하라는 중간 형태 은하의 존재를 추정했다고 하므로 정답입니다.

(D) 선택지 내용이 하이라이트 문장에 없는 내용이므로 오답입니다.

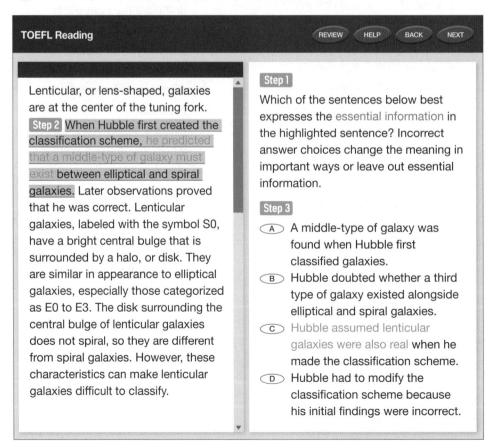

TOEFL Reading   REVIEW   HELP   BACK   NEXT

Lenticular, or lens-shaped, galaxies are at the center of the tuning fork. **Step 2** When Hubble first created the classification scheme, he predicted that a middle-type of galaxy must exist between elliptical and spiral galaxies. Later observations proved that he was correct. Lenticular galaxies, labeled with the symbol S0, have a bright central bulge that is surrounded by a halo, or disk. They are similar in appearance to elliptical galaxies, especially those categorized as E0 to E3. The disk surrounding the central bulge of lenticular galaxies does not spiral, so they are different from spiral galaxies. However, these characteristics can make lenticular galaxies difficult to classify.

Step 1
Which of the sentences below best expresses the essential information in the highlighted sentence? Incorrect answer choices change the meaning in important ways or leave out essential information.

Step 3
(A) A middle-type of galaxy was found when Hubble first classified galaxies.
(B) Hubble doubted whether a third type of galaxy existed alongside elliptical and spiral galaxies.
(C) Hubble assumed lenticular galaxies were also real when he made the classification scheme.
(D) Hubble had to modify the classification scheme because his initial findings were incorrect.

정답 　Ⓒ

해석

렌즈형, 즉 렌즈 모양의 은하는 소리굽쇠의 중앙에 위치한다. 허블이 처음 분류 체계를 만들었을 때, 그는 타원형과 나선형 은하 사이에 중간 형태의 은하가 틀림없이 존재한다고 예측했다. 이후 관찰들이 그가 옳았음을 증명했다. 렌즈형 은하들은 S0 기호로 표기되는데, 중앙에 아주 밝은 불룩한 부분이 있으며, 이 부분은 광륜, 즉 원반으로 둘러싸여 있다. 이 은하들은 외형상 타원형 은하, 특히 E0에서 E3로 분류된 것들과 유사하다. 렌즈형 은하 중앙의 불룩한 부분을 감싸는 원반은 나선형으로 되어 있지 않기 때문에, 나선형 은하와 다르다. 하지만, 이러한 특징들은 렌즈형 은하를 분류하기 어렵게 만든다.

다음 중 하이라이트 표시된 문장의 핵심 정보를 가장 잘 표현한 것은 무엇인가요? 오답은 의미를 왜곡하거나 핵심 정보를 빠뜨립니다.

Ⓐ 처음 허블이 은하를 분류하였을 때, 중간 형태 은하가 발견되었습니다.

Ⓑ 허블은 타원형 및 나선형 은하와 함께 제3의 은하 유형이 존재했는지를 의문스러워했습니다.

Ⓒ 허블은 분류 체계를 만들었을 때 렌즈형 은하도 실존한다고 추정했습니다.

Ⓓ 허블은 자신의 최초 연구 결과물이 부정확했기 때문에 분류 체계를 수정해야 했습니다.

Vocabulary

□ classify ~을 분류하다
□ doubt 의문을 갖다
□ whether ~인지 아닌지
□ spiral 나선형의, 나선형을 그리다
□ exist 존재하다
□ alongside ~와 함께
□ elliptical 타원형의
□ assume ~을 추측하다
□ lenticular 렌즈형의

□ real 진짜의, 실제의
□ classification 분류
□ scheme 체계, 계획
□ modify ~을 수정하다
□ initial 최초의
□ findings 연구 결과(물)
□ tuning fork 소리굽쇠
□ predict ~을 예측하다
□ observation 관찰

□ prove ~을 입증하다
□ label 표기하다
□ bulge 불룩한 것
□ surround ~을 둘러싸다
□ halo 광륜
□ similar 유사한
□ in appearance 외형상
□ categorize ~을 분류하다
□ characteristic 특징

⑦ Reference 지시 대상 찾기

지문에 제시되는 대명사(this, that, it, its, they, them, some, one, who, which 등) 또는 구문이 무엇을 가리키는지 묻는 문제로 지시어 문제라고도 불립니다. 출제 빈도가 아주 낮지만, 가장 쉬운 문제 유형인만큼 출제되면 반드시 정답을 맞히도록 합니다.

빈출 질문 패턴

- **The word "A" in the passage refers to ~**
  지문 속 단어 "A"는 ~을 가리킵니다.

문제 풀이 스킬

Step 1 문제 파악

문제에 제시된 지시어를 지문에서 확인합니다.

Step 2 지시어 문장과 그 앞 문장 확인

지시어가 포함된 문장은 물론 그 앞 문장에 정답이 있으며, 정답은 지시어와 단·복수가 같습니다.

Step 3 지시어 자리에 정답 단어를 대입하여 해석 확인

지시어 자리에 자신이 생각하는 정답 단어를 대입하여 해석해 보고 의미가 제대로 통하는지 확인합니다. 선택지에는 지시어 주변 단어들만 제시되어 정답 선택에 혼동을 주므로 정확히 앞 문장의 무엇을 지칭하는지 정확한 해석이 요구됩니다.

맛보기 문제

아래 예제를 풀어보고 관련 문제 유형에 대해 확실히 숙지하세요.

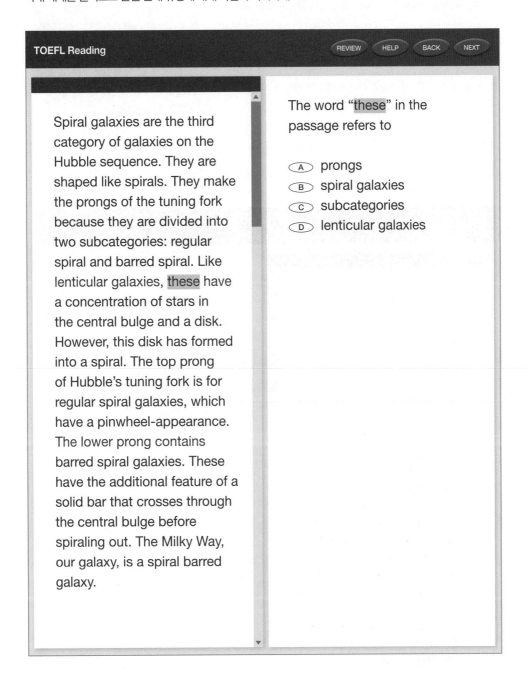

TOEFL Reading   REVIEW   HELP   BACK   NEXT

Spiral galaxies are the third category of galaxies on the Hubble sequence. They are shaped like spirals. They make the prongs of the tuning fork because they are divided into two subcategories: regular spiral and barred spiral. Like lenticular galaxies, these have a concentration of stars in the central bulge and a disk. However, this disk has formed into a spiral. The top prong of Hubble's tuning fork is for regular spiral galaxies, which have a pinwheel-appearance. The lower prong contains barred spiral galaxies. These have the additional feature of a solid bar that crosses through the central bulge before spiraling out. The Milky Way, our galaxy, is a spiral barred galaxy.

The word "these" in the passage refers to

- Ⓐ prongs
- Ⓑ spiral galaxies
- Ⓒ subcategories
- Ⓓ lenticular galaxies

맛보기 문제 풀이

Step 1 문제 파악

문맥상 지시어(these)가 가리키는 것을 찾는 문제입니다.

Step 2 지시어 문장과 그 앞 문장 확인

지시어가 포함된 문장에서, 문맥상 these는 렌즈형 은하들과 같은 은하의 한 종류임을 파악합니다. these 바로 앞 문장을 보면 They가 나오는데, 이는 그 앞 문장의 나선 은하(Spiral galaxies)를 가리키므로, 결국 같은 복수형의 Spiral galaxies = They = these라고 확인 가능합니다.

Step 3 지시어 자리에 정답 단어를 대입하여 해석 확인

Spiral galaxies를 these 자리에 넣었을 때, 해석이 잘 되므로 정답입니다.

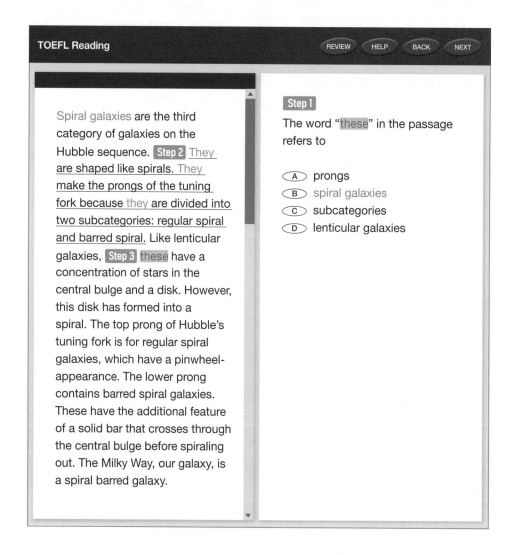

TOEFL Reading   REVIEW   HELP   BACK   NEXT

Spiral galaxies are the third category of galaxies on the Hubble sequence. **Step 2** They are shaped like spirals. They make the prongs of the tuning fork because they are divided into two subcategories: regular spiral and barred spiral. Like lenticular galaxies, **Step 3** these have a concentration of stars in the central bulge and a disk. However, this disk has formed into a spiral. The top prong of Hubble's tuning fork is for regular spiral galaxies, which have a pinwheel-appearance. The lower prong contains barred spiral galaxies. These have the additional feature of a solid bar that crosses through the central bulge before spiraling out. The Milky Way, our galaxy, is a spiral barred galaxy.

Step 1

The word "these" in the passage refers to

- (A) prongs
- (B) spiral galaxies
- (C) subcategories
- (D) lenticular galaxies

정답 (B)

해석

나선형 은하들은 허블 시퀀스에서 세 번째 범주의 은하들이다. 이 은하들은 나선처럼 생겼다. 이들은 소리굽쇠의 갈래를 만드는데, 두 가지 하위 범주, 즉 일반 나선과 막대 나선으로 나뉘기 때문이다. 렌즈형 은하처럼, 이것들은 중앙의 불룩한 부분에 밀집된 별들과 원반이 있다. 하지만, 이 원반은 나선으로 형성되어 있다. 허블 소리굽쇠의 위쪽 갈래는 바람개비 모습을 하고 있는 일반 나선 은하들을 위한 것이다. 아래쪽 갈래에는 막대 나선 은하가 포함되어 있다. 이들은 나선이 뻗어 나가기 전인 중앙의 불룩한 부분을 관통하는 견고한 막대 모양이라는 추가적인 특징을 지지고 있다. 밀키 웨이, 즉 우리 은하는 막대 나선 은하이다.

지문 속 단어 "이것들"은 ~을 가리킵니다.

(A) 갈래들
(B) 나선형 은하들
(C) 하위 범주들
(D) 렌즈형 은하들

Vocabulary

□ **spiral** 나선, 나선형의, 나선형을 그리다
□ **prong** 갈래, 갈라진 가닥
□ **divide** ~을 나누다, 분리하다
□ **subcategory** 하위 범주
□ **regular** 일반적인, 정상인

□ **barred** 막대가 있는
□ **lenticular** 렌즈형의
□ **concentration** 밀집, 집중
□ **bulge** 불룩한 것
□ **form** 형성하다

□ **pinwheel** 바람개비
□ **contain** ~을 포함하다
□ **feature** 특징
□ **solid** 견고한
□ **cross** 가로지르다

Q&A 5. 문제 읽는 순서

Q Reading에서 지문을 먼저 읽고 풀까요, 아니면 문제를 먼저 읽고 풀까요?

A 결론부터 말씀드리면, 토플 독해의 경우, 문제부터 읽어야 합니다. 시험을 시작하면 화면에 전체 지문이 먼저 나오는데, 이때 제목만 확인하여 주요 토픽을 인지한 상태에서 다음 페이지로 빠르게 넘어갑니다. 물론 지문 전체를 먼저 읽고 나서 문제를 풀면 좋겠지만(토플 리딩 만점을 노리는 고득점자에게는 강추!), 대부분의 수험생들은 그렇게 할 시간이 턱없이 부족합니다. 따라서 제목만 확인하고 바로 넘어갑니다. 그러면 이제부터 본격적으로 컴퓨터 화면 좌측에 문제가 나오고 우측에는 해당 지문이 나옵니다. 이때 좌측에 문제를 먼저 파악한 상태에서 우측에 해당 지문을 읽으며 문제를 풀어 나가면 됩니다. 토플은 문제 바로 옆 지문 속에 정답이 나오는 아주 친절한 시험임을 잊지 마세요.

⑧ Insert Text 문장 삽입

문장 삽입 문제로, 각 지문에서 9번 문제로 출제됩니다. 문제에 삽입 문장이 하나 소개되고 이 문장을 우측 지문 군데군데 있는 ■ 안에 넣었을 때 가장 자연스러운 위치를 고릅니다.

- **Look at the four squares [■] that indicate where the following sentence could be added to the passage.**
  다음 문장이 지문에 삽입될 수 있는 곳을 나타내는 네 개의 상자[■]를 보세요.

- **Where would be the sentence best fit? Click on a square [■] to add the sentence to the passage.**
  이 문장은 어디에 가장 적합한가요? 지문에 문장이 들어갈 상자[■]를 클릭하세요.

문제 풀이 스킬

Step 1 문제 파악 및 삽입 문장 해석

질문에 나오는 ■를 보고 문장 삽입 유형임을 파악한 후 삽입해야 될 문장을 제대로 해석합니다.

Step 2 삽입 문장에 있는 단서 확인을 통해 주변 문장 내용 예측

삽입 문장이 앞뒤 문장들과 논리적으로 연결되어 응집력이 있어야 하는데, 삽입 문장에 있는 다음의 단서들을 확인하여 주변 문장의 내용을 예측해 봅니다.

• **연결어 확인**: 삽입 문장이 들어갈 앞문장과 삽입 문장의 연결어가 논리적으로 연결되는지 확인합니다.

논리	연결어 종류
역접/비교/대조	however 그러나, but 그러나, yet 그러나, similarly 마찬가지로, on the other hand 반면에, whereas 반면에, in contrast 그에 반해서
부연 설명	and 그리고, also 또한, furthermore 게다가, in addition 게다가, in other words 다시 말해
예시	for example 예를 들어, for instance 예를 들어
인과	therefore 그러므로, as a result 그 결과로, because ~ 때문에
순서	first 먼저, later 후에, finally 마침내, next 그 다음, then 그러고 나서, at the same time 동시에

• **지시어 확인**: 삽입 문장의 대명사(it, these, they 등)가 가리키는 것을 지문에서 찾습니다.
• **the+명사**: 삽입 문장의 'the+명사'가 가리키는 것을 지문에서 찾은 다음 그 뒤에 연결해 봅니다.

Step 3 각 상자 주변 문장과 삽입 문장과의 관계 확인

연결어, 지시어 등을 통해 주변 문장의 내용을 파악하였다면, 이제 가장 자연스러운 위치를 찾도록 합니다. 반드시 문장을 삽입해보고 자연스럽게 연결되는지 최종적으로 확인합니다.

아래 예제를 풀어보고 관련 문제 유형에 대해 확실히 숙지하세요.

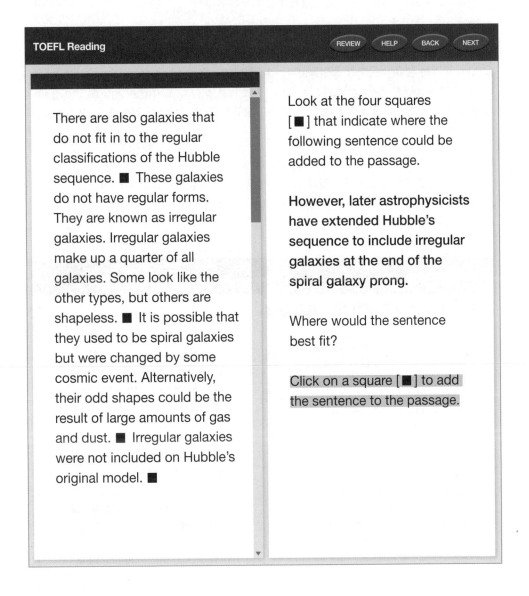

Step 1 문제 파악 및 삽입 문장 해석

문장 삽입 문제임을 파악하고, 제시된 문장을 우선 해석합니다.

Step 2 삽입 문장에 있는 단서 확인을 통해 주변 문장 내용 예측

역접의 접속사(However)와 순서를 나타내는 단어(later)를 문제 풀이 단서로 잡습니다.
그러나, 후에는 불규칙 은하가 포함되었다는 내용(However, later astrophysicists have extended Hubble's sequence to include irregular galaxies at the end of the spiral galaxy prong.)이므로, 앞 문장 내용을 예측해보면 불규칙 은하가 이전에는 포함되지 않았다는 내용이 되어야 함을 알 수 있습니다.

Step 3 각 상자 주변 문장과 삽입 문장과의 관계 확인

네 번째 상자 앞 문장에, 불규칙 은하가 허블의 원래 모형에 포함되지 않았다고 하므로(Irregular galaxies were not included on Hubble's original model), 네 번째 상자에 삽입 문장을 넣었을 때 자연스럽게 연결되므로 정답입니다.

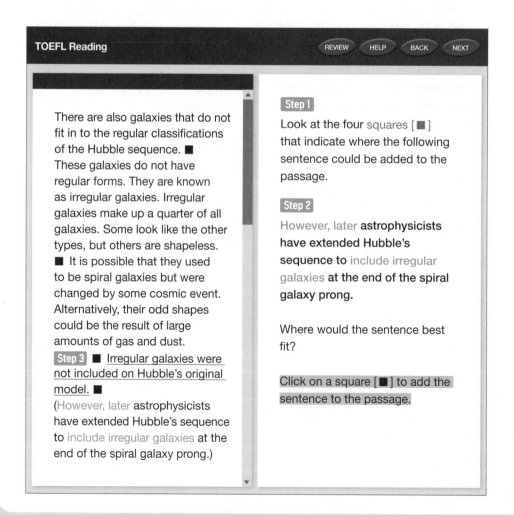

TOEFL Reading   REVIEW   HELP   BACK   NEXT

There are also galaxies that do not fit in to the regular classifications of the Hubble sequence. ■ These galaxies do not have regular forms. They are known as irregular galaxies. Irregular galaxies make up a quarter of all galaxies. Some look like the other types, but others are shapeless. ■ It is possible that they used to be spiral galaxies but were changed by some cosmic event. Alternatively, their odd shapes could be the result of large amounts of gas and dust. **Step 3** ■ Irregular galaxies were not included on Hubble's original model. ■ (However, later astrophysicists have extended Hubble's sequence to include irregular galaxies at the end of the spiral galaxy prong.)

Step 1
Look at the four squares [■] that indicate where the following sentence could be added to the passage.

Step 2
However, later **astrophysicists have extended Hubble's sequence to** include irregular galaxies **at the end of the spiral galaxy prong.**

Where would the sentence best fit?

Click on a square [■] to add the sentence to the passage.

정답 네 번째 상자

꿀팁 원하는 위치의 상자를 클릭하면 정답 문장이 지문에 들어가면서 정답 선택이 됩니다. 만일 정답을 수정하기를 원하면, 지문에 들어간 문장을 클릭하여 원래 정답이 선택되지 않은 상태로 되돌릴 수 있습니다.

해석

허블 시퀀스의 일반적인 분류법에 꼭 들어맞지 않는 은하도 있다. ■ 이 은하들은 규칙적인 형태가 없다. 이것들은 불규칙 은하로 알려져 있다. 불규칙 은하는 모든 은하의 4분의 1을 구성한다. 일부는 나머지 유형처럼 보이기도 하지만, 다른 것들은 형태가 없다. ■ 그것들은 한때 나선형 은하였지만 우주의 어떤 사건에 의해 변형되었을 가능성이 있다. 또는, 그 은하들의 이상한 형태는 많은 양의 가스와 먼지에 따른 결과일 수도 있다. ■ 불규칙 은하는 허블의 원래 모형에는 포함되지 않았다. ■ (그러나, 후에 천체물리학자들은 허블의 시퀀스를 확장해서 불규칙 은하를 나선 은하 갈래의 끝에 포함하였다.)

다음 문장이 지문에 삽입될 수 있는 곳을 나타내는 네 개의 상자[■]를 보세요.

그러나, 후에 천체물리학자들은 허블의 시퀀스를 확장해서 불규칙 은하를 나선 은하 갈래의 끝에 포함하였다.

이 문장은 어디에 가장 적합한가요? 지문에 문장이 들어갈 상자[■]를 클릭하세요.

Vocabulary

□ astrophysicist 천체 물리학자
□ extend ~을 연장하다
□ include ~을 포함하다
□ irregular 불규칙적인
□ prong 갈래, 갈라진 가닥
□ fit in to ~에 들어맞다

□ regular 일반적인, 규칙적인
□ classification 분류
□ form 형태
□ make up ~을 구성하다
□ quarter 4분의 1
□ shapeless 형태가 없는

□ used to be 한때 ~였다
□ cosmic 우주의
□ alternatively 또는, 그 대신
□ odd 이상한
□ result 결과(물)
□ dust 먼지

⑨ Prose Summary 지문 요약

보통 Summary 문제로 불리며 각 지문에서 10번 문제로 출제됩니다. 문제에는 6개의 선택지와 도입 문장 (introductory sentence)이 주어지는데, 도입 문장은 전체 지문을 한 줄로 요약한 문장입니다. 도입 문장과 전체 지문 내용을 바탕으로 지문의 핵심 아이디어들을 가장 잘 나타낸 선택지 3개를 고르는 문제로, 하나도 제대로 못고르거나 하나만 찾으면 0점, 두 개를 맞히면 1점, 세 개 모두 맞히면 2점이 주어집니다. 참고로 Summary 문제와 Table 문제를 제외한 모든 문제 유형은 1점입니다.

빈출 질문 패턴

- **Directions:** An introductory sentence for a brief summary of the passage is provided below. Complete the summary by selecting the THREE answer choices that express the most important ideas in the passage. Some sentences do not belong in the summary because they express ideas that are not presented in the passage or are minor ideas in the passage. **This question is worth 2 points.**

지시사항: 지문의 간략한 요약을 위한 도입 문장이 아래 주어져 있습니다. 지문의 가장 중요한 아이디어를 나타내는 세 개의 선택지를 골라 요약을 완성하세요. 어떤 문장들은 지문에 없는 내용이나 중요하지 않은 아이디어를 나타내고 있어서 요약에 속하지 않습니다. **이 문제는 2점짜리입니다.**

> Drag your answer choices to the spaces where they belong. To remove an answer choice, click on it. To review the passage, click on **View Text**.
> 정답 선택지들을 드래그하여 알맞은 자리에 놓습니다. 선택지를 제거하려면 클릭하세요. 전체 지문을 다시 보려면, **View Text**를 클릭하세요.

도입 문장

문제 풀이 스킬

Step 1 문제 유형 파악 및 도입 문장 해석

문제 지시사항에 나오는 도입 문장(introductory sentence)과 요약(summary) 단어를 통해 Summary 문제 유형임을 파악합니다. 제시된 도입 문장과 내용이 부합하는 선택지를 선택하기 위해서는 반드시 도입 문장을 먼저 읽어 둡니다.

Step 2 각 선택지를 순서대로 검토

이미 앞에서 문제를 풀면서 파악한 지문 전체 내용 및 도입 문장을 바탕으로 각 선택지를 순서대로 검토하며 정답을 선택해 봅니다. 지문에 언급되지 않은 내용이나 지문과 다른 내용은 당연히 오답입니다. 하지만 지문에 내용이 있어도 오답이 되는 선택지도 있습니다. 즉, 지문에 있지만 너무 지엽적인 내용(minor ideas) 또는 예시 (examples), 그리고 지문에 있지만 전체 주제와 상반되는 선택지는 오답입니다.

Step 3 [VIEW TEXT]를 클릭하고 본문을 보며 선택지 확인

선택지를 보면서 의심이 나는 내용이 있다면, [VIEW TEXT] 버튼을 눌러서 글 전체를 다시 읽어봐야 합니다. 지문 전체 내용 파악 시 가장 효과적인 방법은 각 문단의 중심 내용을 파악하는 것인데, 문단들이 보통 두괄식이므로 각 문단의 첫 부분을 유의해서 읽으세요.

아래 예제를 풀어보고 관련 문제 유형에 대해 확실히 숙지하세요.

TOEFL Reading

VIEW TEXT　REVIEW　HELP　BACK　NEXT

Directions: An introductory sentence for a brief summary of the passage is provided below. Complete the summary by selecting the THREE answer choices that express the most important ideas in the passage. Some sentences do not belong in the summary because they express ideas that are not presented in the passage or are minor ideas in the passage. **This question is worth 2 points.**

Drag your answer choices to the spaces where they belong. To remove an answer choice, click on it. To review the passage, click on **View Text**.

The Hubble sequence classifies galaxies based on their appearance.
-
-
-

Answer Choices

(A) Lenticular galaxies are the intermediate classification between elliptical and spiral galaxies and feature a central bulge and a surrounding disk.

(B) Edwin Hubble was an American astronomer who made several important contributions to the field.

(C) Spiral galaxies are divided into two subcategories, regular spiral galaxies and spiral barred galaxies.

(D) Elliptical galaxies have an oval shape, and their ellipticity can range from a near-perfect sphere to an elongated, cigar-shaped oval.

(E) Elliptical galaxies house older stars, while spiral galaxies birth new stars in their arms.

(F) Irregular galaxies make up a small number of the total galaxies and are therefore not included on the Hubble sequence.

The Hubble Sequence

The Hubble Sequence is a way to classify different types of galaxies. It was invented in 1926 by Edwin Hubble, an American astronomer. The diagram is also known as Hubble's tuning fork because of how it looks – a handle holding two long, parallel rods. The Hubble sequence divides galaxies into three types based on their shapes. These types are elliptical, lenticular, and spiral.

The sequence begins with elliptical galaxies. Elliptical means oval, so these galaxies are oval-shaped. They have the same level of brightness throughout. The ellipticity, or how oval the galaxy is, increases from 0 to 7. For example, an E0 galaxy is nearly circular, while an E7 galaxy more closely looks like a cigar. The largest galaxies in the universe are usually from this category.

Lenticular, or lens-shaped, galaxies are at the center of the tuning fork. When Hubble first created the classification scheme, he predicted that a middle type of galaxy must exist between elliptical and spiral galaxies. Later observations proved that he was correct. Lenticular galaxies, labeled with the symbol S0, have a bright central bulge that is surrounded by a halo, or disk. They are similar in appearance to elliptical galaxies, especially those categorized as E0 to E3. The disk surrounding the central bulge of lenticular galaxies does not spiral, so they are different from spiral galaxies. However, these characteristics can make lenticular galaxies difficult to classify.

Spiral galaxies are the third category of galaxies on the Hubble sequence. They are shaped like spirals. They make the prongs of the tuning fork because they are divided into two subcategories: regular spiral and barred spiral. Like lenticular galaxies, these have a concentration of stars in the central bulge and a disk. However, this disk has formed into a spiral. The top prong of Hubble's tuning fork is for regular spiral galaxies, which have a pinwheel-appearance. The lower prong contains barred spiral galaxies. These have the additional feature of a solid bar that crosses through the central bulge before spiraling out. The Milky Way, our galaxy, is a spiral barred galaxy.

There are also galaxies that do not fit in to the regular classifications of the Hubble sequence. These galaxies do not have regular forms. They are known as irregular galaxies. Irregular galaxies make up a quarter of all galaxies. Some look like the other types, but others are shapeless. It is possible that they used to be spiral galaxies but were changed by some cosmic event. Alternatively, their odd shapes could be the result of large amounts of gas and dust. Irregular galaxies were not included on Hubble's original model.

Some criticism of Hubble's sequence exists. The sequence can be too simple because it is based solely on how galaxies look. Furthermore, there is the issue of location. It is likely that a galaxy seen from Earth's position looks entirely different from another location in space. Nonetheless, Hubble's sequence is still the most used system for classifying the large number of galaxies in the universe.

 꿀팁 〔VIEW TEXT〕 클릭 시 확인 가능한 본문 화면

맛보기 문제 풀이

Step 1 문제 유형 파악 및 도입 문장 해석

문제 지시사항 첫 줄을 통해 Summary 문제 유형임을 파악합니다. 제시된 도입 문장(The Hubble sequence classifies galaxies based on their appearance.)을 읽고 내용(허블 시퀀스는 외양을 기반으로 은하를 분류한다.)을 파악합니다.

Step 2 각 선택지를 순서대로 검토

제시된 6개의 선택지를 각각 읽어 보며 전체 내용 및 도입 문장과 부합하는지 검토해 봅니다.

Step 3 [VIEW TEXT]를 클릭하고 본문을 보며 선택지 확인

정확한 답을 고르기 위해 의심되는 내용은 본문(text)에서 확인합니다.

- (A) 세 번째 문단에 나온 렌즈형 은하에 대한 요약을 정확히 하므로 정답입니다.
- (B) 지문의 주요 내용은 허블 시퀀스와 은하 형태에 대한 것으로, 허블의 천문학 분야 기여는 비록 지문 앞부분에 명확히 나와 있지만 지엽적인 내용(minor idea)이므로 오답입니다.
- (C) 네 번째 문단에 나온 나선형 은하에 대한 요약을 정확히 하므로 정답입니다.
- (D) 두 번째 문단에 나온 타원형 은하에 대한 요약을 정확히 하므로 정답입니다.
- (E) 본문에는 오래된 별이나 새로 생성되는 별에 대한 내용이 없으므로 오답입니다.
- (F) 불규칙 은하가 전체 은하에서 작은 수를 차지하기에 허블 시퀀스에 포함되지 않는다는 내용은 없으므로 오답입니다.

맛보기 문제 풀이

TOEFL Reading  Step 3   VIEW TEXT   REVIEW   HELP   BACK   NEXT

Step 1

Directions: An introductory sentence for a brief summary of the passage is provided below. Complete the summary by selecting the THREE answer choices that express the most important ideas in the passage. Some sentences do not belong in the summary because they express ideas that are not presented in the passage or are minor ideas in the passage. **This question is worth 2 points.**

Drag your answer choices to the spaces where they belong. To remove an answer choice, click on it. To review the passage, click on **View Text**.

The Hubble sequence classifies galaxies based on their appearance.
-
-
-

Step 2

Answer Choices

(A) Lenticular galaxies are the intermediate classification between elliptical and spiral galaxies and feature a central bulge and a surrounding disk.

(B) Edwin Hubble was an American astronomer who made several important contributions to the field.

(C) Spiral galaxies are divided into two subcategories, regular spiral galaxies and spiral barred galaxies.

(D) Elliptical galaxies have an oval shape, and their ellipticity can range from a near-perfect sphere to an elongated, cigar-shaped oval.

(E) Elliptical galaxies house older stars, while spiral galaxies birth new stars in their arms.

(F) Irregular galaxies make up a small number of the total galaxies and are therefore not included on the Hubble sequence.

TOEFL Reading

Step 3 The Hubble Sequence

The Hubble Sequence is a way to classify different types of galaxies. Ⓑ It was invented in 1926 by Edwin Hubble, an American astronomer. The diagram is also known as Hubble's tuning fork because of how it looks – a handle holding two long, parallel rods. The Hubble sequence divides galaxies into three types based on their shapes. These types are elliptical, lenticular, and spiral.

The sequence begins with elliptical galaxies. Ⓓ Elliptical means oval, so these galaxies are oval-shaped. They have the same level of brightness throughout. Ⓓ The ellipticity, or how oval the galaxy is, increases from 0 to 7. For example, an E0 galaxy is nearly circular, while an E7 galaxy more closely looks like a cigar. The largest galaxies in the universe are usually from this category.

Ⓐ Lenticular, or lens-shaped, galaxies are at the center of the tuning fork. When Hubble first created the classification scheme, he predicted that a middle type of galaxy must exist between elliptical and spiral galaxies. Later observations proved that he was correct. Lenticular galaxies, labeled with the symbol S0, have a bright central bulge that is surrounded by a halo, or disk. They are similar in appearance to elliptical galaxies, especially those categorized as E0 to E3. The disk surrounding the central bulge of lenticular galaxies does not spiral, so they are different from spiral galaxies. However, these characteristics can make lenticular galaxies difficult to classify.

Spiral galaxies are the third category of galaxies on the Hubble sequence. They are shaped like spirals. Ⓒ They make the prongs of the tuning fork because they are divided into two subcategories: regular spiral and barred spiral. Like lenticular galaxies, these have a concentration of stars in the central bulge and a disk. However, this disk has formed into a spiral. The top prong of Hubble's tuning fork is for regular spiral galaxies, which have a pinwheel-appearance. The lower prong contains barred spiral galaxies. These have the additional feature of a solid bar that crosses through the central bulge before spiraling out. The Milky Way, our galaxy, is a spiral barred galaxy.

There are also galaxies that do not fit in to the regular classifications of the Hubble sequence. These galaxies do not have regular forms. They are known as irregular galaxies. Ⓕ Irregular galaxies make up a quarter of all galaxies. Some look like the other types, but others are shapeless. It is possible that they used to be spiral galaxies but were changed by some cosmic event. Alternatively, their odd shapes could be the result of large amounts of gas and dust. Irregular galaxies were not included on Hubble's original model.

Some criticism of Hubble's sequence exists. The sequence can be too simple because it is based solely on how galaxies look. Furthermore, there is the issue of location. It is likely that a galaxy seen from Earth's position looks entirely different from another location in space. Nonetheless, Hubble's sequence is still the most used system for classifying the large number of galaxies in the universe.

정답 (A), (C), (D) (정답 순서 상관 없음)

해석

지시사항: 지문의 간략한 요약을 위한 도입 문장이 아래 주어져 있습니다. 지문의 가장 중요한 아이디어를 나타내는 세 개의 선택지를 골라 요약을 완성하세요. 어떤 문장들은 지문에 없는 내용이나 중요하지 않은 아이디어를 나타내고 있어서 요약에 속하지 않습니다. **이 문제는 2점짜리입니다.**

정답 선택지들을 드래그하여 알맞은 자리에 놓습니다. 선택지를 제거하려면 클릭하세요.
전체 지문을 다시 보려면, **View Text**를 클릭하세요.

허블 시퀀스는 외양을 기반으로 은하를 분류합니다.
- ·
- ·
- ·

선택지

(A) 렌즈형 은하는 타원형과 나선형 은하 사이의 중간 범주이며, 중앙의 불룩한 부분과 주변의 원반을 특징으로 합니다.

(B) 에드윈 허블은 천문학 분야에 여러 중요한 기여를 한 미국의 천문학자였습니다.

(C) 나선형 은하는 두 가지 하위 범주로 나뉘는데, 일반 나선형 은하와 막대 나선형 은하입니다.

(D) 타원형 은하는 계란형 모양이며, 그 타원율은 거의 완벽에 가까운 구형에서부터 늘어난 시가 모양의 타원에 이르기까지 범위가 다양할 수 있습니다.

(E) 타원형 은하는 오래된 별들을 포함하는 반면, 나선형 은하는 팔 부분에서 새 별들을 만듭니다.

(F) 불규칙 은하는 전체 은하에서 적은 수를 차지하므로 허블 시퀀스에 포함되지 않습니다.

허블 시퀀스

허블 시퀀스는 여러 다른 유형의 은하를 분류하는 방법이다. (B) 그것은 미국의 천문학자인 에드윈 허블에 의해 1926년에 발명되었다. 이 도표는 그 모습(두 개의 길고 평행한 막대를 잡고 있는 손잡이) 때문에 '허블의 소리굽쇠'라고도 알려져 있다. 허블 시퀀스는 형태에 기반해 은하를 세 가지 유형으로 나눈다. 이 유형들은 타원형, 렌즈형, 그리고 나선형이다.

이 시퀀스는 타원형 은하에서 시작한다. (D) 타원형은 계란형을 의미하므로, 이 은하들은 계란 모양으로 되어 있다. 이 은하들은 전체적으로 동일 밝기 수준을 지니고 있다. (D) 타원율, 즉 은하가 얼마나 계란형인지는 0에서 7까지 증가한다. 예를 들어, E0 은하는 거의 원형인 반면, E7 은하는 시가와 더 가깝게 보인다. 우주에서 가장 큰 은하들은 일반적으로 이 범주에 속한다.

READING

(A) 렌즈형, 즉 렌즈 모양의 은하는 소리굽쇠의 중앙에 위치한다. 허블이 처음 분류 체계를 만들었을 때, 그는 타원형과 나선형 은하 사이에 중간 형태의 은하가 틀림없이 존재한다고 예측했다. 이후 관찰들이 그가 옳았음을 증명했다. 렌즈형 은하들은 S0 기호로 표기되는데, 중앙에 아주 밝은 불룩한 부분이 있으며, 이 부분은 광륜, 즉 원반으로 둘러싸여 있다. 이 은하들은 외형상 타원형 은하, 특히 E0에서 E3로 분류된 것들과 유사하다. 렌즈형 은하 중앙의 불룩한 부분을 감싸는 원반은 나선형으로 되어 있지 않기 때문에, 나선형 은하와 다르다. 하지만, 이러한 특징들은 렌즈형 은하를 분류하기 어렵게 만든다.

나선형 은하들은 허블 시퀀스에서 세 번째 범주의 은하들이다. 이 은하들은 나선처럼 생겼다. 이들은 소리굽쇠의 갈래를 만드는데, (C) 두 가지 하위 범주, 즉 일반 나선과 막대 나선으로 나뉘기 때문이다. 렌즈형 은하처럼, 이것들은 중앙의 불룩한 부분에 밀집된 별들과 원반이 있다. 하지만, 이 원반은 나선으로 형성되어 있다. 허블 소리굽쇠의 위쪽 갈래는 바람개비 모습을 하고 있는 일반 나선 은하들을 위한 것이다. 아래쪽 갈래에는 막대 나선 은하가 포함되어 있다. 이들은 나선이 뻗어 나가기 전인 중앙의 불룩한 부분을 관통하는 견고한 막대 모양이라는 추가적인 특징을 지니고 있다. 밀키 웨이, 즉 우리 은하는 막대 나선 은하이다.

허블 시퀀스의 일반적인 분류법에 꼭 들어맞지 않는 은하도 있다. 이 은하들은 규칙적인 형태가 없다. 이것들은 불규칙 은하로 알려져 있다. (F) 불규칙 은하는 모든 은하의 4분의 1을 구성한다. 일부는 나머지 유형처럼 보이기도 하지만, 다른 것들은 형태가 없다. 그것들은 한때 나선형 은하였지만 우주의 어떤 사건에 의해 변형되었을 가능성이 있다. 또는, 그 은하들의 이상한 형태는 많은 양의 가스와 먼지에 따른 결과일 수도 있다. 불규칙 은하는 허블의 원래 모형에는 포함되지 않았다.

허블 시퀀스에 대한 일부 비판도 존재한다. 이 시퀀스는 오직 은하의 모습만 기반으로 하기 때문에 너무 단순한 것일 수 있다. 더욱이, 위치 문제가 있다. 지구의 입장에서 보이는 은하는 우주의 다른 위치에서는 완전히 다르게 보일 가능성이 있다. 그럼에도 불구하고, 허블 시퀀스는 우주에 있는 아주 많은 은하들을 분류하는 데 있어 여전히 가장 많이 쓰이는 체계이다.

Vocabulary

- □ hold ~을 잡다, 쥐다
- □ parallel 평행한
- □ rod 막대
- □ lenticular 렌즈 모양의
- □ elliptical 타원형의
- □ spiral 나선(의)
- □ feature ~을 특징으로 하다
- □ bulge 불룩한 부분

- □ surrounding 주변의
- □ disk 원반
- □ astronomer 천문학자
- □ discovery 발견
- □ divide ~을 나누다
- □ subcategory 하위 범주
- □ oval 타원(의), 계란형(의)

- □ ellipticity 타원율
- □ range 범위에 이르다
- □ near-perfect 완벽에 가까운
- □ sphere 구
- □ cigar-shaped 시가 모양의
- □ irregular 불규칙한
- □ make up ~을 구성하다, 차지하다

⑩ Fill in a Table 표 채우기

Category Chart 또는 Table 문제로 불립니다. 2019년 8월 토플 개정 이후 10번 문제로 Summary 문제가 나오고 이 문제 유형은 거의 나오지 않고 있지만, 자신이 보는 시험에서 혹시나 나올 수도 있으니 어떤 문제인지는 파악해 두세요.

이 문제 유형에서는 다양한 표(Table)가 출제되며, 이에 따라 점수 배점과 선택해야 하는 정답 개수가 달라집니다. 보통은 선택지 7개와 표(Table)가 주어지는데, 표 내용에 알맞게 선택지 중 5개를 정답으로 고르는 문제입니다. 이 경우 총 3점짜리로, 5개 정답 중 3개를 맞히면 1점, 4개는 2점, 5개 전부는 3점을 획득합니다. 물론 2개 이하 정답은 0점입니다.

빈출 질문 패턴

앞에서 언급한 대로 다양한 표의 출제로 정형화된 문제 문구는 없지만, 보통 다음과 같은 지시사항과 함께 Table 문제가 소개됩니다.

- **Directions:** Select the appropriate phrases from the answer choices and match them to the type to which they relate. TWO of the answer choices will NOT be used. **This question is worth 3 points.**

  지시사항: 선택지에서 적절한 문구를 골라서 연관되는 유형에 연결하세요. 선택지 중 두 개는 사용되지 않습니다. **이 문제는 3점짜리입니다.**

  Drag your answer choices to the spaces where they belong. To remove an answer choice, click on it. To review the passage, click on **View Text.**
  정답 선택지들을 끌어다가 알맞은 자리에 놓으세요. 선택지를 제거하려면 클릭합니다. 전체 지문을 다시 보려면, View Text를 클릭하세요.

문제 풀이 스킬

Step 1 적절한 카테고리에 각 선택지 연결

우선 표의 분류 기준이 되는 카테고리를 확인합니다. 그리고 나서, 이미 앞에서 문제를 풀면서 파악한 지문 내용을 바탕으로 각 선택지를 순서대로 해당 카테고리에 연결해 봅니다.

Step 2 [VIEW TEXT]를 클릭하고 본문을 보며 선택지 확인

선택지를 보면서 의심이 나는 내용이 있다면, [VIEW TEXT] 버튼을 눌러서 글 전체를 다시 읽어보며 각 카테고리에 맞는 세부 정보를 지문에서 찾습니다. 정답이 되는 선택지는 패러프레이즈가 되고 오답은 지문의 단어를 거의 그대로 쓰는 경향이 있습니다.

아래 예제를 풀어보고 관련 문제 유형에 대해 확실히 숙지하세요.

READING

TOEFL Reading VIEW TEXT REVIEW HELP BACK NEXT

Directions: Complete the table below to summarize information about the three types of galaxies discussed in the passage. Match the appropriate statements to the types of galaxies with which they are associated. **This question is worth 3 points.**

Drag your answer choices to the spaces where they belong. To remove an answer choice, click on it. To review the passage, click on **View Text**.

Answer Choices	Galaxy Type
(A) The first type on the Hubble sequence (B) Includes the Milky Way as an example (C) Will later become an irregular galaxy (D) Are divided into two subcategories (E) Have an oval shape (F) Found at the center of galaxy clusters (G) Made of a central bulge and non-spiraling disk	**Elliptical (Select 2)** • • **Lenticular (Select 1)** • **Spiral (Select 2)** • •

* 문제 본문은 Prose Summary 섹션을 참고하세요.

Step 1 각 선택지와 적절한 카테고리 연결

각각의 선택지를 표에 제시된 세 개의 은하 유형에 분류해 넣습니다.

Step 2 [View Text]를 클릭하고 각 선택지를 본문에서 확인

(A) 두 번째 문단에 나온 타원형 은하의 특징입니다.

(B) 네 번째 문단에 나온 나선형 은하의 특징입니다.

(C) 다섯 번째 문단에서 나선형 은하가 불규칙 은하로 발달할 가능성이 있다고만 언급하였지 확실히 그렇게 발달할지는 언급하지 않습니다.

(D) 네 번째 문단에 나온 나선형 은하의 특징입니다.

(E) 두 번째 문단에 나온 타원형 은하의 특징입니다.

(F) 지문에서 언급하지 않은 내용입니다.

(G) 세 번째 문단에 나온 렌즈형 은하의 특징입니다.

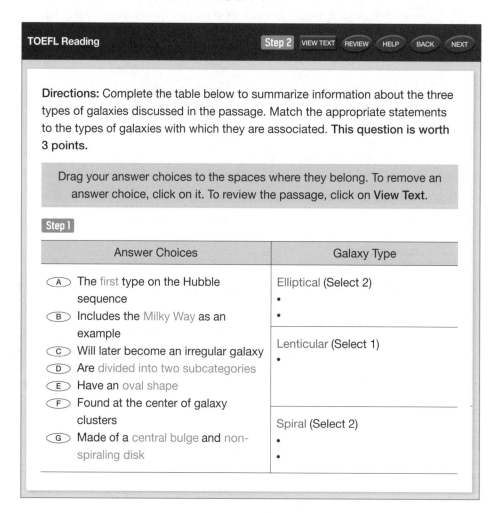

TOEFL Reading **Step 2** VIEW TEXT REVIEW HELP BACK NEXT

Directions: Complete the table below to summarize information about the three types of galaxies discussed in the passage. Match the appropriate statements to the types of galaxies with which they are associated. **This question is worth 3 points.**

Drag your answer choices to the spaces where they belong. To remove an answer choice, click on it. To review the passage, click on **View Text**.

Step 1

Answer Choices	Galaxy Type
(A) The first type on the Hubble sequence (B) Includes the Milky Way as an example (C) Will later become an irregular galaxy (D) Are divided into two subcategories (E) Have an oval shape (F) Found at the center of galaxy clusters (G) Made of a central bulge and non-spiraling disk	Elliptical (Select 2) • • Lenticular (Select 1) • Spiral (Select 2) • •

TOEFL Reading   REVIEW   HELP   BACK   NEXT

Step 2 The Hubble Sequence

The Hubble Sequence is a way to classify different types of galaxies. It was invented in 1926 by Edwin Hubble, an American astronomer. The diagram is also known as Hubble's tuning fork because of how it looks – a handle holding two long, parallel rods. The Hubble sequence divides galaxies into three types based on their shapes. These types are elliptical, lenticular, and spiral.

(A) The sequence begins with elliptical galaxies. (E) Elliptical means oval, so these galaxies are oval-shaped. They have the same level of brightness throughout. The ellipticity, or how oval the galaxy is, increases from 0 to 7. For example, an E0 galaxy is nearly circular, while an E7 galaxy more closely looks like a cigar. The largest galaxies in the universe are usually from this category.

Lenticular, or lens-shaped, galaxies are at the center of the tuning fork. When Hubble first created the classification scheme, he predicted that a middle type of galaxy must exist between elliptical and spiral galaxies. Later observations proved that he was correct. (G) Lenticular galaxies, labeled with the symbol S0, have a bright central bulge that is surrounded by a halo, or disk. They are similar in appearance to elliptical galaxies, especially those categorized as E0 to E3. (G) The disk surrounding the central bulge of lenticular galaxies does not spiral, so they are different from spiral galaxies. However, these characteristics can make lenticular galaxies difficult to classify.

(D) Spiral galaxies are the third category of galaxies on the Hubble sequence. They are shaped like spirals. They make the prongs of the tuning fork because they are divided into two subcategories: regular spiral and barred spiral. Like lenticular galaxies, these have a concentration of stars in the central bulge and a disk. However, this disk has formed into a spiral. The top prong of Hubble's tuning fork is for regular spiral galaxies, which have a pinwheel-appearance. The lower prong contains barred spiral galaxies. These have the additional feature of a solid bar that crosses through the central bulge before spiraling out. (B) The Milky Way, our galaxy, is a spiral barred galaxy.

There are also galaxies that do not fit in to the regular classifications of the Hubble sequence. These galaxies do not have regular forms. They are known as irregular galaxies. Irregular galaxies make up a quarter of all galaxies. Some look like the other types, but others are shapeless. It is possible that they used to be spiral galaxies but were changed by some cosmic event. Alternatively, their odd shapes could be the result of large amounts of gas and dust. Irregular galaxies were not included on Hubble's original model.

Some criticism of Hubble's sequence exists. The sequence can be too simple because it is based solely on how galaxies look. Furthermore, there is the issue of location. It is likely that a galaxy seen from Earth's position looks entirely different from another location in space. Nonetheless, Hubble's sequence is still the most used system for classifying the large number of galaxies in the universe.

정답 Elliptical: (A), (E) / Lenticular: (G) / Spiral: (B), (D)

해석

지시사항: 지문에서 논의된 3개 유형의 은하에 대한 정보를 아래 표에 요약하여 완성하세요. 연관되는 은하 유형과 진술을 연결하세요. **이 문제는 3점짜리입니다.**

> 정답 선택지들을 끌어다가 알맞은 자리에 놓으세요. 선택지를 제거하려면 클릭합니다.
> 전체 지문을 다시 보려면, **View Text**를 클릭하세요.

선택지	은하 유형
(A) 허블 시퀀스의 첫 번째 유형 (B) 예시로 우리 은하를 포함한다 (C) 나중에 불규칙 은하가 될 것이다 (D) 두 가지 하위 범주로 나뉜다 (E) 타원 형태를 지니고 있다 (F) 은하단(무리)의 중심에서 발견된다 (G) 중앙의 불룩한 부분 및 나선 형태가 아닌 원반으로 구성된다	타원형 (2개 선택) · · 렌즈형 (1개 선택) · 나선형 (2개 선택) · ·

허블 시퀀스

허블 시퀀스는 여러 다른 유형의 은하를 분류하는 방법이다. 그것은 미국의 천문학자인 에드윈 허블에 의해 1926년에 발명되었다. 이 도표는 그 모습(두 개의 길고 평행한 막대를 잡고 있는 손잡이) 때문에 '허블의 소리굽쇠'라고도 알려져 있다. 허블 시퀀스는 형태에 기반해 은하를 세 가지 유형으로 나눈다. 이 유형들은 타원형, 렌즈형, 그리고 나선형이다.

(A) 이 시퀀스는 타원형 은하에서 시작한다. (E) 타원형은 계란형을 의미하므로, 이 은하들은 계란 모양으로 되어 있다. 이 은하들은 전체적으로 동일 밝기 수준을 지니고 있다. 타원율, 즉 은하가 얼마나 계란형인지는 0에서 7까지 증가한다. 예를 들어, E0 은하는 거의 원형인 반면, E7 은하는 시가와 더 가깝게 보인다. 우주에서 가장 큰 은하들은 일반적으로 이 범주에 속한다.

렌즈형, 즉 렌즈 모양의 은하는 소리굽쇠의 중앙에 위치한다. 허블이 처음 분류 체계를 만들었을 때, 그는 타원형과 나선형 은하 사이에 중간 형태의 은하가 틀림없이 존재한다고 예측했다. 이후 관찰들이 그가 옳았음을 증명했다. ⓖ <u>렌즈형 은하들은 S0 기호로 표기되는데, 중앙에 아주 밝은 불룩한 부분이 있으며, 이 부분은 광륜, 즉 원반으로 둘러싸여 있다.</u> 이 은하들은 외형상 타원형 은하, 특히 E0에서 E3로 분류된 것들과 유사하다. ⓖ <u>렌즈형 은하 중앙의 불룩한 부분을 감싸는 원반은 나선형으로 되어 있지 않기 때문에, 나선형 은하와 다르다.</u> 하지만, 이러한 특징들은 렌즈형 은하를 분류하기 어렵게 만든다.

ⓓ <u>나선형 은하들은 허블 시퀀스에서 세 번째 범주의 은하들이다. 이 은하들은 나선처럼 생겼다. 이들은 소리굽쇠의 갈래를 만드는데, 두 가지 하위 범주, 즉 일반 나선과 막대 나선으로 나뉘기 때문이다.</u> 렌즈형 은하처럼, 이것들은 중앙의 불룩한 부분에 밀집된 별들과 원반이 있다. 하지만, 이 원반은 나선으로 형성되어 있다. 허블 소리굽쇠의 위쪽 갈래는 바람개비 모습을 하고 있는 일반 나선 은하들을 위한 것이다. 아래쪽 갈래에는 막대 나선 은하가 포함되어 있다. 이들은 나선이 뻗어 나가기 전인 중앙의 불룩한 부분을 관통하는 견고한 막대 모양이라는 추가적인 특징을 지지고 있다. ⓑ <u>밀키 웨이, 즉 우리 은하는 막대 나선 은하이다.</u>

허블 시퀀스의 일반적인 분류법에 꼭 들어맞지 않는 은하도 있다. 이 은하들은 규칙적인 형태가 없다. 이것들은 불규칙 은하로 알려져 있다. 불규칙 은하는 모든 은하의 4분의 1을 구성한다. 일부는 나머지 유형처럼 보이기도 하지만, 다른 것들은 형태가 없다. 그것들은 한때 나선형 은하였지만 우주의 어떤 사건에 의해 변형되었을 가능성이 있다. 또는, 그 은하들의 이상한 형태는 많은 양의 가스와 먼지에 따른 결과일 수도 있다. 불규칙 은하는 허블의 원래 모형에는 포함되지 않았다.

허블 시퀀스에 대한 일부 비판도 존재한다. 이 시퀀스는 오직 은하의 모습만 기반으로 하기 때문에 너무 단순한 것일 수 있다. 더욱이, 위치 문제가 있다. 지구의 입장에서 보이는 은하는 우주의 다른 위치에서는 완전히 다르게 보일 가능성이 있다. 그럼에도 불구하고, 허블 시퀀스는 우주에 있는 아주 많은 은하들을 분류하는 데 여전히 가장 많이 쓰이는 체계이다.

< 나선형 은하 >

Questions 1-10

Invasive Species

Invasive species are non-native organisms that have been introduced to a new environment. They thrive in their new ecosystem while restricting native wildlife from valuable resources. These species threaten local economies, human well-being, and entire ecosystems.

The movement of invasive species into new environments is usually the result of human activity. The relocation of these species can be accidental. Organisms commonly travel on ships on their trade routes, or they may be transported globally via fruits and other produce. Lumber is also a common method of movement. For example, the Asian long-horned beetle, which is native to eastern Asia, came to America and Europe via wood packaging materials. These wood-boring pests have infested trees throughout both continents.

Other invasive species have been introduced intentionally. Some species are brought from other places as a form of pest control. A certain frog, for instance, might be used to help control the insect population. Organisms may also be introduced for economic reasons, such as a non-native fish species being released into a lake as a source of food. The exotic pet trade has also resulted in the spread of invasive species. Notably, southern Florida has become infested with Burmese pythons, snakes originally from South Asia. In the 1980s, pet owners released these snakes into the wild as they grew too large, and they have been prospering in the Florida Everglades ever since.

Invasive species are not only limited to animals. Plants, fungi, and bacteria can also cause problems as they enter new environments. Plants are commonly used for ornamentation. As people landscape with gorgeous, exotic trees and flowers, they can unwittingly expose the local environment to an invasive species. A well-known instance of this is the kudzu plant, or Japanese arrowroot, which now covers the southern United States. Notable for its beautiful purple flowers, the plant was first introduced to the United States in 1876. Unfortunately, the fast-growing plant quickly killed native trees and shrubs by overgrowing them and casting them in shadows. Now, kudzu dominates the southern landscape. Other invasive plants, such as the black wattle in South Africa, drain a region's limited water resources.

The effects of invasive species can be devastating. They can damage native wildlife in various ways. A new and aggressive species introduced into an ecosystem will likely not have any predators or face other means of population control. Therefore, it will reproduce quickly and overwhelm the area. Other native species will not be able to compete for resources. In addition, invasive species can pose a more direct threat. They will easily prey on native species, prevent them from reproducing, or even spread disease. By wiping out native species, an invasive species destabilizes an ecosystem's food web and permanently changes it.

Invasive species also pose an economic threat to humans. It is estimated that invasive species cost the global economy more than a trillion dollars every year. Invasive animals can ruin crops, while invasive plants can damage infrastructures such as roads and bridges and increase the severity of wildfires.

With such serious consequences, it is important to prevent the introduction of invasive species. Laws restrict the transport of animals and plants across borders. Ships must follow strict procedures as they cross international waters. People should not release exotic pets into the wild and should use only native plants when gardening.

Every ecosystem is an intricate network of relationships between different organisms, and invasive species have the potential to completely disrupt these fragile systems. Limiting their spread is therefore crucially important.

The movement of invasive species into new environments is usually the result of human activity. The relocation of these species can be accidental. Organisms commonly travel on ships on their trade routes, or they may be transported globally via fruits and other produce. Lumber is also a common method of movement. For example, the Asian long-horned beetle, which is native to eastern Asia, came to America and Europe via wood packaging materials. These wood-boring pests have infested trees throughout both continents.

1. The word "via" in the passage is closest in meaning to

   Ⓐ like
   Ⓑ except for
   Ⓒ by
   Ⓓ in addition to

The movement of invasive species into new environments is usually the result of human activity. The relocation of these species can be accidental. Organisms commonly travel on ships on their trade routes, or they may be transported globally via fruits and other produce. Lumber is also a common method of movement. For example, the Asian long-horned beetle, which is native to eastern Asia, came to America and Europe via wood packaging materials. These wood-boring pests have infested trees throughout both continents.

2. According to paragraph 2, all of the following are mentioned as methods of transport for invasive species EXCEPT:

   (A) ships
   (B) wood
   (C) produce
   (D) planes

Other invasive species have been introduced intentionally. Some species are brought from other places as a form of pest control. A certain frog, for instance, might be used to help control the insect population. Organisms may also be introduced for economic reasons, such as a non-native fish species being released into a lake as a source of food. The exotic pet trade has also resulted in the spread of invasive species. Notably, southern Florida has become infested with Burmese pythons, snakes originally from South Asia. In the 1980s, pet owners released these snakes into the wild as they grew too large, and they have been prospering in the Florida Everglades ever since.

3. According to paragraph 3, Burmese pythons were originally brought to the United States as

A pest control
B trade goods
C exotic pets
D cultural gifts

Invasive species are not only limited to animals. Plants, fungi, and bacteria can also cause problems as they enter new environments. Plants are commonly used for ornamentation. As people landscape with gorgeous, exotic trees and flowers, they can unwittingly expose the local environment to an invasive species. A well-known instance of this is the kudzu plant, or Japanese arrowroot, which now covers the southern United States. Notable for its beautiful purple flowers, the plant was first introduced to the United States in 1876. Unfortunately, the fast-growing plant quickly killed native trees and shrubs by overgrowing them and casting them in shadows. Now, kudzu dominates the southern landscape. Other invasive plants, such as the black wattle in South Africa, drain a region's limited water resources.

4. In paragraph 4, the word "they" refers to

- (A) people
- (B) trees
- (C) invasive species
- (D) environments

Invasive species are not only limited to animals. Plants, fungi, and bacteria can also cause problems as they enter new environments. Plants are commonly used for ornamentation. As people landscape with gorgeous, exotic trees and flowers, they can unwittingly expose the local environment to an invasive species. A well-known instance of this is the kudzu plant, or Japanese arrowroot, which now covers the southern United States. Notable for its beautiful purple flowers, the plant was first introduced to the United States in 1876. Unfortunately, the fast-growing plant quickly killed native trees and shrubs by overgrowing them and casting them in shadows. Now, kudzu dominates the southern landscape. Other invasive plants, such as the black wattle in South Africa, drain a region's limited water resources.

5. What can be inferred about kudzu?

A It spread to the United States from Japan.

B It is now under control in the United States.

C It was originally used for decoration.

D It has interfered with agricultural businesses.

The effects of invasive species can be devastating. They can damage native wildlife in various ways. A new and aggressive species introduced into an ecosystem will likely not have any predators or face other means of population control. Therefore, it will reproduce quickly and overwhelm the area. Other native species will not be able to compete for resources. In addition, invasive species can pose a more direct threat. They will easily prey on native species, prevent them from reproducing, or even spread disease. By wiping out native species, an invasive species destabilizes an ecosystem's food web and permanently changes it.

6. According to paragraph 5, invasive species thrive in new environments because they

(A) are immune to local diseases.
(B) lack natural predators.
(C) receive more nutrients from resources.
(D) perform better in warmer climates.

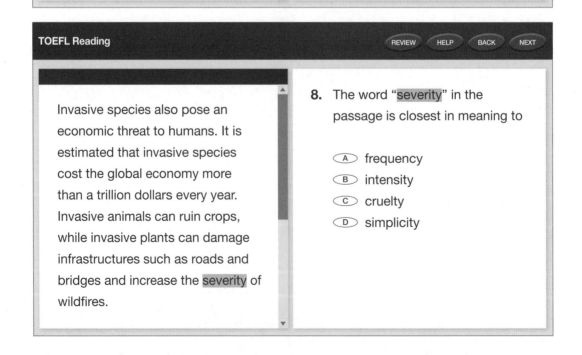

The effects of invasive species can be devastating. They can damage native wildlife in various ways. A new and aggressive species introduced into an ecosystem will likely not have any predators or face other means of population control. Therefore, it will reproduce quickly and overwhelm the area. Other native species will not be able to compete for resources. In addition, invasive species can pose a more direct threat. They will easily prey on native species, prevent them from reproducing, or even spread disease. By wiping out native species, an invasive species destabilizes an ecosystem's food web and permanently changes it.

7. According to paragraph 5, invasive species change ecosystems by

  Ⓐ consuming water resources
  Ⓑ introducing other invasive species
  Ⓒ requiring human intervention
  Ⓓ killing off native species

Invasive species also pose an economic threat to humans. It is estimated that invasive species cost the global economy more than a trillion dollars every year. Invasive animals can ruin crops, while invasive plants can damage infrastructures such as roads and bridges and increase the severity of wildfires.

8. The word "severity" in the passage is closest in meaning to

  Ⓐ frequency
  Ⓑ intensity
  Ⓒ cruelty
  Ⓓ simplicity

With such serious consequences, it is important to prevent the introduction of invasive species. ■ Laws restrict the transport of animals and plants across borders. ■ Ships must follow strict procedures as they cross international waters. ■ People should not release exotic pets into the wild and should use only native plants when gardening. ■

9. Look at the four squares [■] that indicate where the following sentence could be added to the passage.

Their hulls must be cleaned, and the ballast water in their holds must be exchanged in open seas.

Where would the sentence best fit? Click on a square [■] to add the sentence to the passage.

10. Directions: An introductory sentence for a brief summary of the passage is provided below. Complete the summary by selecting the THREE answer choices that express the most important ideas in the passage. Some sentences do not belong in the summary because they express ideas that are not presented in the passage or are minor ideas in the passage. **This question is worth 2 points.**

> Drag your answer choices to the spaces where they belong. To remove an answer choice, click on it. To review the passage, click on **View Text**.

Invasive species are non-native organisms that can drastically affect their new surroundings.

-
-
-

(A) Invasive species have the potential to upset fragile ecosystems and cause economic damage.

(B) Plants can become invasive species when humans experiment with exotic crops in different regions.

(C) Invasive species are spread through human activity, either accidentally or intentionally.

(D) Over 300,000 Burmese pythons, an invasive species from South Asia, now infest the Florida Everglades.

(E) Animal migration patterns can introduce invasive species to neighboring continents.

(F) Laws and regulations have been enacted to prevent the introduction of invasive species.

Questions 11-20

Avalanches

Although beautiful from a distance, avalanches are among nature's most destructive displays of power. Avalanches occur when large quantities of materials are displaced from a mountainside, but they are most often associated with cascades of ice and snow. They can cause extensive property damage and are responsible for more than 100 deaths per year around the world. While largely spontaneous, knowledge of avalanches and their causes make them more predictable and thus avoidable.

Avalanches have a variety of causes, and multiple factors can contribute to each incident. Most occur after or during storms due to increased snowfall. Other triggers include disturbances caused by seismic activity, rockfalls, and icefalls. Avalanches can also be the result of artificial causes. Skiers, mountain climbers, and automobiles can inadvertently start one.

Many variables also affect the likelihood of an avalanche. The characteristics of the terrain, precipitation, snow composition, and wind all play a part. For instance, avalanches are not likely to occur on either very steep slopes or very flat slopes. This is because large amounts of snow cannot accumulate on steep slopes, and snow will not slide on mild slopes. The tree density of the terrain also contributes to the possibility of an avalanche, as the trees act as a natural border. Likewise, precipitation can greatly influence the stability of the snow. Snow comprised of small crystals bonds more easily with the existing snowpack, but snow made of larger crystals will remain unattached and be more likely to slide. Wind can stabilize snow on certain areas of a slope but destabilize it elsewhere on the mountain.

The most common and dangerous type of avalanche is slab avalanches. These form when fresh snow is deposited by wind atop older, more compact snow. The top layer of fresh snow comes loose and breaks off in a slab, which then slides down the mountainside. This slab can become more destructive as it gathers rocks, ice, and other debris. Hard slab avalanches are slides of large sections of snow; soft slab avalanches are smaller sections which have broken off from the main snowpack. Slab avalanches are composed of crown and flank fractures, which are the walls formed at the top and sides of the avalanche by the remaining snow. They occur suddenly with little warning and rapidly build up in speed and size.

Knowing how to identify recent or frequent avalanches can also help avoid future ones. An avalanche has three identifiable parts. These are the starting zone, the avalanche track, and the runout zone. The starting zone is where the avalanche begins. It is generally located in an area of unstable snow. The avalanche track is the downhill path that the snow follows after it begins to slide. The runout zone is the site where the avalanche stops and deposits its load of snow and debris. Individuals caught in avalanches are often buried in the snow and debris deposited at the runout zone. Avalanches can be recurrent at certain sites, and this may be evident in the vegetation patterns. For example, a sign of recurring avalanches at a site may be a clearing between two strands of trees.

When in mountainous territory, recreationists should be aware of avalanche risks posted by authorities. The United States Forestry Service operates 14 avalanche centers around the country to provide information to anyone in the wilderness. These services keep track of various conditions and post danger levels. As long as winter sports enthusiasts are aware of any warnings posted by the Forestry Service, they should be able to easily avoid areas that are at high risk of an avalanche. Also, much like controlled forest fires, rangers use cannon blasts and other artillery to trigger controlled avalanches. Nonetheless, avalanches are always unpredictable. Being alert to their signs and avoiding unnecessary risks remain the best way to avoid being caught in a snowy disaster.

Avalanches have a variety of causes, and multiple factors can contribute to each incident. Most occur after or during storms due to increased snowfall. Other triggers include disturbances caused by seismic activity, rockfalls, and icefalls. Avalanches can also be the result of artificial causes. Skiers, mountain climbers, and automobiles can inadvertently start one.

11. According to paragraph 2, all of the following are mentioned as factors leading to avalanches EXCEPT:

- (A) inclement weather
- (B) falling objects
- (C) recreational activities
- (D) loud noises

Avalanches have a variety of causes, and multiple factors can contribute to each incident. Most occur after or during storms due to increased snowfall. Other triggers include disturbances caused by seismic activity, rockfalls, and icefalls. Avalanches can also be the result of artificial causes. Skiers, mountain climbers, and automobiles can inadvertently start one.

12. The word "artificial" in the passage is closest in meaning to

- (A) planned
- (B) man-made
- (C) controversial
- (D) unexpected

Many variables also affect the likelihood of an avalanche. The characteristics of the terrain, precipitation, snow composition, and wind all play a part. For instance, avalanches are not likely to occur on either very steep slopes or very flat slopes. This is because large amounts of snow cannot accumulate on steep slopes, and snow will not slide on mild slopes. The tree density of the terrain also contributes to the possibility of an avalanche, as the trees act as a natural border. Likewise, precipitation can greatly influence the stability of the snow. Snow comprised of small crystals bonds more easily with the existing snowpack, but snow made of larger crystals will remain unattached and be more likely to slide. Wind can stabilize snow on certain areas of a slope but destabilize it elsewhere on the mountain.

13. The word "accumulate" in the passage is closest in meaning to

- (A) melt
- (B) amass
- (C) transfer
- (D) shelter

Many variables also affect the likelihood of an avalanche. The characteristics of the terrain, precipitation, snow composition, and wind all play a part. For instance, avalanches are not likely to occur on either very steep slopes or very flat slopes. This is because large amounts of snow cannot accumulate on steep slopes, and snow will not slide on mild slopes. The tree density of the terrain also contributes to the possibility of an avalanche, as the trees act as a natural border. Likewise, precipitation can greatly influence the stability of the snow. Snow comprised of small crystals bonds more easily with the existing snowpack, but snow made of larger crystals will remain unattached and be more likely to slide. Wind can stabilize snow on certain areas of a slope but destabilize it elsewhere on the mountain.

14. According to paragraph 3, precipitation made of small crystals increases the stability of the snow on a mountain slope because

- (A) it lowers the freezing temperature of the snow
- (B) it attaches more easily to the existing snow
- (C) it weighs down the bottom layers of snow
- (D) it reduces the amount of moisture in the snow

The most common and dangerous type of avalanche is slab avalanches. These form when fresh snow is deposited by wind atop older, more compact snow. The top layer of fresh snow comes loose and breaks off in a slab, which then slides down the mountainside. This slab can become more destructive as it gathers rocks, ice, and other debris. Hard slab avalanches are slides of large sections of snow; soft slab avalanches are smaller sections which have broken off from the main snowpack. Slab avalanches are composed of crown and flank fractures, which are the walls formed at the top and sides of the avalanche by the remaining snow. They occur suddenly with little warning and rapidly build up in speed and size.

15. According to paragraph 4, slab avalanches form when

- (A) a mass of wetter snow becomes too heavy and slides down the slope
- (B) a layer of rock shifts beneath the snow by wind
- (C) a layer of fresher snow detaches from more tightly packed snow
- (D) a slab gathers ice and rocks on the mountainside

Knowing how to identify recent or frequent avalanches can also help avoid future ones. An avalanche has three identifiable parts. These are the starting zone, the avalanche track, and the runout zone. The starting zone is where the avalanche begins. It is generally located in an area of unstable snow. The avalanche track is the downhill path that the snow follows after it begins to slide. The runout zone is the site where the avalanche stops and deposits its load of snow and debris. Individuals caught in avalanches are often buried in the snow and debris deposited at the runout zone. Avalanches can be recurrent at certain sites, and this may be evident in the vegetation patterns. For example, a sign of recurring avalanches at a site may be a clearing between two strands of trees.

16. According to paragraph 5, vegetation patterns can be signs of

(A) frequent avalanches
(B) the runout zone
(C) heavy snowfall
(D) a clearing

When in mountainous territory, recreationists should be aware of avalanche risks posted by authorities. The United States Forestry Service operates 14 avalanche centers around the country to provide information to anyone in the wilderness. These services keep track of various conditions and post danger levels. As long as winter sports enthusiasts are aware of any warnings posted by the Forestry Service, they should be able to easily avoid areas that are at high risk of an avalanche. Also, much like controlled forest fires, rangers use cannon blasts and other artillery to trigger controlled avalanches. Nonetheless, avalanches are always unpredictable. Being alert to their signs and avoiding unnecessary risks remain the best way to avoid being caught in a snowy disaster.

17. Which of the sentences below best expresses the essential information in the highlighted sentence of the passage? Incorrect answer choices change the meaning in important ways or leave out essential information.

Ⓐ Athletes engaged in winter activities inform the Forestry Service of areas at-risk of an avalanche.

Ⓑ Most avalanche fatalities are the result of faulty reports made by the Forestry Service.

Ⓒ People can stay away from avalanche-prone areas by paying attention to the Forestry Service.

Ⓓ Recent avalanches are recorded by the Forestry Service, and the information is shared with residents.

When in mountainous territory, recreationists should be aware of avalanche risks posted by authorities. The United States Forestry Service operates 14 avalanche centers around the country to provide information to anyone in the wilderness. These services keep track of various conditions and post danger levels. As long as winter sports enthusiasts are aware of any warnings posted by the Forestry Service, they should be able to easily avoid areas that are at high risk of an avalanche. Also, much like controlled forest fires, rangers use cannon blasts and other artillery to trigger controlled avalanches. Nonetheless, avalanches are always unpredictable. Being alert to their signs and avoiding unnecessary risks remain the best way to avoid being caught in a snowy disaster.

18. The author mentions "controlled forest fires" in the passage in order to

(A) suggest that they are a greater threat than avalanches

(B) show another example of how natural events are managed

(C) explain another possible cause of avalanches

(D) illustrate the complexity of responding to a natural disaster

The most common and dangerous type of avalanche is slab avalanches. ■ These form when fresh snow is deposited by wind atop older, more compact snow. The top layer of fresh snow comes loose and breaks off in a slab, which then slides down the mountainside. ■ This slab can become more destructive as it gathers rocks, ice, and other debris. Hard slab avalanches are slides of large sections of snow; soft slab avalanches are smaller sections which have broken off from the main snowpack. ■ Slab avalanches are composed of crown and flank fractures, which are the walls formed at the top and sides of the avalanche by the remaining snow. They occur suddenly with little warning and rapidly build up in speed and size. ■

19. Look at the four squares [■] that indicate where the following sentence could be added to the passage.

For this reason, slab avalanches account for 90% of all deaths caused by avalanches.

Where would the sentence best fit? Click on a square [■] to add the sentence to the passage.

20. Directions: An introductory sentence for a brief summary of the passage is provided below. Complete the summary by selecting the THREE answer choices that express the most important ideas in the passage. Some sentences do not belong in the summary because they express ideas that are not presented in the passage or are minor ideas in the passage. **This question is worth 2 points.**

Drag your answer choices to the spaces where they belong. To remove an answer choice, click on it. To review the passage, click on **View Text**.

Basic knowledge of avalanches can make them easier to predict and avoid.

-
-
-

Ⓐ Terrain, precipitation, and human activity can all contribute to the occurrence of an avalanche.

Ⓑ Mudslides are a type of avalanche composed of running water and the debris it gathers.

Ⓒ Most avalanches occur when an upper layer of snow detaches from the lower layer.

Ⓓ Avalanche conditions in the United States are monitored by 14 centers run by the Forestry Service.

Ⓔ A clearing between two strands of trees indicates a low likelihood of an avalanche.

Ⓕ An avalanche is composed of the starting zone, the avalanche track, and the runout zone.

TOEFL Basic

Chapter 3

TOEFL
Listening

이렇게 나와요!

1 **총 두 가지 유형의 음원이 나옵니다.**
대학교에서 이루어지는 두 사람 간의 대화(Conversation) 유형과 수업 강의 내용 일부
를 발췌한 강의(Lecture) 유형이 출제됩니다.

2 **대화는 5문제, 강의는 6문제가 나옵니다.**
하나의 대화를 들으면 뒤이어 연관된 내용의 5문제를 풀어야 합니다. 강의는 이보다
많은 6문제가 출제됩니다.

3 **문제는 음원이 끝난 후 보여집니다.**
대화나 강의 음원을 듣고 난 후, 관련된 문제가 하나씩 나오기에, 음원을 들으며 노트 필
기를 해 두어야 합니다. 그렇지 않으면 문제를 풀 때, 음원 내용이 생각이 나지 않아 정답
을 고르기 어렵습니다.

01 Listening 기본 정보

❶ 출제 범위: Conversation & Lecture

Listening은 영어권 대학 생활 중에 경험할 수 있는 상황과 관련된 대화 또는 특정 주제로 된 강의를 듣고 이해할 수 있는지 평가하는 영역입니다. 따라서 Listening에 출제되는 유형은 크게 Conversation(대화)과 Lecture(강의) 두 가지입니다.

	Conversation (대화)	Lecture (강의)
내용	대학 생활 관련 대화 내용	리딩 지문에 등장하는 주제들과 유사한 학문적인 (Academic) 내용의 대학 강의
화자	2인 (학생 + 교직원 또는 학생 + 교수)	1인(교수) 또는 2인 이상(교수 + 학생들)
문제 수	대화당 5문제	강의당 6문제
시간	대화 길이 약 3분	강의 길이 약 5분
	하나의 대화 또는 강의가 끝나면 문제당 약 30초 이내에 풀어야 함	

Listening 영역에서 자주 나오는 주제는 다음과 같습니다.

학생과 교직원 간의 대화 (Conversation)

- 수강 신청 및 개강 문의
- 등록금 및 장학금 문의
- 교내 근로 장학생 문의
- 인턴 프로그램 문의
- 기숙사 및 숙소 문의
- 증명서(입학, 성적 등) 발급 문의
- 도서관 등의 교내 시설 이용 문의

🍯꿀팁 학문적인(Academic) 내용이 아님

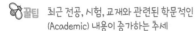 학생과 교수 간의 대화 (Conversation)

- 강의 내용 문의
- 시험 및 과제 문의
- 출석 및 대체 시험
- 성적 변경 또는 마감일 연기
- 진로 및 취업 상담
- 수업 관련 인턴 프로그램

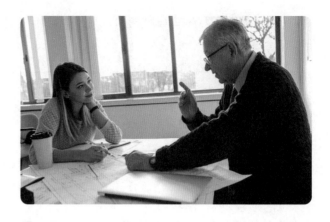

🐝꿀팁 최근 전공, 시험, 교재와 관련된 학문적인
(Academic) 내용이 증가하는 추세

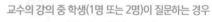 강의 (Lecture)

- 예술 – 건축학, 음악사, 문학, 도예, 미술사
- 생명과학 – 식물학, 동물학, 곤충학, 영양학, 해양생물학, 생리학
- 자연과학 – 기상학, 천문학, 지질학
- 사회과학 – 인류학, 경영학, 역사학, 아동발달학, 심리학
- 환경과학 – 오염, 생태계, 대체 에너지, 기후 변화

🐝꿀팁 100% 학문적인(Academic) 내용

| 교수(1인)만 등장하는 경우 | 교수의 강의 중 학생(1명 또는 2명)이 질문하는 경우 |

Listening 영역은 특정 분량의 대화와 강의가 짝을 이뤄 하나의 파트를 구성하는데, 이러한 파트가 2개 출제됩니다.

시험 구성	• 총 2개 파트 ➔ 5개 듣기 [대화1개 + 강의1개] + [대화1개 + 강의2개] 또는 [대화1개 + 강의2개] + [대화1개 + 강의1개]
문제 수	• 총 28문제 출제 (23년 7월 26일부터 더미 문제는 출제되지 않음)
시간	• 총 시험 시간 36분

< 일반적으로 시험장에서 사용하는 헤드셋 >

❷ 화면 구성

토플 리스닝(Listening)의 가장 큰 특징은 음원을 먼저 듣고 나서 문제가 나온다는 점입니다. 즉, 수능 영어 또는 토익 리스닝과 다르게, 문제를 먼저 읽고 음원에서 정답의 단서만 찾아 듣는 것이 아니라, 들은 내용을 먼저 다 이해한 상태에서, 뒤이어 화면에 나오는 문제들을 차례대로 하나씩 푸는 것입니다.

리스닝 시험이 시작되면서 볼륨 조절(Changing the Volume)과 지시문(Listening Section Directions)이 등장하는데, 리딩(Reading)과 마찬가지로 실제 시험에서는 이 화면들을 읽지 않고 바로 클릭해서 넘어가도록 합니다. 하지만 토플 리스닝을 처음 공부하는 수험생들은 본 교재에서 지시문을 읽어 보고 리스닝 시험이 어떠한 시험인지 알아 둘 필요가 있습니다.

볼륨 조절 화면에서 VOLUME 버튼을 클릭해서 볼륨 크기를 조절한 다음, CONTINUE 버튼을 눌러서 다음 화면으로 넘어갑니다.

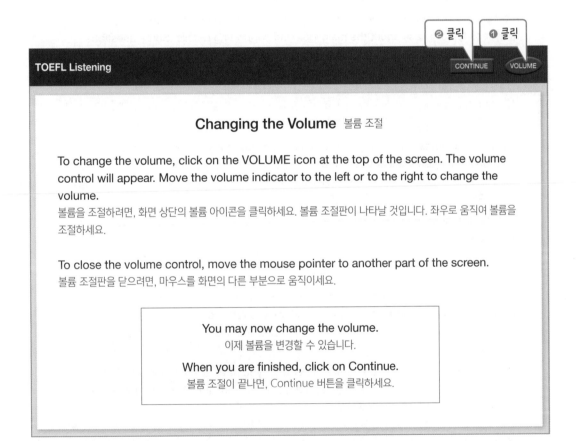

볼륨 조절이 끝나면 리스닝 영역에 관한 지시 사항(Directions)이 나오는데, 여기서 특별히 알아 두어야 할 사항은 다음 세 가지입니다.

- 대화 또는 강의는 한 번만 들려줍니다.
- 정답을 클릭한 다음, NEXT 버튼과 OK 버튼까지 눌러야 다음 문제로 넘어갑니다.
- 리딩과 다르게 이전 문제로 돌아갈 수 없습니다.

TOEFL Listening   CONTINUE VOLUME HELP OK NEXT

Listening Section Directions

This section measures your ability to understand conversations and lectures in English. You should listen to each conversation and lecture only once.
이 영역은 영어로 된 대화와 강의를 이해하는 능력을 측정합니다. 각 대화와 강의는 한 번만 들려줍니다.

After each conversation or lecture, you will answer some questions about it. The questions typically ask about the main idea and supporting details. Some questions ask about the purpose of a speaker's statement or a speaker's attitude. Answer the questions based on what is stated or implied by the speakers.
각 대화 또는 강의를 들은 후, 그에 관한 몇몇 질문들에 대한 정답을 찾아야 합니다. 질문들은 일반적으로 주제 및 그것을 뒷받침하는 세부 사항들에 관해 묻습니다. 몇몇 문제들은 화자가 하는 말의 목적이나 화자의 태도를 묻습니다. 화자가 말하거나 암시하는 것을 바탕으로 질문에 대한 답을 찾습니다.

You may take notes while you listen. You may use your notes to help you answer the questions. Your notes will not be scored.
듣는 동안 필기할 수 있습니다. 필기 내용을 활용해 정답을 고르는 데 도움을 받을 수 있습니다. 필기 내용은 채점되지 않습니다.

In some questions, you will see this icon: 🎧. This means that you will hear, but not see, part of the question.
몇몇 질문에서, 이 헤드폰 아이콘(🎧)을 볼 수 있습니다. 이는 질문의 일부를 들을 수는 있지만 볼 수는 없다는 것을 의미합니다.

Most questions are worth 1 point. If a question is worth more than 1 point, it will have special directions that indicate how many points you can receive.
대부분의 문제는 1점입니다. 만일 문제가 1점을 넘는 경우, 몇 점을 받을 수 있는지 나타내는 특별한 설명이 있을 것입니다.

You must answer each question. Click NEXT after you have answered a question. Then click OK to confirm and proceed to the next question. You cannot return to an earlier question once you have clicked OK.
반드시 각 질문에 모두 답해야 합니다. 질문에 답한 후에는 NEXT 버튼을 클릭하십시오. 그런 다음, OK 버튼을 클릭해 확정한 후, 다음 질문으로 넘어가십시오. 일단 OK 버튼을 클릭하고 나면 이전 질문으로 돌아갈 수 없습니다.

A clock will be displayed at the top of the screen to show how much time remains. It only counts down while you are answering a question – not while you are listening to a conversation or lecture.
시간이 얼마나 남았는지 보여주는 시계가 화면 상단에 있습니다. 문제를 푸는 동안에만 시간이 차감되고, 대화나 강의를 듣는 중에는 차감되지 않습니다.

이 지시 사항을 넘어가면, 본격적으로 대화(Conversation)가 시작되는데, 두 화자의 사진이 화면에 나오면서 첫 번째 대화를 들을 수 있습니다. 음원이 나오는 중에는 화면에 길다란 바가 등장하는데, 음원이 진행됨에 따라 바 색깔이 변하면서 전체 음원 길이에서 현재 음원 내용이 어느 부분에 있는지를 알려줍니다.

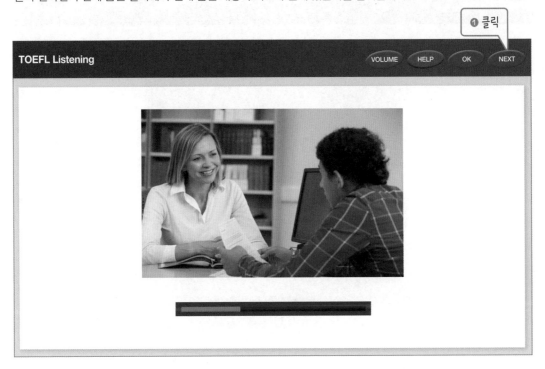

대화가 끝나면 다음과 같이 한 페이지에 한 문제씩 나옵니다. 지시 사항에 언급된 대로 정답을 클릭하고 NEXT 버튼을 클릭한 다음, OK버튼까지 클릭해야 다음 문제로 넘어갑니다.

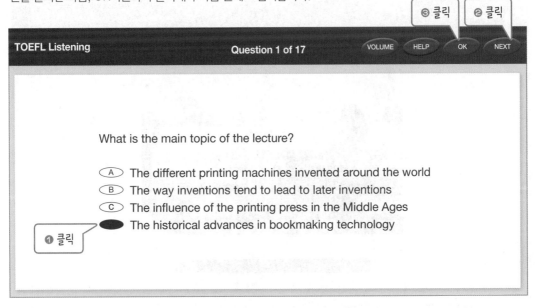

Lecture(강의)는 시작 화면에 다음과 같이 강의 과목이나 주제가 제시되고 강의 사진이 나옵니다.

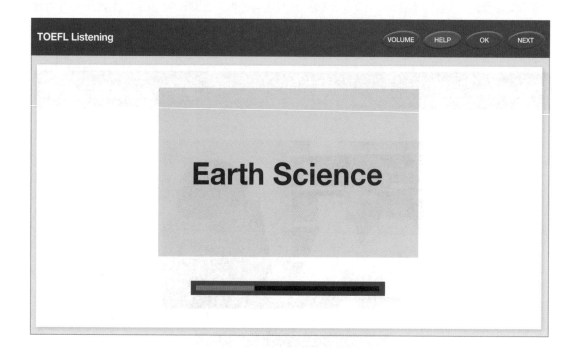

리스닝 중에는 화면을 보는 것보다 필기하는 것이 더 중요합니다. 따라서 화면에 나오는 강의 사진은 크게 신경 쓸 필요 없습니다.

때때로 토플 응시생들에게 생소하지만, 강의에서 중요하게 언급되는 단어를 화면에 보여주기도 하며, 이해하기 어려운 개념이나 강의에서 다루는 사물을 그림으로 보여주기도 합니다.

이러한 단어와 그림은 응시생의 이해를 돕는 장치로, 필기 시에 참고하면 유용합니다.

02 Listening 학습 방법

① 기본 듣기 실력 향상법

어떻게 하면 듣기 실력이 나아질 수 있을까요? "많이 듣다 보면, 저절로 귀가 뚫리겠지"란 생각에 무작정 영어 녹음 파일을 반복해서 듣는 경우가 많습니다. 하지만 알지 못하는 단어나 의미는 알아도 발음을 알지 못하는 단어는 아무리 들어도 이해하지 못하므로 이러한 학습 방법은 효과가 거의 없습니다. 이해하지 못하는 영어 단어는 처음 들어보는 언어와 다를 바 없습니다. 영어를 들었는데 귀에서 소음처럼 '웅웅'거리며 들리거나 너무 빨리 들려서 대충 감으로 문제를 풀어왔던 수험생들은 다음 방법으로 기본 듣기 실력부터 향상시켜야 합니다.

■ 단어 발음 숙지

단어의 철자와 뜻을 알면 리딩 문제는 풀 수 있지만, 리스닝은 발음까지 제대로 알고 있어야 문제를 풀 수 있습니다. thesis(논문)를 그동안 [테시스]라고 알고 있었다면 리스닝에 나오는 ['θi:sɪs 씨시스]를 알아들을 수 없습니다.

또한 우리가 알고 있는 외래어가 실제 영어 발음과 다른 경우가 많은데, 예를 들어 흔히 '테마'로 발음하는 theme 은 [θi:m 씸]으로, 프랑스 수도 Paris는 [pǽris 패리스]로 발음합니다. 따라서 새롭게 외우는 단어뿐만 아니라 우리가 알고 있다고 생각하는 단어들도 발음까지 하나하나 연습하다 보면 영어가 더 잘 들리고 빠르게 이해됩니다.

다음은 우리가 흔히 한국식으로 잘못 발음하기 쉬운 몇 가지 예시입니다. 혹시 자신이 잘못 발음하고 있다면 이번 기회에 고쳐 보세요.

단어	잘못된 발음 [X]	정확한 영어 발음 [O]
label 상표	[라벨]	[레이블]
capacity 용량, 수용력	[캐파시티]	[커패씨디]
connect 연결하다	[코넥트]	[ㅋ넥트]
convenient 편리한	[컨베니언트]	[컨비니언ㅌ]
material 재료	[매테리얼]	[머티리얼]
facility 시설	[팩실리티]	[퍼씰리디]
alternative 대안	[알터네이티브]	[알터너팁]
chaos 혼란	[카오스]	[케이아스]
report 보고(서)	[레포트]	[리포ㅌ]

recording 녹음(된 것)	[레코딩]	[리코딩]
ultra- 초과의	[울트라]	[얼트러]
clothes 옷, 의류	[클로시즈]	[클로우즈]
model 모델, 모형	[모델]	[마들]

■ 딕테이션(Dictation)

딕테이션은 영어를 들으면서 그 내용을 써보는 받아쓰기 훈련입니다. 누구나 한 번만 듣고 정확히 받아쓰기가 어렵기 때문에 여러 번 반복해서 듣고 쓰는 연습이 필요합니다. 또한 문장이 너무 길면 문장의 동사나 명사 등과 같은 핵심 단어들만 적어도 됩니다. 이렇게 반복해서 듣고 단어를 구별해서 받아쓰기를 할 때 자신의 귀로 들은 소리가 어떤 단어인지 생각하게 되는데, 이때, 단순히 생각하는 것에서 멈추는 것이 아니라 자신이 생각한 단어를 직접 적어서 확인하고 정확하게 수정할 수 있습니다. 또한 다양한 영어 문장을 듣고 난 후, 직접 눈으로 확인해 보면서 긴 영어 문장을 이해하는 훈련도 할 수 있습니다.

특히 토플 리스닝에서는 필기를 해야 하므로 딕테이션 연습을 하다 보면 듣기 실력뿐 아니라 필기하고 요약하는 실력도 향상됩니다.

■ 쉐도잉(Shadowing)

딕테이션과 함께 영어 듣기 실력을 업그레이드할 수 있는 가장 좋은 훈련법이 바로 쉐도잉입니다. 쉐도잉은 간단히 말해 따라 말하기를 의미하며, 영어 음원을 들으면서 발음과 속도, 호흡까지 똑같이 말하는 것입니다. '발음할 수 없으면 들을 수 없다'는 원칙을 명심하면서 정확히 따라할 수 있을 정도로 소리 내어 말해야 합니다.

이때, 자신이 따라해야 하는 내용을 먼저 알아들을 수 있어야 합니다. 내용을 정확히 이해하지 못한 채 따라 말하면 앵무새처럼 의미없이 소리만 따라하게 됩니다. 정확하게 내용을 이해하고 따라 말하는 것이 바로 쉐도잉입니다.

쉐도잉에 걸리는 시간은 자신의 수준에 따라 다릅니다. 영어 실력이 좋은 사람은 하나의 토플 리스닝 스크립트(대본) 내용을 완벽하게 쉐도잉하는 데 10분 만에 끝낼 수도 있지만, 입문자들은 반나절이 걸릴 수 있습니다. 하지만 꾸준히 연습하다 보면 누구나 쉐도잉 시간을 줄일 수 있고 그에 따라 영어 듣기 실력도 향상시킬 수 있습니다.

쉐도잉은 다음과 같은 단계로 진행합니다.

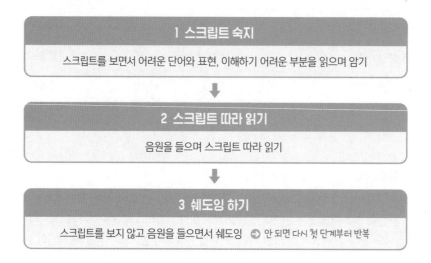

1 스크립트 숙지

스크립트를 보면서 어려운 단어와 표현, 이해하기 어려운 부분을 읽으며 암기

2 스크립트 따라 읽기

음원을 들으며 스크립트 따라 읽기

3 쉐도잉 하기

스크립트를 보지 않고 음원을 들으면서 쉐도잉 ➡ 안 되면 다시 첫 단계부터 반복

특강 04
쉐도잉 방법

② 토플 리스닝 맞춤형 공부법

■ 흐름 파악하며 듣기 연습

토플 리스닝 영역의 대화(Conversation)와 강의(Lecture)에는 일정한 흐름이 있습니다. 이러한 흐름을 생각하며 들으면 그 내용을 더 잘 이해할 수 있습니다.

Conversation 유형에서의 대표적인 흐름은 학생과 교수, 학생과 교직원과의 인사로 시작하는 것입니다. 그 다음, 문제점(issue)이 언급되고 그것을 해결하기 위한 제안과 거절이 계속되며 대화가 이어집니다. 결국에는 하나의 제안이 최종 해결책으로 채택되는 흐름으로 구성되어 있습니다. Conversation 유형은 마치 '문제의 해결책을 찾는 여정'이라고 생각하면서 그 문제를 해결하기 위해 어떤 제안이 제시되었고, 그것이 어떤 이유에서 거절 또는 최종 해결책이 될 수 있었는지를 노트테이킹(note-taking), 즉 필기하면서 들어야합니다.

Conversation 유형 흐름의 예시

인사말 및 도입부
↓
질문, 문제점, 요청
↓
설명, 제안, 해결
↓
긍정 또는 부정의 반응
↓
또 다른 설명, 제안, 해결
↓
앞으로의 방향

Lecture 유형의 시작은 도입부에서 지난 시간 강의 내용을 요약하거나 오늘 강의의 주제가 되는 내용의 배경지식을 이야기하는 것입니다. 그리고 오늘 강의의 주제에 대한 소개와 세부 주제의 전개가 이어집니다. Lecture 유형에서 쓰이는 대표적인 전개 방식으로는 비교, 대조, 나열 등이 있습니다. 교수가 단독으로 설명을 이어나가는 유형이 있는가 하면, 교수가 설명하는 중간 중간 학생이 질문을 하고 교수가 답하는 대화 형식의 강의도 있습니다. 특히, 학생의 질문은 출제 포인트와 직결되는 중요한 역할을 하며, 또는 주로 새로운 토픽으로 넘어가는 신호가 되기도 하고, 어떠한 개념에 대한 부연설명이 되기도 합니다. 그러므로 학생의 질문과 그에 대한 교수님의 대답을 특히 잘 듣고 필기해야 합니다.

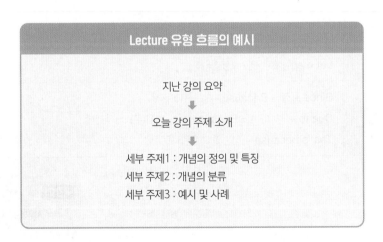

Lecture 유형 흐름의 예시

지난 강의 요약
↓
오늘 강의 주제 소개
↓
세부 주제1 : 개념의 정의 및 특징
세부 주제2 : 개념의 분류
세부 주제3 : 예시 및 사례

강의의 흐름은 다음과 같이 표시어(signal words)를 통해 파악할 수 있습니다. 표시어란 어떠한 내용이 나올지 알려주는 신호가 되는 말을 지칭합니다. 표시어를 유의하여 들으면 음원의 흐름과 맥락을 파악함은 물론, 리스닝 문제의 출제 포인트를 놓치지 않을 수 있습니다.

목적 및 주제	I'm here because ~ 제가 이 자리에 선 것은 ~ 때문입니다 I'm interested in ~ 저는 ~에 관심이 있습니다 I was wondering if ~ 저는 ~인지 궁금합니다 I have some questions about ~ 저는 ~에 관한 몇 가지 질문이 있습니다 Today's talk is about ~ 오늘 강연은 ~에 관한 것입니다 Let's continue our study on ~ ~에 대한 학습을 계속해 봅시다 I'd like to turn your attention to ~ 여러분의 관심을 ~로 돌려보겠습니다 Why don't we start with ~ ~부터 시작하는 것이 어떨까요
비교	likewise 마찬가지로 similar to ~ ~와 유사한 in comparison to ~와 비교하여
내용 전환	OK = All right 좋아요 Anyway 어쨌든 Now 이제 Next 다음으로 When it comes to ~ ~와 관련해서는 In addition to ~ ~뿐만 아니라 Let's move on to ~ ~로 넘어가 보겠습니다
제안 및 해결책	Tell you what 이렇게 하죠 Let me ~ 제가 ~해 보겠습니다
이유 및 원인	Since + 절 = Because + 절 ~ 때문에 Due to + 명사(구) = Because of + 명사(구) ~ 때문에 That's because 이는 ~ 때문입니다

특강 05

절과 명사(구)

결과	So = Therefore 따라서, 그러므로
	Accordingly 그에 따라, 그래서
	As a result 그 결과로, 그래서
강조 및 반복	In other words 다시 말해서
	What I'd like to point out is ~ 제가 짚고 넘어가려는 것은 ~입니다
	What I mean is ~ 제 말은 ~입니다
	You see = You know 알다시피
	The most important 가장 중요한 것은
예시	For example = For instance 예를 들어
	Think about ~ ~에 대해 생각해 보세요
	Take ~ ~을 예로 들어보죠
	Let's say ~ ~라고 가정해 봅시다
	Such as ~ ~와 같은, 예를 들어
	One of ~ ~ 중 하나는
	Among them are ~ 그것들 중에 ~이 있습니다
	Something like ~ ~와 같은 것
	In a case study 한 사례 연구에서
순서 및 나열	First, Second, Third, Finally 첫째, 둘째, 셋째, 마지막으로
	One, Another 하나는, 또 다른 하나는
	Then = Next 그리고 나서, 그 다음에
	There are several things 여러 가지가 있습니다
역접 및 대조	But = Yet 그러나 (접속사)
	However 그러나 (접속부사)
	Whereas = While ~인 반면에 (접속사)
	On the other hand 반면에 (접속부사)
	On the contrary 반대로 (접속부사)
	Actually = In fact 실은 (접속부사)

특강 06
접속사와
접속부사 비교

■ 출제 포인트에 맞게 필기(노트테이킹) 연습

토플 리스닝에서는 대화나 강의가 끝난 후에 문제가 나오기 때문에 들은 내용을 기억하고 있어야 각 질문에 대한 정답을 고를 수 있습니다. 따라서 대화나 강의를 들으면서 중요한 정보를 꼼꼼하게 필기해야 합니다.

우선, 대화 또는 강의의 도입부에 제시되는 목적 또는 주제를 묻는 문제가 항상 1번으로 출제되므로, 대화나 강의가 시작되면 각각의 목적 또는 주제를 필기합니다.

대화 또는 강의 중에 학생이나 교수가 상대방에게 질문을 하거나 교수가 자문자답하는 경우가 있는데, 정말 몰라서 대답을 요구하는 질문이 아니라 중요성을 강조(stress)하기 위한 하나의 장치이므로 문제로 출제될 가능성도 높습니다. 그러므로 그 질문과 응답 내용은 놓치지 않고 필기해야 합니다. 그리고 예시를 들어 설명하는 부분이 있으면 그 예시를 언급한 '목적'을 생각하며 듣도록 합니다. 또한 중요한 정보가 언급될 것을 예고하는 however나 but과 같은 역접의 연결사 뒤의 내용도 집중해서 필기하도록 합니다. 몇 가지를 나열해서 말하는 부분과 화자가 반복해서 말하는 부분 역시 출제 포인트이므로 필기해야 합니다.

이러한 출제 포인트들은 앞에서 배운 표시어(signal words)를 통해 좀 더 쉽게 파악할 수 있습니다. 표시어는 내용 흐름은 물론 출제 포인트도 알 수 있게 해주는 단서라는 점을 기억해 두면 좋습니다.

대화나 강의는 딱 한 번만 들려주기 때문에 최대한 빨리 필기하는 연습을 통해 들은 내용을 놓치지 말아야 합니다. 이를 위해 주요 사항들만 자신이 알아볼 수 있도록 간략하게 필기할 필요가 있습니다. 예를 들어, 교수(professor)는 pf로, 학생(student)은 st로, 예시(example)는 ex로, 증가(increase)나 상승(up, rise)은 ↑로, 역접(but, however)은 △나 b로, 긍정(positive)은 +로, 결과(so, therefore)는 ∴로, 장소나 시간 전치사(at)는 @로 표기하는 것과 같이 약자나 기호를 활용하는 것이 좋습니다.

■ 토플 리스닝 배경 및 스토리 파악

토플을 처음 공부하는 중/고등학생들과 대학 경험 또는 영어권 국가에서의 유학 경험이 전혀 없는 많은 학생들이 특히 리스닝을 어려워합니다. 그 이유는 토플 리스닝 내용의 배경인 미국 대학 문화에 대해 전혀 알지 못한 채 리스닝 내용을 접하기 때문입니다. 따라서 대략적인 미국 대학 문화와 그것을 바탕으로 구성되는 토플 리스닝 내용을 미리 알아두는 것이 좋습니다.

미국 대학 문화	토플 리스닝에 출제되는 지문 내용
자율적인 대학 시스템	수업 등록, 등록금 납부, 성적 확인, 숙소(기숙사 포함) 등과 관련해 학생 스스로 대학 사무실에 찾아가 도움을 받는 상황 ➡ 이러한 내용을 바탕으로 Conversation 지문 출제
교수와의 1:1 상담	학생이 교수를 찾아가(또는 교수가 학생을 자신의 연구실로 부르는 상황도 있음) 수업 내용이나 시험 및 과제에 관해 문의하거나 성적 변경 또는 과제 마감일 연기, 진로 및 취업과 관련해 상담을 요청함 ➡ 이러한 내용을 바탕으로 Conversation 지문 출제
자유로운 수업 분위기	강의에서 교수가 혼자 말하기도 하지만, 교수가 질문하면 학생들이 이에 대해 답변하거나, 교수가 강의하는 중에 갑자기 학생들이 질문을 하는 수업 분위기 ➡ 이러한 배경을 바탕으로 Lecture 지문 출제

특강 07
미국 대학 생활
원어민 인터뷰

이렇게 토플 리스닝의 배경과 내용을 파악했다면 이제 여기서 자주 등장하는 용어에 익숙해져야 합니다. 특히, 미국 대학을 배경으로 하고 있기 때문에 실제 대학 내에서 쓰이는 Campus vocabulary의 암기는 꼭 필요합니다. 다음은 토플 리스닝에 자주 등장하는 대학 관련 어휘들 중 특히 쉬운 기초 단어를 정리한 것이니 반드시 숙지하시길 바랍니다.

lecturer	강사	major	전공 과목
assistant	조교, 조수, 보조자	elective	선택 과목
advisor	지도 교수	plagiarize	표절하다
professor	교수	plagiarism	표절
dean	학과장	paraphrase	다른 말로 바꿔 표현하다
faculty	(대학) 교수진, 학부	deadline	마감일
peer	동료	turn in	제출하다, 반납하다
scholar	학자	submit	제출하다
scholarship	장학금	hand in	제출하다
fellowship	유대, 연구비, 장학금	hand out	나눠주다
grant	보조금, 장학금	handout	유인물
financial aid	재정 지원	thesis	학위 논문
tuition	수업, 수업료	dissertation	학위 논문
degree	학위	term paper	학기말 리포트
certificate	증명서, 수료증	research paper	연구 논문
transcript	성적증명서	case study	사례 연구
translation	번역(물)	article	글, 기사, (소)논문
diploma	졸업장	essay	에세이(글로 쓰는 과제)
grade	학점, 성적	assignment	과제
credit	학점	task	과제, 일
administrative	관리의, 행정의	project	과제, 연구, 프로젝트
registrar's office	학적과	diary	일지, 일기
registrar	학적과 직원	findings	연구 결과(물)

residency	거주	draft	원고 초안
housing	주거, 숙소, 주택 공급	material	자료, 소재
dormitory (= dorm)	기숙사	abstract	개요, 초록
bulletin	고시, 공고, 게시	outline	개요
admission	입학	bibliography	참고 문헌
enrolment	등록	reference	참조, 참고 문헌
verification	확인, 입증, 조회	hypothesis	가설
curriculum	교육과정	literature review	문헌 조사
syllabus	강의 개요(서)	visual	시각 자료
discipline	분야, 학과목	presentation	발표
semester	학기	competition	대회, 공모전
term	학기	survey	설문 조사
undergraduate	대학 학부생	questionnaire	설문지
graduate	대학원생, 졸업생	periodical	정기 간행물
graduation	졸업(식)	laboratory (= lab)	실험실, 연구실
commencement	졸업식	theoretical	이론적인
alumni	졸업생들, 동문	practical	실용적인, 실질적인
bachelor	학사, 학사 학위 소지자	rationale	이론적 근거, 원리
master	석사	statistic	통계(학), 통계 자료
Ph.D.	박사	figure	수치
postdoctoral training	박사 학위 취득 후의 연수	analysis	분석

토플 리스닝의 배경과 내용, 그리고 관련 기초 어휘를 파악하였다면 이제 토플 리스닝 문제 유형을 숙지해야 합니다. 미리 문제 유형을 숙지하고 있으면 시험장에서 문제를 읽고 파악하는 시간을 현저하게 줄일 수 있으며 정답을 맞힐 확률도 높아집니다. 리스닝 문제 유형 및 각 유형별 맞춤 풀이 전략은 다음 페이지에서 보다 자세하게 학습해 보겠습니다.

03 Listening 문제 유형 및 풀이 전략

ETS에서는 토플 리스닝 문제를 공식적으로 다음의 8개 유형으로 나눕니다. 대부분 4지 선다형의 객관식 형태로 출제되며 보통 하나의 정답을 고르면 되지만, Detail 문제 유형에서 간혹 두 개, 또는 세 개의 정답을 골라야 하는 경우가 있습니다. 세 개의 정답을 고르는 경우에는 5개의 선택지가 제시됩니다. 또한 Connecting Content 문제 유형에서는 객관식 유형 뿐만 아니라 표가 제시되어, 정답에 해당하는 칸을 클릭하여 답하는 문제가 나옵니다.

문제 유형	출제 빈도 (Conversation 또는 Lecture 1개 지문 기준)
Gist-Content Gist-Purpose	1번 문제로 고정 출제 (Gist-Content가 출제되면 Gist-Purpose는 출제되지 않고, 반대로 Gist-Purpose가 출제되면 Gist-Content가 출제되지 않음)
Detail	약 2문제
Function	1문제 이하
Attitude	1문제 이하
Organization	1문제 이하
Connecting Content	1문제 이하
Inference	1문제 이하

① Gist-Content 주제

대화나 강의의 핵심(gist 지스트) 컨텐츠, 즉 핵심 내용과 주제를 찾는 문제로, 항상 1번으로 출제됩니다.

빈출 질문 패턴

- **What are the speakers mainly discussing?**

  화자들은 주로 무엇에 대해 논의하고 있나요?

- **What is the main topic of the lecture?**

  강의의 주제는 무엇인가요?

- **What is the lecture mainly about?**

  강의는 주로 무엇에 대한 것인가요?

- **What problem does the man have?**

  남자는 무슨 문제를 갖고 있나요?

문제 풀이 스킬

Step 1 음원을 들으며 흐름에 따라 출제 포인트 필기

주로 앞부분에서 대화나 강의의 주요 화제, 주제가 나오기에 맨 처음 나오는 인사가 끝나고 시작되는 도입부를 집중해서 들어야 합니다. 대부분 목적 및 주제를 나타내는 표시어(signal words) 다음에 등장하므로, 이 표시어 이후 부분을 필기합니다.

또한 처음에는 A라는 내용을 말하다가 갑자기 B라는 내용으로 화제가 바뀌면서 이후 B를 중심으로 내용이 전개되는 경우가 있는데, 이 경우 Gist-Content는 B가 됩니다. 예를 들면, 학생이 성적 확인을 위해 교수의 사무실에 들어가서 성적 확인 후 진로 문제에 대해서 심도 있게 대화가 진행되는 경우, 주요 화제(speakers mainly discussing)는 성적 확인이 아니라 진로 상담입니다. 따라서 단순히 앞부분에 언급되는 것으로 정답이 되지 않음에 유의하세요.

Step 2 문제 및 필기 내용 확인

문제에서 무엇을 묻는지 확인하고 자신이 이미 필기한 부분과 내용을 맞춰봅니다.

Step 3 선택지 검토

네 개의 선택지를 각각 검토합니다. 강의나 대화 내용의 일부만을 언급한 선택지가 오답으로 자주 등장하므로 유의하세요.

맛보기 문제

아래 예제를 풀어보고 관련 문제 유형에 대해 확실히 숙지하세요.   🎧 3-02.mp3

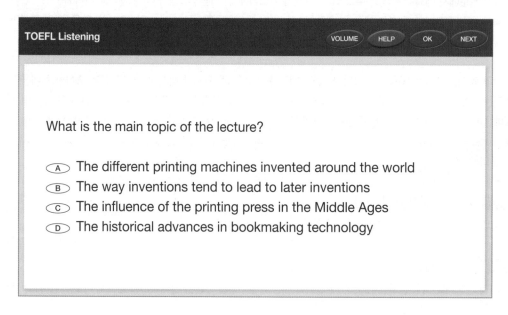

What is the main topic of the lecture?

- Ⓐ The different printing machines invented around the world
- Ⓑ The way inventions tend to lead to later inventions
- Ⓒ The influence of the printing press in the Middle Ages
- Ⓓ The historical advances in bookmaking technology

맛보기 문제 풀이

Step 1 음원을 들으며 흐름에 따라 출제 포인트 필기

첫 도입부에서 강의 주제 관련 표시어(Today we'll be looking at)를 듣고 1번 문제의 정답 단서임을 예상하며 바로 how inventions have a way of, um, contributing to later inventions 부분을 필기합니다.

Professor:

Today we'll be looking at <u>how inventions have a way of, um, contributing to later inventions</u>. For example, there's the book, which, well, you're all very familiar with, as students. You may, might think that books are just simple, or at least not a very advanced invention. But, um, we must consider everything that went into making books, at least as we know them. So, there's Johannes Gutenberg, who we all know. The famous inventor who made the first metal printing press. He's credited with inventing the movable printing press in the middle of the 15th century. He changed the world, right? But, um, it's important to consider the inventions that, that helped make his invention possible. So those things would be, well, one… paper. I know, paper. But it was made in China, around 100 A.D. Then, um, consider the ink, which, which had been around since the Middle Ages. And, and bringing it all together, pressing machines, such as a wine press. These were already being used in Europe. But Gutenberg took these three, um, prior inventions, and, and he made, well, something ingenious.

필기 예시

G: how invention → contribute later invention

필기 해석

G(Gist 문제): how invention(어떻게 발명품들이) → contribute(기여했나)

later invention(이후 발명품에)

Step 2 문제 및 필기 내용 확인

What is the main topic of the lecture?에서 강의 주제(main topic → gist)를 묻는 문제임을 파악하고 필기한 지스트(G) 내용을 확인합니다.

맛보기 문제 풀이

Step 3 선택지 검토
- Ⓐ 인쇄기는 강의에 일부 언급되기만 한 오답입니다.
- Ⓑ 필기한 지스트와 동일한 내용으로 정답입니다.
- Ⓒ 중세 시대 인쇄기의 영향은 언급된 적이 없으므로 오답입니다.
- Ⓓ 도서 제작 기술의 역사적 발달은 본 강의에 사용된 예시에 초점을 맞춘 내용이므로 오답입니다.

정답 Ⓑ

해석

교수

오늘 우리는 발명품들이 어떤 방식으로 후대의 발명품들에 기여를 하는지 살펴볼 것입니다. 예를 들어, 학생으로서 여러분 모두에게 친숙한 책이 있습니다. 여러분은 책이 단지 단순하거나 매우 진보된 발명품이라고 생각하지 않을지 모르겠습니다. 그러나, 우리가 최소한 책에 대해 안다면, 책을 만드는 데 투여된 모든 것을 고려해야 합니다. 자, 여기 우리 모두가 아는 요하네스 구텐베르크가 있습니다. 처음으로 금속 인쇄기를 만든 유명한 발명가죠. 그는 15세기 중반에 이동 가능한 인쇄기를 발명한 공로를 인정받습니다. 그가 세상을 바꿨죠, 맞죠? 그러나, 그의 발명품이 가능하도록 도운 발명품들을 고려하는 것은 중요합니다. 그러한 것들 중, 종이가 있겠죠. 그것은 중국에서 AD 100년경에 만들어졌죠. 그 다음, 중세 이래로 있었던 잉크를 생각해보죠. 그리고 이 모든 것을 종합해, 포도주 압착기 같은 압착기도 있죠. 이것들은 이미 유럽에서 사용되고 있었습니다. 그러나 구텐베르크는 이전 발명품들인 이 세 가지로 독창적인 것을 만들었습니다.

강의의 주제는 무엇인가요?
- Ⓐ 전 세계에서 발명된 여러 인쇄기들
- Ⓑ 발명품들이 후대 발명품들로 인도하는 방식
- Ⓒ 중세 인쇄기의 영향
- Ⓓ 도서 제작 기술의 역사적 발달

Vocabulary

- □ **invention** 발명(품)
- □ **way** 방법, 방식, 길
- □ **contribute to** ~에 기여하다
- □ **familiar** 친숙한
- □ **inventor** 발명가
- □ **consider** ~을 고려하다, 생각하다

- □ **metal** 쇠, 금속
- □ **printing press** 인쇄기
- □ **be credited with** ~의 공을 인정받다
- □ **movable** 이동 가능한
- □ **wine press** 포도주 압착기
- □ **prior** 이전의

- □ **ingenious** 독창적인
- □ **tend to** ~하는 경향이 있다
- □ **lead to** ~로 이끌다, 인도하다
- □ **influence** 영향
- □ **advance** 진보, 발전
- □ **bookmaking** 도서 제작

② Gist-Purpose 목적

대화나 강의의 목적을 파악하는 문제로, Gist-Content와 Gist-Purpose 중 하나가 반드시 1번 문제로 출제됩니다. 이렇듯 두 유형 모두 앞부분에서 정답 단서가 나오는 1번 문제임을 명확히 인지한 상태에서 문제를 풀 수 있기에, 대화나 강의의 어느 부분에서 어떻게 출제될지 모르는 다른 문제들에 비해 상대적으로 쉽습니다. 따라서 1번 문제는 반드시 맞힌다는 생각으로 푸세요.

빈출 질문 패턴

- **Why does the student visit the registrar's office?**

  왜 학생은 학적과를 방문하나요?

- **Why does the student go to see the professor?**

  왜 학생은 교수님을 만나러 가나요?

- **Why does the professor explain A?**

  왜 교수는 A를 설명하나요?

- **Why is the man talking to the woman?**

  왜 남자는 여자에게 말을 걸고 있나요?

문제 풀이 스킬

Step 1 음원을 들으며 흐름에 따라 출제 포인트 필기

Gist-Content와 매우 유사한 문제로, 도입부에 언급되는 목적 및 주제를 나타내는 표시어(signal words)를 듣고 이후 전개되는 내용을 집중해서 필기합니다. 이 때, 화자 간의 대화 내용 전개에 따라 정답이 달라질 수도 있음에 유의하세요. 즉, 학생이 성적 문의를 위해 교수를 방문했는데, 이에 대한 답변 이후 교수가 학생의 논문 진행 상황을 묻는다면, Gist-Purpose가 성적 문의가 아니라 논문 진행 상황이 되어 정답이 달라질 수 있습니다.

Step 2 문제 및 필기 내용 확인

문제를 정확히 파악하고, 이와 관련하여 자신이 필기한 지스트(G)를 확인합니다.

Step 3 선택지 검토

각각의 선택지를 검토하며 가장 정확한 정답을 선택합니다.

아래 예제를 풀어보고 관련 문제 유형에 대해 확실히 숙지하세요.   🎧 3-03.mp3

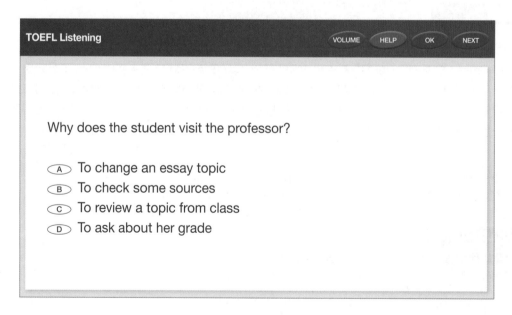

TOEFL Listening   VOLUME HELP OK NEXT

Why does the student visit the professor?

- Ⓐ To change an essay topic
- Ⓑ To check some sources
- Ⓒ To review a topic from class
- Ⓓ To ask about her grade

Step 1 음원을 들으며 흐름에 따라 출제 포인트 필기

첫 도입부에서 대화 목적 관련 표시어(I was hoping you could ~)를 듣고 1번 문제에 대한 정답의 단서가 언급될 것임을 예상하며 그 뒤에 이어지는 내용인 look over some of the sources I'm using for my final essay... maybe I don't have enough 부분을 필기합니다.

Student:	I was hoping <u>you could look over some of the sources I'm using for my final essay</u>... maybe I don't have enough.
Professor:	I can do that. But, what was your topic again?
Student:	Political advertisements on social media...
Professor:	Are you saying whether they're effective or not?
Student:	Not really. Mostly I'm comparing them to other kinds of political ads.
Professor:	Oh, right. Like television ads.
Student:	Yeah, that's my other focus.
Professor:	That's a broad topic. Make sure you have something specific to say in your paper.

필기 예시

G: look over sources for essy , X engh?

필기 해석

G(Gist 문제): look over source for essy(에세이 자료 검토), X engh?(충분하지 않은지)

Step 2 문제 및 필기 내용 확인

Why does the student visit the professor?는 방문 목적을 묻는 Gist-Purpose문제로, 내가 필기한 지스트(G)를 확인합니다.

Step 3 선택지 검토

Ⓐ 에세이 주제를 바꾸기 위해 방문한 것이 아니므로 오답입니다.
Ⓑ 필기한 지스트와 동일한 내용으로 정답입니다.
Ⓒ 수업 주제에 대해 언급된 내용이 없으므로 오답입니다.
Ⓓ 성적에 대해 언급된 내용이 없으므로 오답입니다.

맛보기 문제 풀이

B

해석

학생: 제가 기말 에세이 과제에 사용하고 있는 자료들을 교수님께서 살펴봐 주시기를 바랍니다… 아마도 충분하지 않은 것 같아요.

교수: 그건 해 줄 수 있죠. 그런데 주제가 뭐였죠?

학생: 소셜 미디어를 통한 정치적 선전이요.

교수: 그것이 효과적인지 아닌지를 말하는 건가요?

학생: 아니요. 대체로 저는 다른 유형의 정치 광고와 비교하고 있습니다.

교수: 오, 그래요. TV 광고 같은.

학생: 네, 그게 제 다른 초점이죠.

교수: 주제가 너무 광범위한데요. 학생의 에세이에서 말하고자 하는 특정한 어떤 것이 있어야 해요.

왜 학생은 교수를 방문하나요?
(A) 에세이 주제를 바꾸기 위해
(B) 자료를 확인하기 위해
(C) 수업 주제를 복습하기 위해
(D) 그녀의 성적에 대해 문의하기 위해

Vocabulary

- □ **look over** 살펴보다
- □ **source** 자료
- □ **essay** 에세이, 글쓰기 과제
- □ **political** 정치적인
- □ **advertisement**(=ad) 광고
- □ **mostly** 대체로, 대개
- □ **compare** ~을 비교하다
- □ **kind** 유형
- □ **make sure** 확실히 하다
- □ **specific** 특정한, 구체적인
- □ **review** ~을 검토하다, 복습하다
- □ **grade** 성적

③ Detail 세부 사항

대화나 강의의 세부 사항을 묻는 문제로 보통 한 대화나 강의에서 2문제 정도 출제되어, 가장 많이 나오는 문제 유형입니다.

빈출 질문 패턴

How(얼마나-방법), When(언제-시간), Where(어디서-장소), What(무엇-대상), Why(왜-이유) 등 다양한 의문사들이 나옵니다. 또한 정답이 2개 이상인 질문도 가끔씩 출제됩니다.

- **According to the professor, what is A?**

  교수에 따르면, A는 무엇인가요?

- **What are two features of A?**
  Choose 2 answers.

  A의 두 가지 특징은 무엇인가요?

  2개의 정답을 선택하세요.

문제 풀이 스킬

Step 1 음원을 들으며 흐름에 따라 출제 포인트 필기

세부 사항이란 핵심 주제인 Gist와 연관된 중요한 세부 내용으로, 보통 예시나 근거 등이 자주 출제되고 사건이나 행위의 발생 연도와 같이 지엽적인 내용은 출제되지 않습니다. 따라서 예시, 이유/원인, 결과 등을 나타내는 표시어(signal words)가 언급되면 예시, 이유/원인, 결과의 내용을 필기합니다. 이 밖에도 질의응답 또는 자문자답 등의 다양한 출제 포인트에서 세부 사항 문제가 출제될 수 있기에 그 어떤 문제 유형보다도 노트테이킹 스킬이 요구됩니다.

Step 2 문제 및 필기 내용 확인

문제에서 묻는 세부 사항을 자신이 필기한 내용에서 확인합니다.

Step 3 선택지 검토

각각의 선택지를 검토하며 가장 정확한 정답을 선택합니다. 이 때, 음원에서 사용된 표현이 선택지에 그대로 정답으로 나오는 경우는 드물고 대부분 패러프레이즈 되어 나옵니다. 따라서 방송에서 나온 단어가 선택지에 있다고 바로 그 선택지를 정답으로 고르지 말고 의미도 같은지 확인하고 정답을 선택해야 합니다.

아래 예제를 풀어보고 관련 문제 유형에 대해 확실히 숙지하세요.

 3-04.mp3

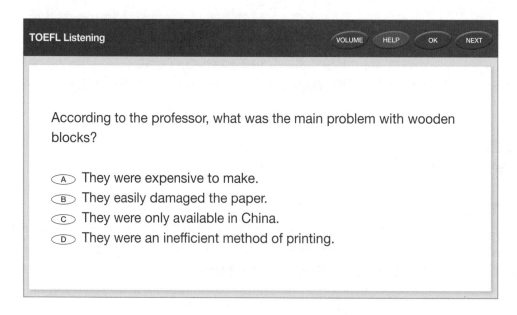

TOEFL Listening VOLUME HELP OK NEXT

According to the professor, what was the main problem with wooden blocks?

- Ⓐ They were expensive to make.
- Ⓑ They easily damaged the paper.
- Ⓒ They were only available in China.
- Ⓓ They were an inefficient method of printing.

Step 1 음원을 들으며 흐름에 따라 출제 포인트 필기

교수가 책이 어떻게 만들어졌는지 자문자답 하는 부분(how were books made?)이 나오므로 이에 대한 답변인 수기(hand writing)와 나무 블록(wooded block)을 필기합니다.

> **Professor:**
> But, before Gutenberg made his moveable press, how were books made? Of course, they were <u>made by, well, hand, um, and written out on scrolls or paper</u>. Maybe you can imagine, <u>monks sitting in a monastery, writing for months, years even</u>. And, right, there were also <u>wooden blocks</u>. This technique also, um, <u>started in China</u>. With this method, a wooden block would be <u>hand-carved</u>, and it would, um, well, think of it as <u>a big, a giant stamp</u>. <u>But</u>, um, <u>every page would need a different block. It would take ages to make an entire book</u>.

필기 예시

how book made? - by hand, written, monks
　　　　　　　 - wood blocks, start China, big, △ take ages

필기 해석

how book made?(어떻게 책이 만들어졌는지?)
- by hand(손), written(써진), monks(수도승)
- wood blocks(나무 블록), start China(시작 중국), big(커다란), △(그러나) take ages(시간이 오래 걸리다)

Step 2 문제 및 필기 내용 확인

문제(According to the professor, what was the main problem with wooden blocks?)는 강의 특정 내용(the main problem with wooden blocks)을 묻는 Detail 유형으로, 키워드인 wooden blocks에 대해 필기한 내용을 확인합니다.

how book made? - by hand, written, monks
　　　　　　　 - wood blocks, start China, big, △ take ages

맛보기 문제 풀이

Step 3 선택지 검토

Ⓐ 제작 비용 내용은 없으므로 오답입니다.

Ⓑ 나무 블록이 종이를 손상시켰다는 내용은 없으므로 오답입니다.

Ⓒ 중국에서만 이용 가능했다는 내용은 없으므로 오답입니다.

Ⓓ '크고 시간이 많이 걸리는'이 비효율적이라는 표현으로 패러프레이즈 되었으므로 정답입니다.

정답 Ⓓ

해석

교수

그러나 구텐베르크가 그의 이동 가능한 인쇄기를 만들기 전에, 책들이 어떻게 만들어졌을까요? 물론, 그것들은 손으로 두루마리나 종이에 적혀서 만들어졌죠. 아마도 여러분은 수개월, 심지어 수년 동안 수도원에 앉아서 글을 쓰는 수도승들을 상상할 수 있을 것입니다. 그리고, 나무 블록(활자)도 있었죠. 이기술도 중국에서 시작되었습니다. 이 방법으로 나무 블록은 손으로 조각되었는데, 거대한 도장을 생각해 보세요. 그런데 매 페이지마다 다른 블록이 필요합니다. 하나의 완전한 책을 만드는 데 많은 시간이걸리겠죠.

교수에 따르면, 나무 블록의 가장 큰 문제는 무엇이었나요?

Ⓐ 그것들은 만들기에 비쌌습니다.

Ⓑ 그것들은 쉽게 종이를 손상시켰습니다.

Ⓒ 그것들은 중국에서만 이용 가능했습니다.

Ⓓ 그것들은 인쇄에 있어서 비효율적인 방법이었습니다.

Vocabulary

□ **write out** 쓰다, 작성하다

□ **scroll** 두루마리

□ **monk** 수도승

□ **monastery** 수도원

□ **wooden block** 나무 활자

□ **hand-carved** 손으로 조각된

□ **giant** 거대한

□ **stamp** 도장

□ **take ages** 많은 시간이 걸리다

❹ Function 의도

리딩 영역의 Rhetoric(수사적 의도 파악) 유형과 유사한 문제 유형으로, 화자가 말한 부분의 문맥상 진짜 의미를 파악하는 문제입니다.

LISTENING

빈출 질문 패턴

음원을 듣고 1번 문제부터 풀다 보면 보통 5~6번째에 나오는 문제로, 음원 일부를 다시 들려주고(Listen again to part of the conversation/lecture. Then answer the question.), 그 부분에서 나왔던 특정 문장 또는 문구가 질문의 헤드폰 기호 부분에서 한 번 더 **나옵니다.**

- **Why does the student say this:** 🎧

  학생은 왜 이 말을 하나요?

- **What does the professor imply when he says this:** 🎧

  교수가 이 말을 할 때 무엇을 시사하나요?

문제 풀이 스킬

Step 1 문제 파악

문제에서 Listen again to part of the conversation을 듣고 Function 문제임을 파악하여 음원 일부를 다시 들을 준비를 합니다.

Step 2 질문에서 묻는 부분(헤드폰 부분 문장) 의미 확인

이 유형은 음원 일부를 다시 들려주기에, 상대적으로 다른 문제들보다 노트테이킹 의존도가 크지 않습니다. 하지만 글자 그대로의 표현이 아닌 숨겨진 의도나 함축된 의미를 파악해야 하기에, 처음 음원을 들을 때 전체적인 흐름을 제대로 이해해야 다시 들을 때 정답을 맞힐 확률이 더 높아집니다.

Step 3 선택지 검토

가가의 선택지를 검토하며 가장 정확한 선택지를 정답으로 선택합니다.

아래 예제를 풀어보고 관련 문제 유형에 대해 확실히 숙지하세요.   3-05.mp3

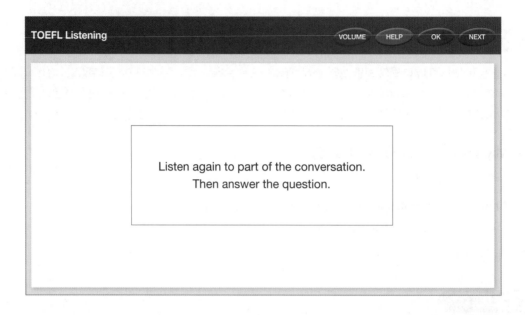

TOEFL Listening   VOLUME   HELP   OK   NEXT

Listen again to part of the conversation.
Then answer the question.

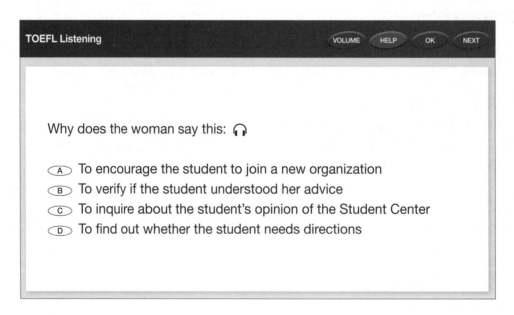

TOEFL Listening   VOLUME   HELP   OK   NEXT

Why does the woman say this: 🎧

- (A) To encourage the student to join a new organization
- (B) To verify if the student understood her advice
- (C) To inquire about the student's opinion of the Student Center
- (D) To find out whether the student needs directions

맛보기 문제 풀이

Step 1 문제 파악

문제 화면에서 Listen again to part of the conversation을 보고 Function 문제임을 파악하여 음원 일부를 다시 들을 준비를 합니다.

Step 2 질문에서 묻는 부분(헤드폰 부분 문장) 의미 확인

학생이 베이커홀을 찾아가야 하는데 그 장소를 되뇌는 것을 볼 때(Baker Hall...), 여자는 길을 가르쳐 주어야 될지 확인하기 위해 전에 가본 적이 있는지(Have you been there before?)를 물어보고 있습니다.

Listen again to part of the conversation. Then answer the question.

Student: And how could I find some student organizations to get involved with?

Administrative Assistant: There's a lot of information at the Student Center, in Baker Hall.

Student: Baker Hall…

Administrative Assistant: Have you been there before?

Why does the woman say this: 🎧 Have you been there before?

ⓐ To encourage the student to join a new organization

ⓑ To verify if the student understood her advice

ⓒ To inquire about the student's opinion of the Student Center

ⓓ To find out whether the student needs directions

Step 3 선택지 검토

ⓐ 새로운 단체로의 가입을 장려하려는 의도는 없으므로 오답입니다.
ⓑ 학생이 그녀의 조언을 이해했는지 확인하려는 의도는 없으므로 오답입니다.
ⓒ 학생회관에 대한 학생의 의견을 물으려는 의도는 없으므로 오답입니다.
ⓓ 길 안내가 필요한지를 묻고 있는 의도이므로 정답입니다.

정답 ⓓ

해석

대화 일부를 다시 듣고 질문에 답하세요.

학생: 그리고 어떻게 하면 제가 참여할 만한 학생 단체를 찾을 수 있나요?
행정 직원: 베이커홀 학생회관에 많은 정보가 있습니다.
학생: 베이커홀이라...
행정 직원: 전에 거기 가본 적이 있나요?

왜 여자는 이렇게 말하나요: 전에 거기 가본 적이 있나요?
ⓐ 학생에게 새 단체에 가입하라고 장려하기 위해
ⓑ 학생이 그녀의 조언을 이해했는지 확인하기 위해
ⓒ 학생회관에 대한 학생의 의견을 묻기 위해
ⓓ 학생에게 길 안내가 필요한지 알기 위해

Vocabulary

☐ **organization** 기구, 조직, 단체   ☐ **previously** 이전에   ☐ **verify** (진실인지) 확인하다
☐ **get involved** 참여하다   ☐ **encourage** ~을 장려하다   ☐ **direction** 방향, 길 안내

Q&A   6. 토플 리스닝 점수 향상 비법

Q 토플 리스닝 점수가 너무 안 오르는데 어떻게 하죠?

A 토플 리스닝 점수 향상을 위해서는 우선 점수가 오르지 않는 원인을 파악해야 하는데, 크게 다음의 3가지 이유가 있습니다. 우선, 방송 자체가 잘 안 들리는 경우입니다. 이 경우는 앞에서 학습한 기본 청해 실력 향상법(단어 발음 숙지, 딕테이션, 쉐도잉)의 끈기 있는 연습을 통해 극복할 수 있습니다.

두 번째, 방송은 들리는데 많이 틀리는 경우입니다. 이는 출제 포인트를 몰라서 제대로 된 노트테이킹(필기)을 하지 못하기 때문입니다. 반드시 출제 포인트와 표시어를 숙지하고 이에 따라 노트테이킹 연습을 해야 합니다.

마지막으로 방송도 들리고 노트테이킹을 했는데도 틀리는 경우입니다. 이는 방송 내용과 패러프레이즈 된 문제 보기를 제대로 연관시키지 못하는 경우입니다. 패러프레이즈 된 부분은 방송에서 등장하는 어휘를 그대로 사용하지 않기에 정답으로 연결하기가 어렵습니다. 따라서 패러프레이즈 된 문제가 틀릴 때마다 같은 의미가 어떻게 다르게 표현되는지 복습으로 정리해야 합니다. 이렇게 차근차근 정리해 나가다 보면 패러프레이즈가 된 내용도 문제를 푸는 짧은 시간 동안 바로 이해할 수 있게 됩니다.

⑤ Attitude 태도

Function 유형이 화자가 한 말의 숨은 의도를 묻는 유형이라면, Attitude 유형은 화자가 한 말의 태도나 감정 또는 특정 사물에 대한 화자의 태도, 의견, 감정을 묻는 유형입니다.

빈출 질문 패턴

Attitude 유형은 어떤 특정한 것(A)에 대한 화자의 태도를 묻는데, Function 유형처럼 음원 일부를 다시 들려주고(Listen again to part of the conversation/lecture. Then answer the question.) 그 부분에서 언급된 특정 내용을 문제 헤드폰 기호 부분에서 한 번 더 들려주기도 합니다.

- **What is the professor's attitude toward A?**

  A에 대한 교수의 태도는 무엇인가요?

- **What is the professor's opinion of A?**

  A에 대한 교수의 의견은 무엇인가요?

- **What does the student think about A?**

  학생은 A에 대해 어떻게 생각하나요?

- **What can be inferred about the student when he says this:** 🎧

  학생이 다음과 같이 말할 때 학생에 대해 무엇을 추론할 수 있나요?

문제 풀이 스킬

Step 1 음원을 들으며 흐름에 따라 출제 포인트 필기

출제 포인트가 되는 다양한 표시어에 유의하여 필기합니다. 특히 중간에 다음과 같은 특정 대상에 대한 자신의 의견을 나타내는 표시어(I think ~, It seems to me ~)가 언급된 이후 Attitude 문제 정답이 나오는 경우가 많습니다. 또한 화자의 목소리 톤(어조)에 주의합니다. 긍정적인지 부정적인지, 차분한지 아니면 흥분했는지, 확신하는지 그렇지 않은지, 열정적인지 아니면 지루해하는지 등을 파악하며 들어야 합니다.

Step 2 문제 및 필기 내용 확인

문제에서 특정 내용(키워드)에 대한 화자의 태도를 묻는 문제임을 확인하고, 자신이 필기한 키워드 관련 내용을 참조하여 화자의 태도를 파악합니다.

Step 3 선택지 검토

각각의 선택지를 검토하며 가장 정확한 선택지를 정답으로 선택합니다.

아래 예제를 풀어보고 관련 문제 유형에 대해 확실히 숙지하세요.

🎧 3-06.mp3

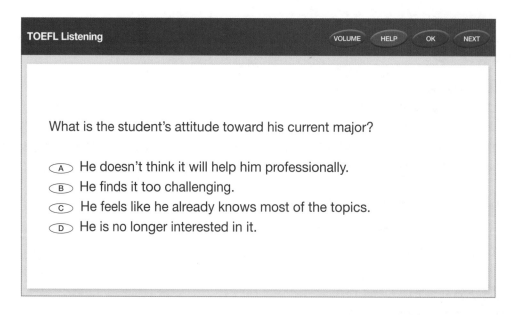

What is the student's attitude toward his current major?

Ⓐ He doesn't think it will help him professionally.
Ⓑ He finds it too challenging.
Ⓒ He feels like he already knows most of the topics.
Ⓓ He is no longer interested in it.

맛보기 문제 풀이

Step 1 음원을 들으며 흐름에 따라 출제 포인트 필기

질문의 출제 포인트인 why am I spending all this time learning about English poets from 300 years ago, will someone hire me because of that을 필기합니다. 이렇게 질문 부분과 연결되는 추가 내용도 필기하면 문제를 풀 때 도움이 됩니다.

Advisor: But you've been doing well in your English literature classes.

Student: I know, and I like writing essays. It's just – why am I spending all this time learning about English poets from 300 years ago? Will someone hire me because of that?

Advisor: (joking) Careful, the Romantics are my specialty.

Student: I know, I know. But, if I change to political science, then I could, I don't know, go to law school later. It would be an option. I could, um, work toward a career.

Advisor: You can do that with an English literature degree, too.

필기 예시

why spend time learn eng. poets?

hire me?

if change politic → law school → option

필기 해석

why spend time learn eng. poets?(왜 영국 시인들을 배우는 데 시간을 소비하는지?)

hire me?(나를 고용할까?)

if change politic(정치학으로 변경하면) → law school(로스쿨) → option(선택)

Step 2 문제 및 필기 내용 확인

전공에 대한 학생의 태도를 묻는 문제로 학생의 톤(전공에 대한 부정적인 어조)을 참고하여 필기 내용을 확인합니다. 특히 전공을 바꾸는 것이 더 좋은 옵션이 될 것이라고도 생각합니다.

---

why spend time learn eng. poets?

hire me?

if change politic → law school → option

LISTENING

Step 3 선택지 검토

Ⓐ 전공이 고용에 도움이 될지 그 여부에 대해 학생이 의문을 가지므로 정답입니다.

Ⓑ 전공이 어렵다고는 말하지 않으므로 오답입니다.

Ⓒ 전공 주제에 대한 이야기는 없으므로 오답입니다.

Ⓓ 전공에 관심이 없다는 이야기는 하지 않으므로 오답입니다.

정답   Ⓐ

해석

지도 교수: 그러나 학생은 영문학 수업에서 잘해오고 있는데요.

학생: 네 알아요, 그리고 저는 에세이 쓰는 것을 좋아합니다. 단지 왜 제가 300년 전 영국 시인들을 배우는 데 이 모든 시간을 써야 하죠? 이 공부로 인해 누군가 저를 고용할까요?

지도 교수: (농담으로) 조심해요, 낭만주의가 내 전공이에요.

학생: 저도 알죠. 그러나 제가 정치학으로 바꾼다면, 잘 모르겠지만, 후에 로스쿨에 갈 수 있겠죠. 하나의 방법이죠. 저는 제 경력을 향해 노력할 수도 있죠.

지도 교수: 영문학 학위를 가지고도 그렇게 할 수 있어요.

학생은 자신의 현재 전공에 대해 어떠한 태도인가요?

Ⓐ 그는 현재 전공이 직업적으로 그를 도울 것이라고 생각하지 않습니다.

Ⓑ 그는 현재 전공이 너무 어렵다고 느낍니다.

Ⓒ 그는 주제의 대부분을 이미 안다고 생각합니다.

Ⓓ 그는 더 이상 현재 전공에 관심이 없습니다.

Vocabulary

- ☐ literature 문학
- ☐ poet 시인
- ☐ hire ~을 고용하다
- ☐ Romantics 낭만주의
- ☐ specialty 전문, 전공
- ☐ political science 정치학
- ☐ work toward ~을 위해 노력하다
- ☐ career 직업, 경력, 사회생활
- ☐ challenging 도전적인, 힘든

Q&A   7. 노트테이킹(Note-taking) 필요성

Q 토플 시험에서 노트 필기를 반드시 해야 할까요?

A 결론부터 말씀드리면, 네, 반드시 해야 합니다. 토플 듣기 지문은 길고, 여러 세부 내용이 나오기에, 비록 음원을 들을 때 다 알아들었어도 문제를 풀 때는 생각이 안 나고 헷갈리는 경우가 발생합니다. 따라서 노트테이킹, 즉 필기를 통해 기억력의 한계를 극복해야 합니다. 그렇기에 토플 고사장에서도 응시생들에게 연필과 메모지(scratch paper)를 나눠주어 필기를 독려합니다. 일부 수험생들은 필기를 하면 음원을 제대로 들을 수 없다며 필기를 굉장히 꺼리기도 합니다. 하지만 필기도 훈련이기에 꾸준히 들으면서 필기하는 연습을 하다 보면, 음원 내용을 놓치지 않고 자연스럽게 필기를 하는 자신을 발견하게 될 것입니다.

⑥ Organization 구조

주로 강의(Lecture)가 어떻게 구조화되어 있는지 묻는 유형입니다. 교수가 강의 중에 예를 들어 설명할 때 왜 그 예를 사용하는지, 어떠한 방식으로 소개하는지 등 특정 내용이 언급된 목적을 강의 구조, 흐름에 따라 파악해야 합니다.

빈출 질문 패턴

- **How does the professor organize the information about A?**

  교수는 A에 대한 정보를 어떻게 체계화하나요?

- **Why does the professor mention A?**

  왜 교수는 A를 언급하나요?

- **Why does the professor discuss A?**

  왜 교수는 A를 논하나요?

문제 풀이 스킬

Step 1 음원을 들으며 흐름에 따라 출제 포인트 필기

예시, 비교, 대조, 순서, 나열 등을 나타내는 다양한 표시어를 바탕으로 필기합니다.

Step 2 문제 및 필기 내용 확인

문제에서 특정 내용(키워드)의 언급 목적을 묻는 Organization 문제임을 확인하고, 자신이 필기한 키워드 관련 내용을 참조합니다.

Step 3 선택지 검토

각각의 선택지를 검토하며 가장 정확한 선택지를 정답으로 선택합니다.

아래 예제를 풀어보고 관련 문제 유형에 대해 확실히 숙지하세요.

TOEFL Listening

VOLUME   HELP   OK   NEXT

Why does the professor mention a skyscraper?

- Ⓐ To illustrate the size of the Grand Canyon
- Ⓑ To clarify the meaning of a term
- Ⓒ To mention one of his relevant experiences
- Ⓓ To contrast different scientific methods for dating

Step 1 음원을 들으며 흐름에 따라 출제 포인트 필기

Grand Canyon을 언급하고 있으므로 이에 대해 필기를 하면서 출제 포인트가 언급되는 것을 듣습니다. superposition이라는 어려운 용어에 대해 언급한 후, skyscraper를 예로 들어 설명합니다.

➡ 예시를 나타내는 표시어(Just think of ~)를 통해 skyscraper가 출제 포인트임을 예측하고 필기합니다.

Professor

Now, the Grand Canyon was the perfect location for these, um, scientists. The clear layers of the canyon made relative dating extremely simple. This, this would then make figuring out the, um, absolute dating, that much easier, too. This is because of superposition – or the order in which, um, things, materials, are stacked upon one another. It's a basic indicator of age with rocks – you know, rocks on top will be younger. Just think of a skyscraper. You don't have to know anything, anything at all about the building. But, with common sense, you know that the first floor was made before the top floor. So, the first floor is older, and the top floor is younger.

필기 예시

GC – perfect for scientists, clear layer → reltiv dating simple → abslut dating easier

∵ superposition

ex. skyscraper: 1st older, top younge

필기 해석

GC(그랜드 캐니언): perfect for scientists(과학자들에게 완벽), clear layer(분명한 층) →

reltiv dating simple(상대적 연대 측정 쉬움) →

abslut dating easier(절대적 연대 측정 더 쉬움)

∵ superposition (중첩때문에)

ex. (예) skyscraper(고층 건물): 1st-older(일층 더 오래됨), top-younger(꼭대기 더 최근)

Step 2 문제 및 필기 내용 확인

문제(Why does the professor mention a skyscraper?)에서 skyscraper를 왜 언급했는지, 어떻게 강의에서 사용되는지 등 강의 구조를 묻는 Organization 유형으로, 관련 필기 내용인 skyscraper 부분을 참조합니다.

GC – perfect for scientists, clear layer → reltiv dating simple → abslut dating easier

∵ superposition

ex. skyscraper: 1st older, top younger

Step 3 선택지 검토

(A) 그랜드 캐니언은 크기가 아닌 분명한 층 때문에 연대측정이 더 쉽다는 내용으로 언급되었으므로 오답입니다.

(B) superposition의 뜻을 명확히 하기 위해 skyscraper가 예로 사용되었으므로 정답입니다.

(C) 경험이 아닌 상식을 바탕으로 한 이야기이므로 오답입니다.

(D) 강의에서 과학적 연대측정 방법을 대조하고 있지는 않으므로 오답입니다.

정답 (B)

해석

교수

자, 그랜드 캐니언은 과학자들에게 완벽한 장소입니다. 협곡의 분명한 층들은 상대적 연대측정을 매우 쉽게 만듭니다. 이는, 절대적 연대 측정을 계산하는 것도 더 쉽게 만들어 줍니다. 이것은 중첩 - 사물과 물질이 서로 쌓이는 순서 때문입니다. 그것은 암석의 연령에 대한 기본적인 지표입니다 - 알다시피, 상층의 암석이 더 최근입니다. 고층 건물을 생각해 보세요. 건물에 대한 어떤 것도 알 필요는 없습니다. 하지만, 상식적으로, 일층이 꼭대기 층 전에 만들어지죠. 그래서 일층이 만들어진지 더 오래되었고 꼭대기층이 더 최근의 것이죠.

왜 교수는 고층 건물을 언급하나요?

(A) 그랜드 캐니언의 크기를 분명하게 설명하기 위해

(B) 용어의 의미를 분명히 하기 위해

(C) 그의 관련 경험 중 하나를 언급하기 위해

(D) 연대측정의 여러 과학적 방법들을 대조하기 위해

Vocabulary

□ canyon 협곡	□ absolute 절대적인	□ common sense 상식
□ clear 분명한	□ superposition 중첩	□ illustrate ~을 설명하다
□ layer 층	□ material 물질	□ clarify ~을 분명히 하다
□ relative 상대적인	□ stack upon ~위에 쌓다	□ term 용어
□ dating 연대측정	□ one another 서로	□ relevant 관련 있는
□ extremely 매우	□ indicator 지표, 표시	□ contrast ~을 대조하다
□ figure out 계산하다	□ skyscraper 고층 건물	□ method 방법

⑦ Connecting Content 내용 연결

대화나 강의에서 나오는 아이디어들 사이의 관계를 파악하는 유형으로 어떠한 과정의 단계, 결과에 대한 예측, 개념 간의 구분 등을 주로 묻습니다. 또한 제시된 아이디어들을 통합하여 내용을 종합하거나 유추하여 풀어야 하는 문제도 출제됩니다.

빈출 질문 패턴

대화나 강의에서 제시된 아이디어들 사이의 관계를 통해 예측되는 결과나 내용을 추론하는 질문, 그리고 제시된 정보에 대해 알맞은 내용을 체크하는 표 형태로 출제됩니다.

- **What is the likely outcome of A?**

  A에 대해 예상되는 결과는 무엇인가요?

- **Click in the correct box for each phrase.**

  각 문구에 알맞은 상자 안을 클릭하세요.

문제 풀이 스킬

Step 1 음원을 들으며 흐름에 따라 출제 포인트 필기

Organization 유형과 마찬가지로 예시, 비교, 대조, 순서, 나열 등을 나타내는 다양한 표시어와 함께 언급되는 내용을 필기합니다. 특히 표로 제시된 문제는 정답의 여러 단서들이 나열되는 형식으로 제시되는 경우가 많으므로 다양한 예가 나오면 놓치지 말고 각각의 특징들을 적어 놓습니다.

Step 2 문제 및 필기 내용 확인

문제에 제시된 키워드와 자신의 필기내용을 확인합니다. 참고로 표로 제시된 문제의 정답은 음원에서 언급된 순서대로 나열되어 있지 않은 경우도 있으니 이 점에 유의하여 내용을 확인하세요.

아래 예제를 풀어보고 관련 문제 유형에 대해 확실히 숙지하세요.　🎧 3-08.mp3

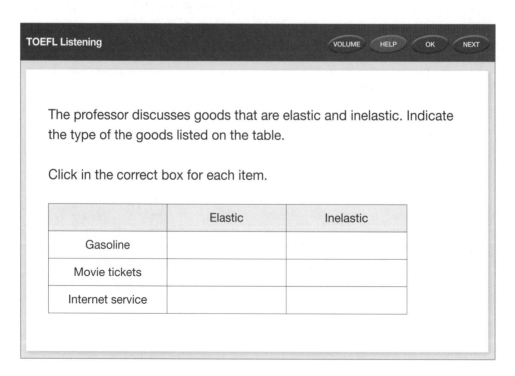

The professor discusses goods that are elastic and inelastic. Indicate the type of the goods listed on the table.

Click in the correct box for each item.

	Elastic	Inelastic
Gasoline		
Movie tickets		
Internet service		

맛보기 문제 풀이

Step 1 음원을 들으며 흐름에 따라 출제 포인트 필기

경제학의 elasticity와 inelasticity란 개념을 설명하면서 영화 티켓, 인터넷 서비스, 휘발유를 예로 들어 이해를 돕고 있습니다.

➡ 다양한 예시는 출제 포인트이므로 각 예시의 특징을 필기합니다.

Professor: Another basic concept of economics is, um, the elasticity and inelasticity of demand. These words, terms, refer to how much demand for a good, um, responds to other changes in the economy. So, if the cost of a movie ticket suddenly went up to $50, what would happen to demand? Would, um, you be likely to see a movie on Friday night?

Student: That's too expensive. So, people just wouldn't go to the movies.

Professor: Right. A movie ticket is an elastic good. Its demand changes. People would just stop going to movies. Same goes with some services, as long as there are other, different options on the market. For example, my, um, internet, my internet service just rose in price. So, now I'm looking for another, cheaper service.

Student: So, inelastic goods would be, um, more vital? Goods that you need, no matter what.

Professor: Correct. Gasoline is the classic example. The price changes all the time. But, everyone needs gasoline. So, we keep buying it, no matter the price. Its demand is inelastic.

필기 예시

elastic & in -
movie ticket - expensive → X go → elastic
internet - look 4 cheap → elastic
gasoline - no matter $ → inelastic

필기 해석

elastic & in- (탄력 & 비탄력)

movie ticket(영화표) - expensive(비싸면) → x go(가지않음) → elastic(탄력적)

internet(인터넷) - look 4 cheap(저렴한 업체 찾음) → elastic(탄력적)

gasoline(휘발유) - no matter $(가격 상관없음) → inelastic(비탄력적)

Step 2 문제 및 필기 내용 확인

문제는 예시로 나온 각 물품의 특징을 표에 클릭하는 connecting content 유형으로, 필기 내용을 참조하여 답합니다. 음원에서 언급된 순서대로 필기한 내용과 표에 제시된 목록 순서가 다름에 유의하세요.

	Elastic	Inelastic
Gasoline		
Movie tickets		
Internet service		

<음원에서 언급된 순서>
movie ticket – elastic
internet – elastic
gasoline – inelastic

정답

	Elastic	Inelastic
Gasoline		√
Movie tickets	√	
Internet service	√	

해석

교수: 경제학의 또 다른 기본 개념은 수요의 탄력성과 비탄력성입니다. 이 말들, 용어들은, 상품에 대한 수요가 경제의 다른 변화에 얼마나 많이 반응하는가를 나타냅니다. 자, 만일 영화 티켓 값이 갑자기 50달러로 오르면, 수요에 무슨 일이 일어날까요? 여러분은 금요일 밤에 영화를 보겠습니까?

학생: 그건 너무 비싸서, 사람들은 그냥 극장에 안 갈 것 같아요.

교수: 맞아요. 영화표는 탄력적인 상품입니다. 수요가 변하죠. 사람들은 그냥 극장 가는 것을 멈출 거예요. 시장에 다른 옵션이 있다면 같은 경우가 몇몇 서비스에도 발생하죠. 예를 들어, 제 인터넷 서비스 가격이 막 올랐어요. 그래서 이제 저는 또 다른, 더 저렴한 업체를 찾는거죠.

학생: 그럼, 비탄력적 상품들이 더 필수적인 건가요? 어떤 경우든 상관없이 필요로 하는 상품들이요.

교수: 맞아요. 휘발유는 전형적인 예입니다. 휘발유 가격은 항상 변하죠. 하지만 모두가 휘발유를 필요로 해요. 그래서 우리는 가격에 상관없이 계속 구매하죠. 휘발유 수요는 비탄력적이죠.

교수는 탄력적, 비탄력적 물품들에 대해 논합니다. 표에 표시된 상품 유형을 표시하세요.

각 물품에 알맞은 상자 안을 클릭하세요.

	탄력적	비탄력적
휘발유		
영화표		
인터넷 서비스		

Vocabulary

- □ concept 개념
- □ economics 경제학
- □ elasticity 탄력성
- □ inelasticity 비탄력성
- □ demand 수요

- □ refer to ~을 말하다
- □ good 상품
- □ respond to ~에 반응하다
- □ as long as ~하는 한
- □ option 선택(권)

- □ rise 오르다
- □ vital 필수적인
- □ no matter what 그게 무엇이든지
- □ gasoline 휘발유, 가솔린
- □ classic 대표적인

Q&A 8. 문제 유형 구분의 필요성

Q 토플 리스닝 문제 유형 구분이 너무 어려운데 이거 꼭 해야 하나요?

A 토플 리딩도 마찬가지이지만, 토플 리스닝의 경우 문제 유형을 정확하게 구분하기가 어려운데, 단순히 질문 형태로 문제 유형을 구분하는 것이 아니고, 질문의 내용과 정답을 선택할 때 어떠한 방법으로 푸는지에 따라 다른 유형으로 분류됩니다. 예를 들면, 겉으로 보기에는 똑같이 목적을 묻는 Why 의문문이지만, 1번에 나와서 전체적인 맥락에서 화자의 목적을 물으면 Gist-Purpose 유형, 화자가 왜 이렇게 말했는지 내용 전개 측면에서 물으면 Organization 유형, 방송에서 어떤 정보에 대한 세부적 이유를 묻는다면 Detail 유형, 그리고 두 개 이상의 정보를 종합해서 정답을 추론하면 Connecting Content 유형으로 구분됩니다.

수험생들이 이렇게까지 문제 유형을 정확히 구분하기는 어렵습니다. 문제 유형을 세분하는 연습은 토플 문제의 특징을 더욱 정확히 파악하기 위한 것이며, 이를 완벽하게 구분하지 못하더라도 정답을 고를 수 없는 것은 아니기에 크게 걱정할 필요가 없습니다. 여러분은 토플 리스닝 문제가 어떤 식으로 출제되고, 음원의 어떤 부분이 문제로 출제되는지를 잘 파악하는 것으로도 충분합니다.

⑧ Inference 추론

리딩 영역의 Inference와 매우 유사한 추론 유형으로, 직접적으로 진술되지 않은 의미를 파악해야 합니다.

빈출 질문 패턴

보통 질문에 imply나 infer가 언급되며, 대화나 강의의 마지막에 나온 내용을 바탕으로 화자가 다음에 무엇을 할지 (do next) 묻기도 합니다. 또한 Function이나 Attitude 문제처럼 음원 일부를 다시 듣고 푸는 질문 형태로도 출제됩니다.

- **What does the professor imply about A?**

  교수는 A에 대해 무엇을 암시하나요?

- **What can be inferred about A?**

  A에 대해 무엇이 추론될 수 있나요?

- **What will the student probably do next?**

  학생은 아마도 다음에 무엇을 할 것인가요?

- **What does the professor imply when he says this:** 🎧

  교수가 다음을 말할 때 암시하는 것은 무엇인가요?

문제 풀이 스킬

Step 1 음원을 들으며 흐름에 따라 출제 포인트 필기

다른 유형과 마찬가지로 다양한 출제 포인트의 표시어를 놓치지 않고 필기합니다. 또한 화자의 긍정적 또는 부정적 톤을 확인하거나 화자가 반복해서 말하는 내용을 통해 화자가 말하려는 바를 추론할 수 있으므로 이러한 부분 역시 필기합니다.

Step 2 문제 및 필기 내용 확인

질문에 언급되는 imply나 infer, 또는 do next 등을 확인하여 추론 문제임을 파악합니다.

Step 3 선택지 검토

유추 유형의 특성 상, 대화나 강의에서 직접 언급되지 않은 어휘가 쓰인 선택지가 정답이 되는 경우가 많습니다.

맛보기 문제

아래 예제를 풀어보고 관련 문제 유형에 대해 확실히 숙지하세요.

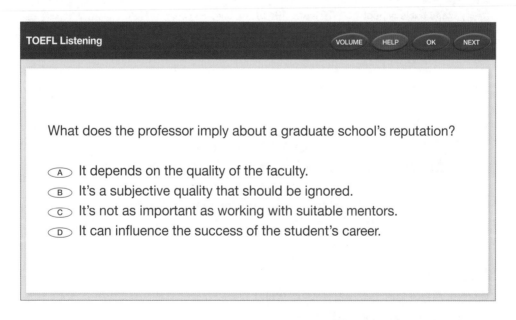

What does the professor imply about a graduate school's reputation?

- (A) It depends on the quality of the faculty.
- (B) It's a subjective quality that should be ignored.
- (C) It's not as important as working with suitable mentors.
- (D) It can influence the success of the student's career.

LISTENING

Step 1 음원을 들으며 흐름에 따라 출제 포인트 필기

대화에서 교수는 평판이 좋은 학교(reputable school)도 중요하지만 교수진(faculty)이 중요함을 역설합니다.

➡ 역접을 나타내는 표시어(But) 이후 부분이 출제 포인트이므로 놓치지 말고 필기하세요.

Student:	I want to do my graduate studies at a reputable school.
Professor:	Of course, that's important. But, you also want to check the faculty at each university. If you want to focus on 19th century South American history, then you want to be working with a professor who is well established in that field. A lot of success in graduate school, and in your later career, depends on working with the right people, and, um, making the right connections. If the faculty at your ideal school only focuses on European history, well, you can see the issue.

필기 예시

st	pf
reputable school	important △faculty If want 19c SA history → w/pf in field only EU history → issue

필기 해석

st(학생)	pf(교수)
reputable school (명성 있는 학교)	important(중요) △(그러나) faculty(교수진) If want 19c SA history(19세기 남미 역사 원하면) → w/pf in field(그 분야 교수와) only EU history(유럽 역사만) → issue(문제)

Step 2 문제 및 필기 내용 확인

대학원의 평판에 대해 교수가 직접적으로 말하지 않은 생각을 추론하는 문제(What does the professor imply about a graduate school's reputation?)로, 필기 내용을 참조해서 교수가 교수진(faculty)의 중요성을 강조하는 이유를 추론합니다.

st	pf
reputable school	important △faculty If want 19c SA history → w/pf in field only EU history → issue

Step 3 선택지 검토

Ⓐ 교수는 대학 명성보다 교수진 수준이 중요하다고 말하고 있는 반면, 대학 명성이 교수진에 달려 있다고는 말하지 않으므로 오답입니다.

Ⓑ 대학 명성의 중요성을 교수도 긍정하므로(Of course, that's important) 오답입니다.

Ⓒ 교수가 대학 명성이 자신에게 맞는 교수와 일하는 것만큼 중요하지 않다는 의도로 교수진 중요성을 강조하고 있으므로 정답입니다.

Ⓓ 교수는 교수진(faculty)이 학생의 직업적 성공에 영향을 준다고 말하고 있으므로 오답입니다.

정답 Ⓒ

해석

학생: 저는 평판이 좋은 학교에서 제 대학원 과정을 하길 원합니다.

교수: 물론, 그것은 중요하죠. 하지만, 각 대학의 교수진도 확인해 봐야하죠. 만일 19세기 남미 역사에 집중하길 원한다면, 그 분야에서 인정받는 교수와 함께 하길 원하겠죠. 대학원과 그 이후 경력에서의 많은 성공이 적합한 사람들과 일하고 관계를 맺는 것에 달려 있습니다. 만일 학생의 이상적인 학교에 있는 교수진이 유럽 역사에만 초점을 맞춘다면, 흠, 이제 문제점을 볼 수 있죠.

교수는 대학원 명성에 대해 무엇을 암시하나요?

Ⓐ 그것은 교수진 수준에 달려있습니다.

Ⓑ 그것은 무시해야 하는 주관적 특징입니다.

Ⓒ 그것은 적합한 멘토와 일하는 것만큼 중요하지 않습니다.

Ⓓ 그것은 학생 경력의 성공에 영향을 줄 수 있습니다.

Vocabulary

- graduate 대학원의
- reputable 평판이 좋은
- faculty 교수진
- focus on ~에 집중하다
- established 인정받는, 저명한
- field 분야
- depend on ~에 달려있다
- connection 연줄
- ideal 이상적인
- reputation 명성, 평판
- quality 자질, 특징, 우수함
- subjective 주관적인
- ignore ~을 무시하다
- suitable 적합한
- influence ~에 영향을 주다

04 Listening 실전 모의고사

유의사항: 반드시 문제를 읽지 않은 상태에서 음원을 들으며 화면에 등장하는 사진 또는 강의 토픽만 보고 노트 필기를 합니다. 그리고 나서 듣기가 끝난 다음에 문제를 읽고 풀어 보세요. 또는 QR코드를 통해 실제 시험처럼 화면을 통해 음원을 듣고 문제를 푸세요. 이때도 역시 노트 필기를 하는 것을 잊지 마세요.

PART 1 (Q1-11)

리스닝
Part1 (Q1-5)

Questions 1-5 🎧 3-10.mp3

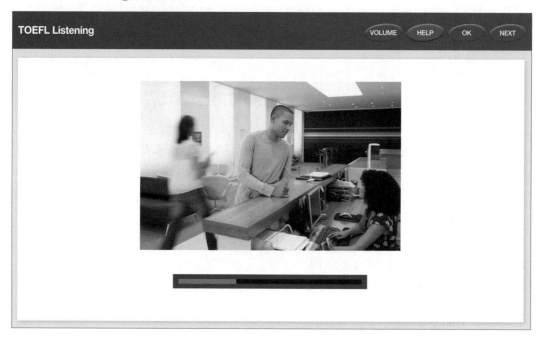

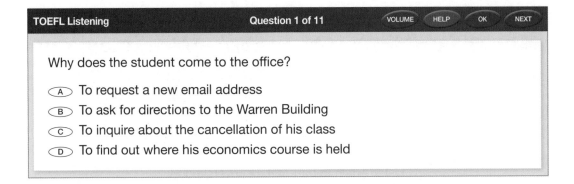

Why does the student come to the office?

- Ⓐ To request a new email address
- Ⓑ To ask for directions to the Warren Building
- Ⓒ To inquire about the cancellation of his class
- Ⓓ To find out where his economics course is held

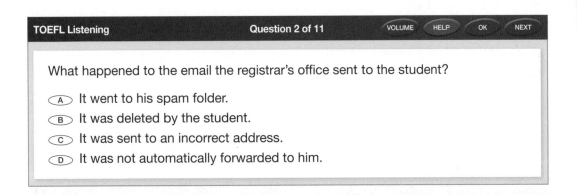

What happened to the email the registrar's office sent to the student?

- Ⓐ It went to his spam folder.
- Ⓑ It was deleted by the student.
- Ⓒ It was sent to an incorrect address.
- Ⓓ It was not automatically forwarded to him.

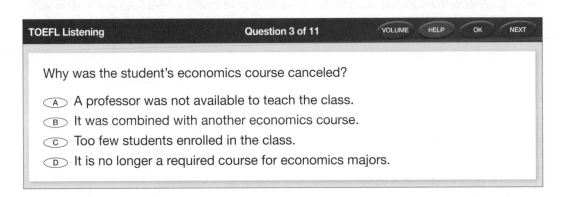

Why was the student's economics course canceled?

- Ⓐ A professor was not available to teach the class.
- Ⓑ It was combined with another economics course.
- Ⓒ Too few students enrolled in the class.
- Ⓓ It is no longer a required course for economics majors.

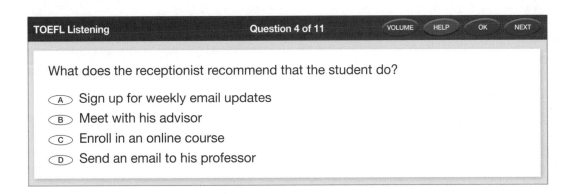

What does the receptionist recommend that the student do?

- Ⓐ Sign up for weekly email updates
- Ⓑ Meet with his advisor
- Ⓒ Enroll in an online course
- Ⓓ Send an email to his professor

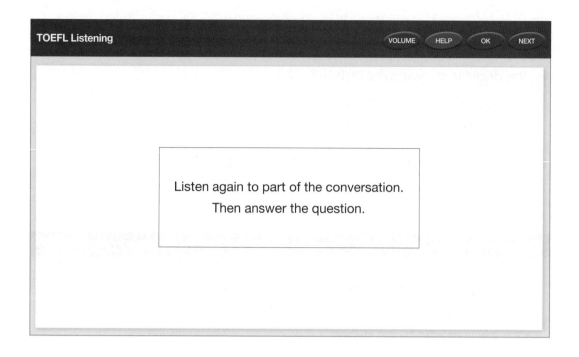

Listen again to part of the conversation.
Then answer the question.

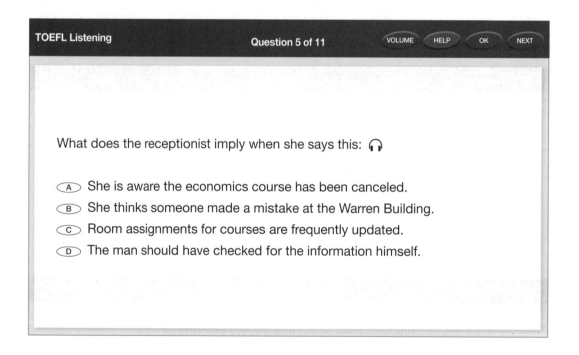

What does the receptionist imply when she says this: 🎧

(A) She is aware the economics course has been canceled.
(B) She thinks someone made a mistake at the Warren Building.
(C) Room assignments for courses are frequently updated.
(D) The man should have checked for the information himself.

Questions 6-11 3-11.mp3

리스닝
Part1 (Q6-11)

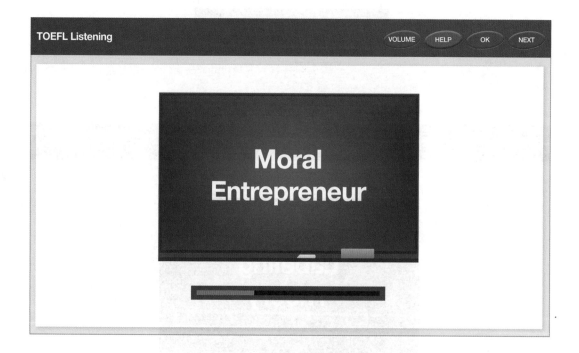

What is the lecture mainly about?

- A   Different methods for correcting criminal behavior
- B   How the labeling theory was first discovered
- C   The contributions of different sociologists to a theory
- D   The causes of deviant behavior in individuals

What does the professor explain to one of the students about the term "deviance"?

- A   It has different definitions in other fields.
- B   It is a product of criminal actions.
- C   It is no longer used in current sociology.
- D   It does not refer only to immoral behavior.

Why does the professor mention smokers?

- A   To show how a person can be labeled as criminal
- B   To criticize a flaw in the labeling theory
- C   To highlight the importance of an issue
- D   To challenge one of Becker's findings

According to the professor, what is a secondary crime?

- A   One committed for economic reasons
- B   One committed after a prison sentence
- C   One committed as a moral entrepreneur
- D   One committed in reaction to society

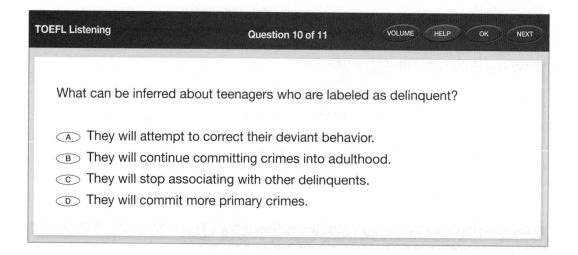

What can be inferred about teenagers who are labeled as delinquent?

- Ⓐ They will attempt to correct their deviant behavior.
- Ⓑ They will continue committing crimes into adulthood.
- Ⓒ They will stop associating with other delinquents.
- Ⓓ They will commit more primary crimes.

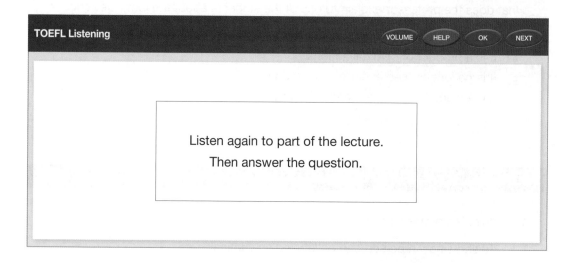

Listen again to part of the lecture.
Then answer the question.

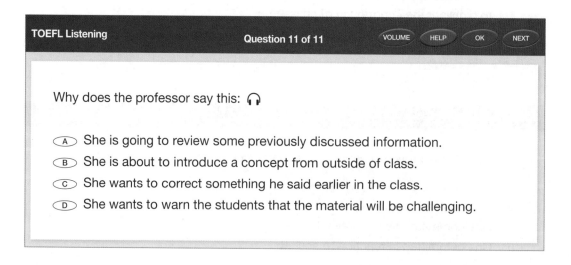

Why does the professor say this: 🎧

- Ⓐ She is going to review some previously discussed information.
- Ⓑ She is about to introduce a concept from outside of class.
- Ⓒ She wants to correct something he said earlier in the class.
- Ⓓ She wants to warn the students that the material will be challenging.

PART 2 (Q1-17)

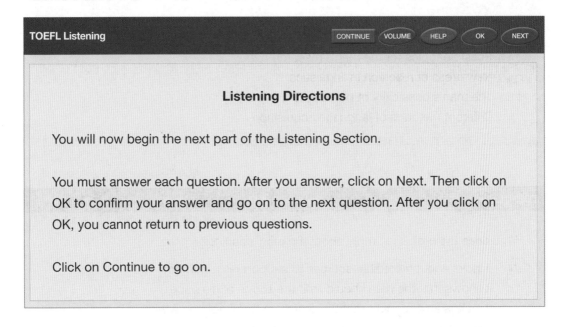

Questions 1-5 🎧 3-12.mp3

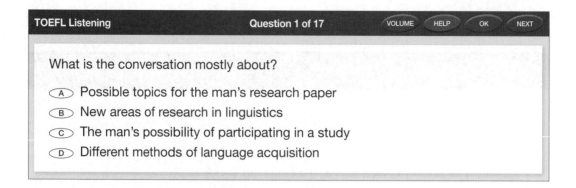

TOEFL Listening — Question 1 of 17 — VOLUME HELP OK NEXT

What is the conversation mostly about?

- (A) Possible topics for the man's research paper
- (B) New areas of research in linguistics
- (C) The man's possibility of participating in a study
- (D) Different methods of language acquisition

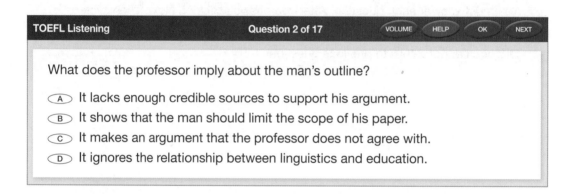

TOEFL Listening — Question 2 of 17 — VOLUME HELP OK NEXT

What does the professor imply about the man's outline?

- (A) It lacks enough credible sources to support his argument.
- (B) It shows that the man should limit the scope of his paper.
- (C) It makes an argument that the professor does not agree with.
- (D) It ignores the relationship between linguistics and education.

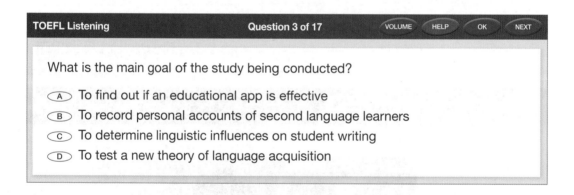

TOEFL Listening — Question 3 of 17 — VOLUME HELP OK NEXT

What is the main goal of the study being conducted?

- (A) To find out if an educational app is effective
- (B) To record personal accounts of second language learners
- (C) To determine linguistic influences on student writing
- (D) To test a new theory of language acquisition

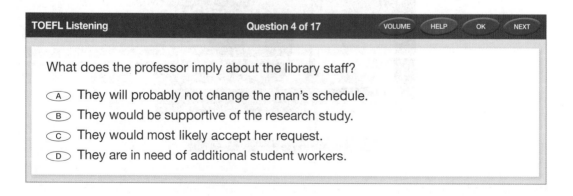

TOEFL Listening — Question 4 of 17 — VOLUME HELP OK NEXT

What does the professor imply about the library staff?

- (A) They will probably not change the man's schedule.
- (B) They would be supportive of the research study.
- (C) They would most likely accept her request.
- (D) They are in need of additional student workers.

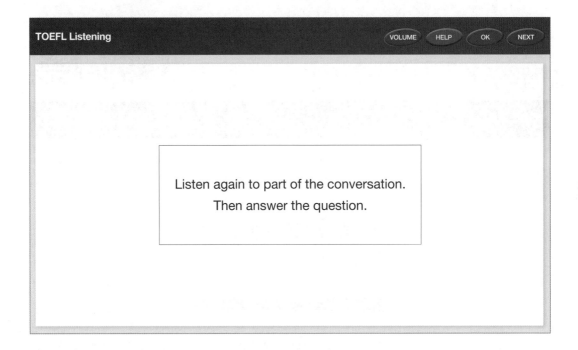

Listen again to part of the conversation.
Then answer the question.

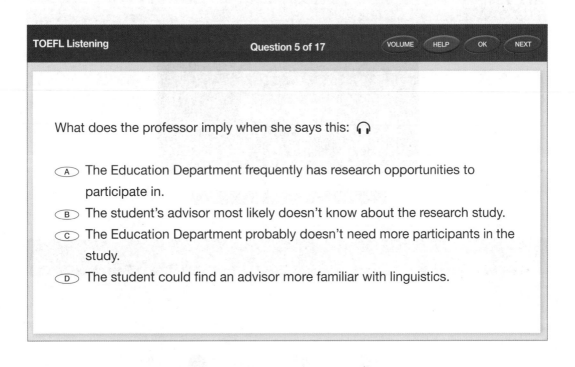

What does the professor imply when she says this: 🎧

A) The Education Department frequently has research opportunities to participate in.

B) The student's advisor most likely doesn't know about the research study.

C) The Education Department probably doesn't need more participants in the study.

D) The student could find an advisor more familiar with linguistics.

리스닝
Part2 (Q6-11)

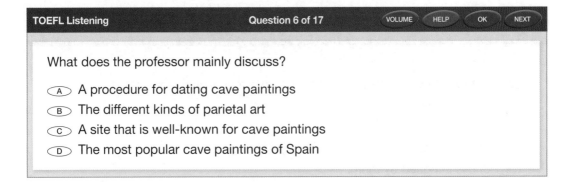

What does the professor mainly discuss?

- (A) A procedure for dating cave paintings
- (B) The different kinds of parietal art
- (C) A site that is well-known for cave paintings
- (D) The most popular cave paintings of Spain

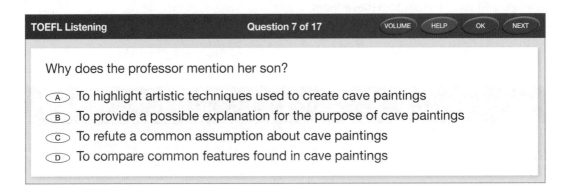

Why does the professor mention her son?

- (A) To highlight artistic techniques used to create cave paintings
- (B) To provide a possible explanation for the purpose of cave paintings
- (C) To refute a common assumption about cave paintings
- (D) To compare common features found in cave paintings

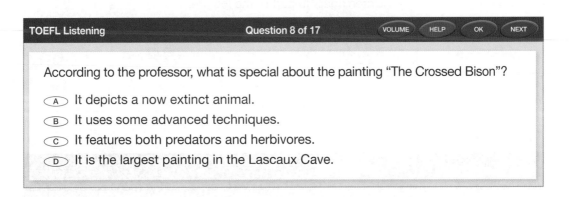

According to the professor, what is special about the painting "The Crossed Bison"?

- (A) It depicts a now extinct animal.
- (B) It uses some advanced techniques.
- (C) It features both predators and herbivores.
- (D) It is the largest painting in the Lascaux Cave.

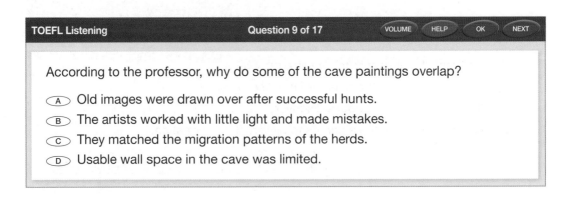

According to the professor, why do some of the cave paintings overlap?

- (A) Old images were drawn over after successful hunts.
- (B) The artists worked with little light and made mistakes.
- (C) They matched the migration patterns of the herds.
- (D) Usable wall space in the cave was limited.

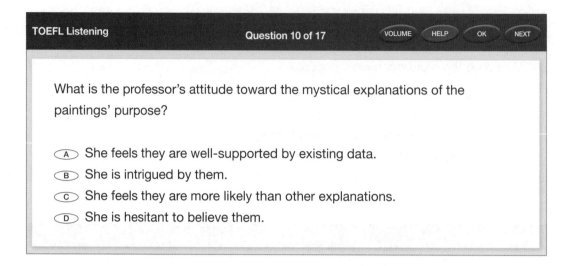

What is the professor's attitude toward the mystical explanations of the paintings' purpose?

- (A) She feels they are well-supported by existing data.
- (B) She is intrigued by them.
- (C) She feels they are more likely than other explanations.
- (D) She is hesitant to believe them.

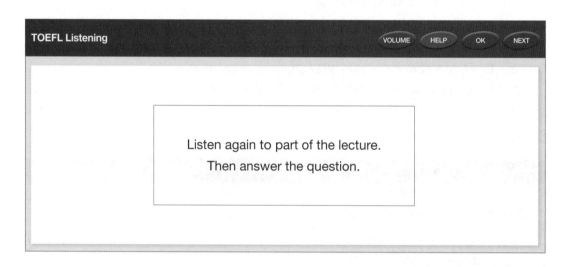

Listen again to part of the lecture.
Then answer the question.

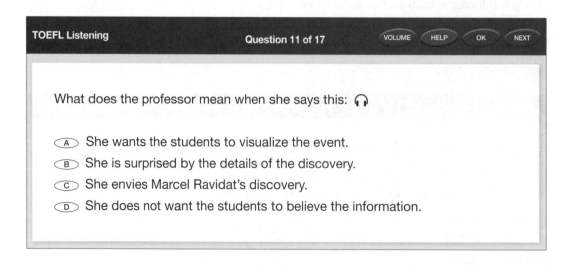

What does the professor mean when she says this:

- (A) She wants the students to visualize the event.
- (B) She is surprised by the details of the discovery.
- (C) She envies Marcel Ravidat's discovery.
- (D) She does not want the students to believe the information.

리스닝
Part2 (Q12-17)

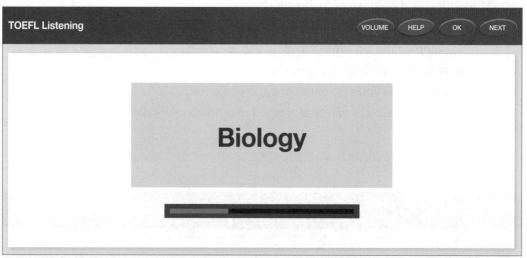

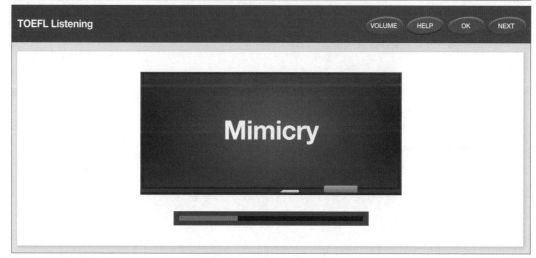

What is the main purpose of the lecture?

- (A) To compare the features of insects and arachnids
- (B) To analyze the anatomy of spiders
- (C) To discuss the ways spiders defend themselves
- (D) To explain the black widow's method of producing venom

What is the student's attitude toward spiders?

- (A) She would rather discuss insects.
- (B) She is intrigued by them.
- (C) She is familiar with their anatomy.
- (D) She is afraid of them.

Why does the professor mention a porcupine?

- (A) To highlight a main predator of spiders
- (B) To correct a common misconception
- (C) To illustrate how a spider's hair functions
- (D) To compare similar hunting methods

According to the professor, what is one consequence of molting?

(A) The spider becomes more open to attack.

(B) The spider builds a more elaborate web.

(C) The spider's exoskeleton grows back stronger.

(D) The spider's hunting capabilities are reduced.

According to the professor, which of the following are examples of mimicry?

Choose 2 answers.

☐ A A spider matching the colors of a tree

☐ B A spider waving its arms like an ant's antennae

☐ C A spider catching a wasp in its web

☐ D A spider moving in a zigzag pattern

What can be inferred about spiders that inhabit mild environments?

(A) They do not live in social groups.

(B) They have less need for camouflage.

(C) They must avoid a wider range of predators.

(D) They have more hair covering their bodies.

LISTENING

Chapter 4

TOEFL Speaking

1 **총 4문제가 나옵니다.**
   1번부터 4번까지 총 4문제가 출제됩니다. 이 중 1번은 독립형, 2~4번은 통합형입니다.

2 **독립형은 나의 의견을 말합니다.**
   독립형은 질문에 대한 나의 의견이나 입장을 답변하는 문제 유형입니다.

3 **통합형은 리스닝 화자의 의견을 말합니다.**
   통합형은 리스닝에 등장하는 화자의 의견을 정리하여 말하는 문제 유형으로, 나의 고유
   한 생각이나 의견을 말하는 독립형과 차이가 있습니다.

01 Speaking 기본 정보

❶ 출제 범위: Independent & Integrated

Speaking은 영어권 대학 수업 또는 전반적인 학교 생활 중에 발생 가능한 상황에서 영어로 말할 수 있는 능력을 평가하는 영역입니다. 토플 스피킹의 가장 큰 특징은 읽거나 들은 것을 기반으로 정보를 습득하고 이를 말로 표현하는 통합된 형태이기 때문에 리딩과 리스닝 능력도 중요하다는 점입니다.

토플의 네 가지 영역 중에서 수험생들이 가장 어려워하는 영역이 바로 스피킹입니다. 토플 주관사인 ETS 공식 통계 자료에 따르면, 2018년 우리나라 학생들의 토플 성적은 168개 응시 국가들 중에서 75위로 중상위권 수준입니다. 하지만 스피킹 영역만 볼 때는 공동 122위로 베트남, 몽고, 북한, 소말리아 등과 함께 하위권 그룹을 형성합니다. 한국 학생들이 스피킹에서 낮은 점수를 받는 이유는 간단합니다. 일상 생활에서 영어로 말할 기회가 거의 없는 데다 시험 공부를 할 때도 리딩이나 리스닝보다 시간을 적게 할애하기 때문입니다.

이 책에서 알려주는 토플 스피킹 학습법을 숙지하고 연습한다면 토플 스피킹이 오히려 토플 입문 수험생들에게 다른 영역보다 더 쉽게 더 높은 점수를 획득할 수 있는 영역이 됩니다. 따라서 지금부터 자신감을 갖고 토플 스피킹 영역을 공부해 봅시다!

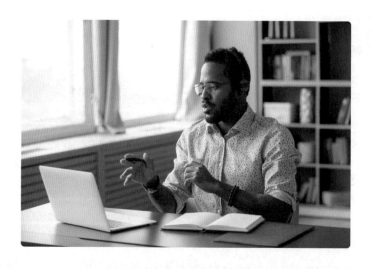

토플 스피킹 문제 유형은 크게 두 가지로, Independent(독립형)와 Integrated(통합형)입니다. 1번 한 문제만 독립형으로 출제되고 나머지 2~4번은 통합형이며, 각 문제마다 다음과 같은 특징이 있습니다.

문제 수	4개			
시험 시간	17분			
문제 유형	Independent	Integrated		
	1번	2번	3번	4번
리딩 지문	없음	공고문 또는 편지 (단어 수 80-110) · 읽기: 45 또는 50초	대학 교재 일부 (단어 수 80-110) · 읽기: 45 또는 50초	없음
리스닝	없음	두 학생 간의 대화 · 리스닝: 60-80초	짧은 강의 · 리스닝: 60-90초	긴 강의 · 리스닝: 90-120초
스피킹 답변	나의 의견 · 준비: 15초 · 답변: 45초	리딩 지문에 관한 학생들의 의견 정리 · 준비: 30초 · 답변: 60초	강의를 바탕으로 리딩 지문 개념 설명 · 준비: 30초 · 답변: 60초	강의의 두 가지 핵심 포인트와 예시 정리 · 준비: 20초 · 답변: 60초

스피킹 영역에서 자주 나오는 주제는 리스닝 영역과 유사하게 대학 생활에서 나올 수 있는 내용과 특정 전공 관련 강의입니다. 강의 내용은 주로 생물학, 경영/경제, 심리학을 주제로 합니다. 각 문제마다 구체적인 빈출 주제는 다른데, 다음과 같이 정리할 수 있습니다.

1번: 나의 선택 (Independent)

- 선호하는 공부 장소: 도서관 vs. 집
- 다양한 과목 공부 vs. 전공에 집중
- 기숙사 생활 vs. 자취
- 개인 학습 vs. 그룹 스터디
- TV 시청 vs. 독서
- 수학/과학 vs. 예술/문학

2번: 대학 정책을 읽고 이에 관한 학생의 의견 정리 (Integrated)

- 수업 일정 변경
- 도서관 등의 시설 리모델링
- 구내 식당 이용 변경
- 기숙사 관련 공지
- 대학 내 편의 시설 규정 변경
- 주차 규정 변경
- 특정 프로젝트에 대한 재정 투자
- 인턴십 등 프로그램 공지

3번: 교재의 일부를 읽고 강의 내용 정리 (Integrated)

- 생물학(Biology)
- 경제학(Economics)
- 경영학(Business)
- 심리학(Psychology)
- 교육학(Education)

4번: 긴 강의 내용 정리 (Integrated)

- 생물학(Biology)
- 경제학(Economics)
- 경영학(Business)
- 심리학(Psychology)
- 교육학(Education)

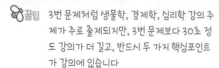 꿀팁 3번 문제처럼 생물학, 경제학, 심리학 강의의 주제가 주로 출제되지만, 3번 문제보다 30초 정도 강의가 더 길고, 반드시 두 가지 핵심포인트가 강의에 있습니다

② 화면 구성

스피킹 시험이 시작되면 헤드폰과 마이크의 볼륨을 조절하게 됩니다.

TOEFL Speaking

Changing the Volume 볼륨 조절

To change the volume, click on the VOLUME icon at the top of the screen. The volume control will appear. Move the volume indicator to the left or to the right to change the volume.

볼륨을 조절하려면, 화면 상단의 볼륨 아이콘을 클릭하세요. 볼륨 조절판이 나타날 것입니다. 좌우로 움직여 볼륨을 조절하세요.

To close the volume control, move the mouse pointer to another part of the screen.

볼륨 조절판을 닫으려면, 마우스를 화면의 다른 부분으로 움직이세요.

> You may now change the volume.
> 이제 볼륨을 변경할 수 있습니다.
>
> When you are finished, click on Continue.
> 볼륨 조절이 끝나면, Continue버튼을 클릭하세요.

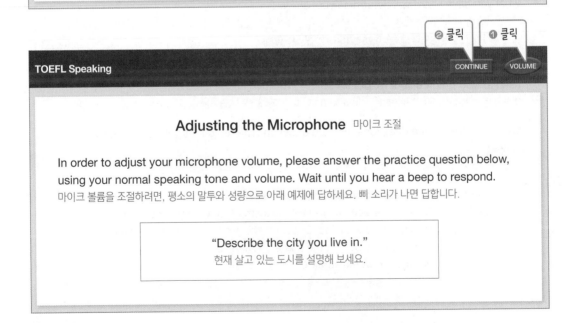

TOEFL Speaking

Adjusting the Microphone 마이크 조절

In order to adjust your microphone volume, please answer the practice question below, using your normal speaking tone and volume. Wait until you hear a beep to respond.

마이크 볼륨을 조절하려면, 평소의 말투와 성량으로 아래 예제에 답하세요. 삐 소리가 나면 답합니다.

> "Describe the city you live in."
> 현재 살고 있는 도시를 설명해 보세요.

볼륨 조절이 끝나면 스피킹 영역에 관한 지시 사항(Directions)이 나오는데, 실제 시험에서는 굳이 읽을 필요는 없습니다. 대신 지금 읽어 보고 어떠한 내용인지만 알아 두세요.

Speaking Section Directions

In this speaking test, you will be able to demonstrate your ability to speak about a wide range of subjects. There are four questions, and you must use the microphone to answer each one. Provide complete answers for all questions.

이 말하기 영역에서, 다양한 주제에 관한 당신의 말하기 능력을 보여줄 수 있습니다. 네 개의 질문이 있으며, 반드시 마이크를 이용해 각 질문에 답변해야 합니다. 모든 질문에 완전한 대답을 하세요.

In question one, you will be required to speak about a familiar topic. Your ability to speak clearly and coherently will determine your score.

1번 문제에서, 익숙한 주제에 관해 말해야 합니다. 분명하고 조리 있게 말하는 능력이 점수를 결정합니다.

In questions two and three, you will first have to read a short text. The text will then disappear from the screen, and you will hear a talk on the same topic. You will then have to respond to a question. To answer this question, you must combine details from the text and talk. Your ability to speak clearly and coherently and to accurately convey what you have read and heard will determine your score.

2번과 3번 문제에서, 먼저 짧은 글을 하나 읽어야 합니다. 그 후, 글이 화면에서 사라지면 같은 주제에 관한 담화를 듣습니다. 그런 다음, 질문에 답해야 합니다. 이 질문에 답하려면, 반드시 글과 담화의 세부 내용을 결합해야 합니다. 분명하고 조리 있게 말하는 능력과 읽고 들은 것을 정확하게 전달하는 능력이 점수를 결정합니다.

In question four, you will hear part of a lecture. You must then respond to a question about this lecture. Your ability to speak clearly and coherently and to accurately convey what you have heard will determine your score.

4번 문제에서, 강의 일부를 듣게 됩니다. 그런 다음, 이 강의에 관한 질문에 답해야 합니다. 분명하고 조리 있게 말하는 능력과 들은 것을 정확하게 전달하는 능력이 점수를 결정합니다.

Taking notes while listening to a conversation or lecture is allowed. These notes may be used as you prepare your response.

대화 또는 강의를 듣는 동안 필기하는 것이 허용됩니다. 이 필기 내용들은 답변을 준비하는 데 사용될 수 있습니다.

Listen carefully to the directions for each question. The directions will not appear on the screen.

각 질문에 대한 지시 사항을 주의 깊게 들으세요. 지시 사항은 화면에 나타나지 않을 것입니다.

You will have a limited amount of time to prepare a response for each question, as indicated by the clock on the screen. You will be instructed to begin your response once you have no preparation time remaining. Likewise, the amount of response time you have remaining will be shown by a clock on the screen. When you have run out of response time, a message will appear on the screen.

화면상의 시계가 가리키는 대로 각 질문에 대해 답변을 준비할 제한 시간이 있을 것입니다. 준비 시간이 끝나는 대로 답변을 시작하도록 안내 받게 됩니다. 마찬가지로, 화면상의 시계가 남은 답변 시간을 나타냅니다. 답변 시간이 끝나면, 화면에 메시지가 나타납니다.

이 지시 사항 뒤에는 본격적으로 스피킹 영역이 시작됩니다. 먼저 1번 문제에 대한 세부 지시 사항 화면에서 1번 문제에 관해 설명을 듣고, 문제 화면으로 넘어갑니다.

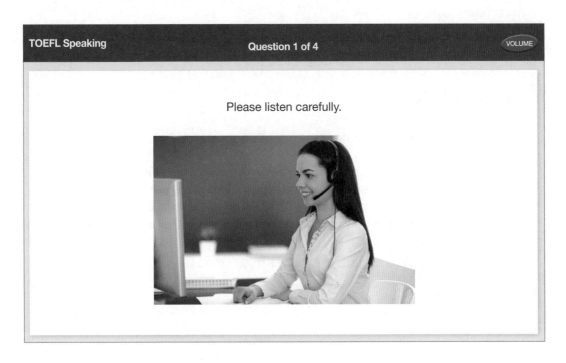

문제는 말로 설명해 주며, 이후에 준비 시간(Preparation Time)이 주어지고 준비 시간이 끝나면 바로 답변 시간(Response Time)으로 넘어갑니다. 답변 시간이 끝나면 화면이 자동으로 다음 문제로 넘어갑니다.

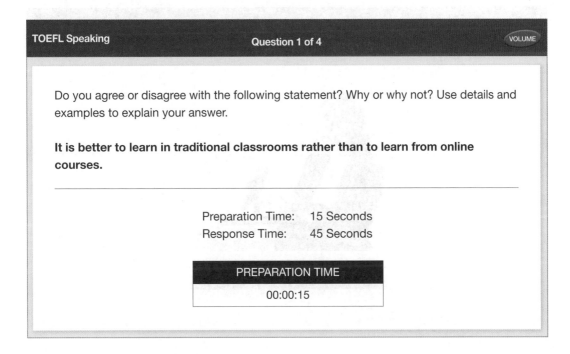

2번과 3번 문제의 경우, 각 문제가 시작될 때 다음과 같이 리딩 지문이 먼저 나옵니다. 이때 리딩 지문을 읽는 시간 (Running Time)이 지문 좌측 상단에 표시됩니다.

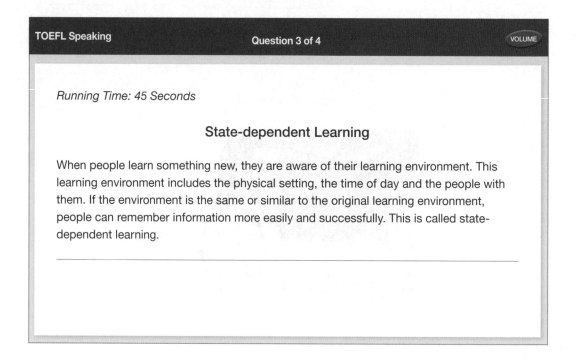

리딩 시간이 끝나면, 바로 리스닝 화면으로 넘어갑니다.

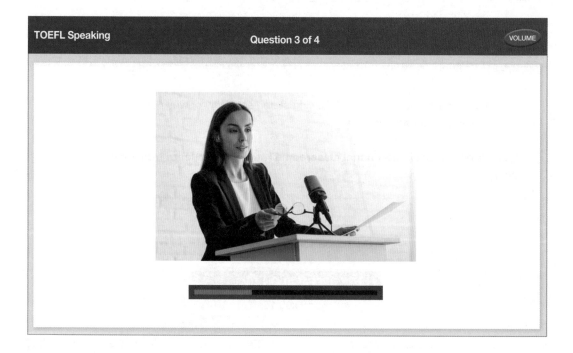

리스닝이 끝나면 스피킹 문제 화면으로 넘어가고 준비 시간과 답변 시간이 주어집니다.

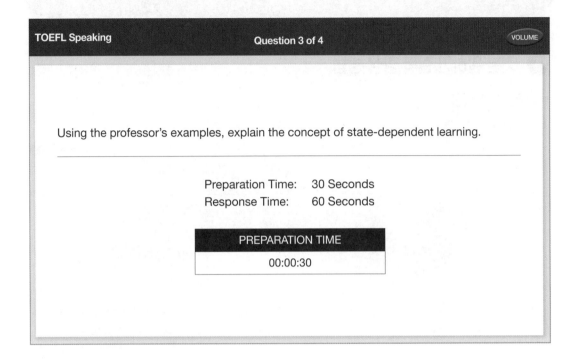

4번 문제는 리딩 지문 화면 없이 리스닝 화면이 먼저 등장합니다. 이어서 스피킹 문제 화면이 나오는데, 답변 준비 시간이 2번과 3번보다 10초 짧은 20초만 주어짐에 유의하세요.

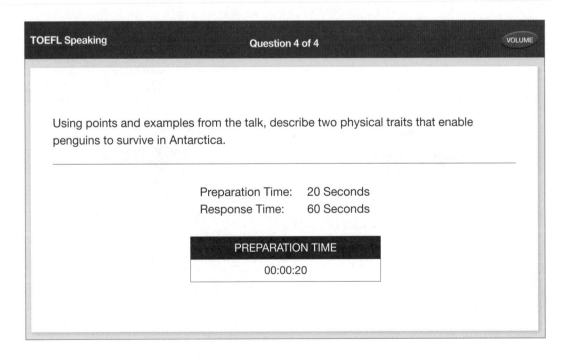

① 기본 말하기 실력 향상 방법

■ 정확한 영어 발음

비슷한 영어 발음들, 특히 한국어에 없는 영어 발음들을 정확하게 발음하도록 합니다.

🎧 4-01.mp3

[b]	[v]
입술을 붙였다가 터트리는 유성음(성대를 울리는 소리)으로, 우리말 'ㅂ'과 같은 소리가 납니다.	아래 입술을 윗니에 붙이고 내는 유성음입니다. 우리말에 없는 발음이므로 실제 소리를 내며 충분히 연습하도록 합니다.

bend	bent	ban	vend	vent	van
구부리다	구부러진	금지하다	팔다	통풍구	승합차

🎧 4-02.mp3

[p]	[f]
[b]와 같은 방식으로 두 입술을 붙였다가 터트리는 무성음(성대를 울리지 않는 소리)으로, 우리말 'ㅍ'과 같은 소리가 들립니다.	[v]와 같은 방식으로 아래 입술을 윗니에 붙인 상태에서 공기를 밖으로 내보내면서 내는 무성음으로, 우리말에 없는 발음입니다. 참고로 ph도 [f] 발음입니다. 예 pharmacy 약국

pile	pull	pat	file	full	fat
쌓다, 더미	끌다	쓰다듬다	파일, 서류철	가득 찬	지방

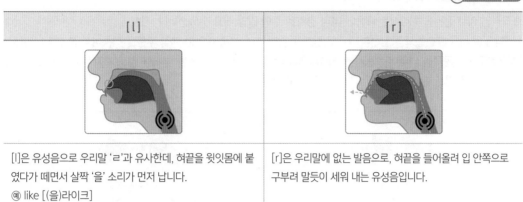

[l]	[r]
[l]은 유성음으로 우리말 'ㄹ'과 유사한데, 혀끝을 윗잇몸에 붙였다가 떼면서 살짝 '을' 소리가 먼저 납니다. 예 like [(을)라이크]	[r]은 우리말에 없는 발음으로, 혀끝을 들어올려 입 안쪽으로 구부려 말듯이 세워 내는 유성음입니다.

lead	light	low	read	right	raw
이끌다	빛	낮은	읽다	오른쪽	날것의

[s]	[θ]
[s]는 윗니와 아랫니를 가볍게 맞대고 그 사이로 숨이 새어 나오는 무성음으로, 우리말 'ㅅ'과 유사한 소리가 납니다.	[θ]는 윗니와 아랫니로 혀끝을 가볍게 물고 그 사이로 숨을 내보내는 무성음으로, 우리말에 없는 소리입니다.

sink	sing	sick	think	thing	thick
가라앉다	노래하다	아픈	생각하다	물건, 사물	두꺼운

지금까지 소개한 발음들은 가장 기초적인 자음들로, 이러한 기초 발음들이 틀리면 아무리 고급 어휘를 섞어서 말한다고 해도 원어민들이 제대로 알아들을 수 없으므로 반드시 정확하게 연습해야 합니다.

특강 08
원어민 입 모양
보면서 발음 익히기

02 Speaking 학습 방법   189

■ 핵심 내용 강조하여 말하기

효과적인 의사 전달을 위해서는 내용에 따라 강약을 주어 말할 필요가 있습니다. 자신이 중점을 두어 말하고자 하는 '핵심'은 다른 부분들보다 천천히 그리고 강하게 말하세요. 보통 이러한 핵심 부분은 이름이나 장소를 나타내는 명사나 주체의 동작을 나타내는 동사, 상태를 나타내는 형용사입니다. 또한 부사를 강조해 자신이 의도하는 바를 보다 명확히 하기도 합니다.

강하게 –	약하게 –
핵심 내용	**나머지 내용**
(명사, 동사, 형용사, 부사)	(조동사, be동사, 전치사, 관사)

핵심 내용 강조 예시

The woman agrees with the university's proposal to add evening classes.
여자는 저녁 수업을 추가하자는 대학의 제안에 찬성합니다.

■ 여자가 동의한다는 점을 강조하고 싶은 경우
The **woman agrees** with the university's proposal to add evening classes.

■ 대학의 제안 사항이 무엇인지 강조하고 싶은 경우
The woman agrees with the **university's proposal** to **add evening classes**.

Q&A 9. Filler 줄이기

Q 말하는 중에 '음... 어... 그게...' 등의 말을 넣어도 될까요?

A 말을 하다 보면, 생각이 잘 나지 않을 경우나 습관처럼 um, uh, oh 등의 filler를 넣는 경우가 많습니다. 토플 리스닝만 해도 filler가 많이 나오죠. 또한 시중에 나와 있는 토플 스피킹 교재의 모범 답안 중에도 이러한 filler를 넣은 것들이 꽤 있습니다. 일부 수험생들은 필러를 넣어야 더 유창해 보이는 것으로 생각하기도 합니다. 하지만 여러분들은 이러한 filler를 시험에서 사용하지 않도록 노력하세요. 무의미한 filler 때문에 말해야 할 내용을 제한된 시간 내에 충실히 말하지 못하게 되고, 내용 구성상의 흐름에도 방해가 됩니다. 자신감 없이 질질 끄는 인상도 주고요. 마찬가지로, 말하다가 갑자기 멈추거나(pause), 같은 말을 반복하는(repetition) 경우에 좋은 점수를 받기 어렵습니다. 한정된 시간 내에 꼭 필요한 말만 하도록 노력하세요.

■ 끊어 말하기

정확한 발음으로 말하기의 강약을 조절할 수 있다면 이제 끊어 말하기를 연습해야 합니다. 긴 문장을 쉬지 않고 말하면 상대방은 듣기 힘들어 합니다. 따라서 의미 단위를 기준으로 끊어서 말하는 연습을 하도록 합니다. 의미 단위는 보통 구(두 개 이상의 단어로 이루어진 말 덩어리로 동명사구나 to부정사구, 전치사구가 대표적인 예)나 절(하나의 주어와 동사로 이루어진 덩어리)과 같이 하나의 의미를 완성할 수 있는 단위로, 간단하게 전치사나 접속사 앞에서 한 번 끊어 말한다고 생각하면 됩니다. 추가적으로, 주어나 목적어가 세 단어 이상 긴 경우도 의미 단위로 끊어서 말하는 것이 좋습니다.

끊어 말하기 예시

- **구(전치사구, to부정사구) 단위로 끊어 말하기**

It is time / to go home / for dinner.
시간입니다 / 집에 갈 / 저녁 식사를 위해

I was watching a movie / with my friends / until midnight.
나는 영화를 보고 있었습니다 / 내 친구들과 함께 / 한밤중까지

- **절 단위로 끊어 말하기**

The class was already full / when I signed up.
그 수업은 이미 만원이었습니다 / 내가 신청했을 때

I bought a computer / which was advertised on TV.
나는 컴퓨터를 샀습니다 / TV에서 광고되었던

- **긴 주어 끊어 말하기**

The extra tuition fee / will be a good investment.
추가적인 수업료는 / 좋은 투자가 될 것입니다

The professor supporting the argument / presents an example.
그 주장을 지지하는 교수님은 / 한 가지 예를 제시합니다.

- **긴 목적어 끊어 말하기**

The students are discussing / several possible reasons.
학생들이 논의 중입니다 / 여러 가능성 있는 이유들을

The woman does not believe / that it is a good idea.
그 여성은 믿지 않습니다 / 그것이 좋은 생각이라고

SPEAKING

② 토플 스피킹 맞춤형 공부법

■ 채점 기준(Rubric)에 맞게 말하기
채점 기준에 맞게 말해야 점수가 조금이라도 더 잘 나옵니다.

점수	종합	전달력 (Delivery)	언어 사용 (Language Use)	주제 전개 (Topic Development)
4	최소의 실수로 과제가 요구하는 답변 제출. 매우 알아듣기 쉽고 일관성 있게 내용 전개.	분명하고 유창하게 말함. 비록 발음이나 억양에 작은 실수가 있고 정보를 기억해 내는 데 속도가 일정하지 않기도 하지만 알아듣기 쉬움.	단문과 복문을 자유자재로 구사하며 효과적인 어휘 사용으로 일관성 있게 내용 전달. 약간의 어휘와 문법 사용 실수가 있지만 듣는 데 문제없음.	과제에 맞게 분명하게 아이디어 전개. 사소한 실수와 내용 누락이 있을 수 있지만 적합한 세부 내용 포함.
3	과제에 적절히 대답하나 완벽하지는 못함. 알아듣기 쉽고 일관성도 있는 편이나 눈에 띄는 실수가 다수 발생.	대체로 분명하고, 유창하게 말하지만 발음, 억양, 속도에서 실수가 있어 알아듣는 데 다소 노력이 필요함.	어휘와 문법 사용에 있어 한계 및 실수가 있지만 의사 소통에 심각한 영향을 미치지는 않음.	대부분 과제에 맞게 아이디어 전개. 구체적 세부 내용이 결여되고 때때로 아이디어 간의 관계가 불명확함.
2	과제에 대해 한정된 대답을 함. 알아듣기 어려운 부분도 있어서 정확한 의미 파악이 어렵기도 함.	불명확한 발음, 어색한 억양과 속도로 인해 듣는 데 노력이 필요하지만, 기본적으로 알아들을 수 있음.	한정된 어휘와 문법의 사용으로 아이디어의 표현이 어려움. 기본적인 단문만 유창하게 말함.	과제에 대한 응답이지만, 구체적인 세부 내용이 결여되고 기본적인 아이디어만 표현함. 아이디어 간의 관계가 불명확함.
1	대답 내용이 매우 제한되거나 알아듣기 어려움.	지속적인 발음, 강세, 억양 문제로 알아듣기 어려움. 띄엄띄엄 말함.	어휘와 문법 사용에 심각한 제약이 있음. 낮은 수준의 암기한 답변에 의존함.	일부만 답변함. 연결해 말하기 어렵고 반복된 표현에 심하게 의존함.
0	응시자가 대답을 하지 않거나 주제와 관련없는 대답을 함.			

채점 기준을 요약하면, 좋은 점수를 얻기 위해서는 발음, 억양, 속도, 어휘, 문법, 과제에 맞는 아이디어 전개, 그리고 세부 내용에 신경 써야 합니다. 이 중에서도 수험생들이 특별히 신경 써야 하는 부분은 발음과 아이디어 전개입니다. 발음을 명확하게 말해야 채점관이 알아들을 수 있고, 아이디어를 분명하고 충실하게 전개해야 각 과제에 맞게 대답할 수 있기 때문입니다.

■ 토플 스피킹 템플릿(Template) 숙지

논리적이고 일관된 아이디어 전개를 위해 견본이 되는 틀, 즉 템플릿을 숙지하는 것이 중요합니다. 나만의 고정된 답변 틀이 있으면, 어떠한 문제가 나오든 그 틀 속에 필기한 세부 정보를 채워 넣어 답변하면 됩니다. 각 문제에 대한 템플릿은 뒤에 나오는 [Speaking 문제 유형 및 풀이 전략]에서 자세히 학습합니다.

■ 리딩, 리스닝, 필기 능력 업그레이드

문제를 제대로 읽고 이해해야 적절한 대답을 할 수 있습니다. 특히 통합형 문제의 경우, 45초 또는 50초라는 한정된 시간 내에 지문을 읽고 어떠한 내용인지 이해해야 합니다. 또한, 1분이 넘는 대화나 강의 또는 2분 가까이 되는 강의를 듣고 그 내용을 파악하기도 해야 합니다. 따라서 뛰어난 리딩, 리스닝, 그리고 필기 능력이 요구됩니다. 즉, 스피킹 영역을 위해 리딩, 리스닝, 필기 능력을 부단히 업그레이드해야 하는데, 이러한 능력은 라이팅 영역에서도 마찬가지로 요구됩니다.

■ 준비 시간(Preparation Time) 활용

문제에 대한 답변을 말하기 전에 15초에서 30초 정도 준비 시간(Preparation Time)이 주어집니다. 이 시간에 여러분은 어떠한 내용을 말할지 머릿속으로 생각해야 합니다. 이를 브레인스토밍(Brainstorming)이라고 합니다. 이때 머릿속으로 생각만 하지 말고 자신의 생각을 어떻게 말할지 그 내용을 답변 구성에 맞게 약술하는 과정을 거치면서 개요(Outline)를 작성해야 합니다. 왜냐하면 답변할 때, 이 개요를 보고 대답해야 핵심을 놓치지 않고 논리적으로 답변할 수 있기 때문입니다. 사실 템플릿에 따라 필기한 내용을 채워 넣으면 그것이 바로 개요가 되는데, 자신만의 확실한 템플릿이 있고 이를 염두에 두고 필기한다면 개요를 따로 작성할 필요는 없습니다. 정리한 필기 내용을 참고해 예행 연습한다는 느낌으로 말하면 실제로 답변을 녹음할 때 조금 더 유창하게 말할 수 있습니다.

From the announcement, we know _____ . However, the man does not believe that it's a good idea for two reasons.

First, he thinks _____ . For example, _____ .

Second, he mentions _____ . This means _____ .

These are the reasons why he is not pleased with _____ .

<템플릿에 필기한 내용 채우며 말하기>

03 Speaking 문제 유형 및 풀이 전략

토플 스피킹에 다음과 같이 4개의 문제가 나옵니다. 여기서 유의할 점은, 1번만 수험생 자신의 입장을 말하는 것이고, 나머지 문제는 리스닝에 등장하는 화자의 의견을 정리하여 말하는 것입니다. 2번과 3번은 리딩과 리스닝이 결합된 문제, 4번은 리스닝이 결합된 문제이며, 1번은 대학생이 한 번쯤 생각해봤을 법한 내용, 2번은 대학 규정이나 변화 관련 내용, 3번과 4번은 학문적인 내용입니다.

문제 유형	문제 특징
Independent: Question 1	짧은 질문에 대한 나의 입장
Integrated: Question 2	대학 정책 관련 짧은 공지 또는 편지 읽기 + 이에 대한 남녀 두 학생의 대화 듣기 ➜ 주된 화자의 의견을 정리하여 말하기
Integrated: Question 3	특정 학문적 주제로 된 짧은 글 읽기 + 이에 대한 짧은 강의 듣기 ➜ 강의에 나온 예시를 통해 주제 설명
Integrated: Question 4	특정 학문적 주제로 된 긴 강의 듣기 ➜ 강의에 나온 두 가지 핵심 포인트와 예시 설명

① Independent: Question 1

1번 문제는 두 가지 사항(A or B 또는 Agree or Disagree) 중 하나를 선택하여 자신의 의견을 말하고 이에 대한 근거를 뒷받침하는 문제 유형으로, 반드시 자신의 입장을 처음부터 분명하게 말해야 합니다. 적절한 근거를 바탕으로 자신의 의견을 논리적으로 말하기만 하면 되므로 어떤 사항을 선택하든 상관없습니다. 준비 시간은 15초이며, 답변 시간은 45초입니다.

빈출 질문 패턴

• A or B 패턴

> Some people prefer to <u>join an organized tour</u> when they travel abroad. Other people
>   A
>
> prefer to <u>travel by themselves</u>. <u>Which do you prefer and why</u>?
>   B   둘 중 하나 선택하고 이유 말하기
>
> 어떤 사람들은 해외로 여행 갈 때 단체 여행에 함께 하는 것을 선호합니다. 다른 사람들은 혼자서 여행하는 것을 선호합니다. 당신은 어느 쪽을 선호하며, 그 이유는 무엇인가요?

• Agree or Disagree 패턴

> Do you <u>agree or disagree</u> with the following statement? <u>Why or why not? Use details</u>
>   동의 여부 대답   세부 근거와 예시를 통해 이유 설명
> <u>and examples to explain your answer</u>.
>
> 당신은 다음 진술에 동의하나요, 아니면 동의하지 않나요? 왜 동의하나요, 아니면 왜 동의하지 않나요? 세부 정보와 예시를 활용해 답하세요.
>
> It is better to learn in traditional classrooms rather than to learn from online courses.
>
> 온라인 수업을 통해 배우는 것보다 전통적인 교실에서 배우는 것이 더 좋습니다.

문제 풀이 스킬

Step 1 문제 파악 및 나의 의견 결정하기

문제를 들을 때, 무엇을 묻는 문제인지 제대로 파악하고 둘 중 하나, 자신의 입장을 정합니다.

Step 2 템플릿에 맞게 필기하기

15초의 준비 시간 중에 자신의 의견에 대한 이유와 이를 뒷받침할 두 가지 세부 근거를 템플릿에 맞게 적습니다. 세부 근거에 대한 부연 설명으로 예시를 제시해야 하는데, 하나의 예시만 말해도 충분히 답변 시간을 채웁니다. 그리고 영어로 필기해야 답변할 때 단어를 생각하느라 멈추거나 머뭇거리지 않고 말할 수 있습니다. 또한 채점 기준에 명시된 어휘 및 문법 플러스 점수를 고려해 어려운 어휘 또는 복문 구조 역시 필기해 두면 좋습니다.

● 1번 문제 템플릿 예

문장 1 [자신의 의견]	A or B I prefer A. 저는 A를 선호합니다. Agree or Disagree I agree/disagree with A. 저는 A에 동의합니다/동의하지 않습니다.
문장 2 [이유]	There are some reasons. 이에 대한 몇 가지 이유가 있습니다.
문장 3 [첫 번째 이유]	First, 첫째,
문장 4 [예시]	For example, 예를 들면,
문장 5 [두 번째 이유]	Second, 둘째,
문장 6 [상세 설명]	This is because ~ 이는 ~ 때문입니다
문장 7 [마무리]	A or B For these reasons, I prefer A. 이러한 이유로, 저는 A를 선호합니다. Agree or Disagree For these reasons, I agree/disagree with A. 이러한 이유로, 저는 A에 동의합니다/동의하지 않습니다.

본 교재에서 제공하는 템플릿은 하나의 예시일 뿐, 자신이 목표로 하는 점수에 따라 더 쉽거나 어려운 템플릿을 만들어 사용하면 됩니다. 예를 들어, 'I prefer A'라는 말 대신, 'Personally, I prefer A to B'라는 더 어려운 구조의 문장을 사용해 말할 수도 있습니다. 여기서 명심할 것은 템플릿 자체가 점수에 큰 영향을 미치지 않는다는 점입니다. 템플릿은 단지 어떻게 답변을 시작하고 어떤 내용으로 구성해야 하는지에 대한 대략적인 틀에 해당되며, 점수에 직접적인 영향을 미치는 것은 템플릿을 채울 내용입니다.

Step 3 필기 보면서 답변하기

필기 내용을 바탕으로 채점 기준에 명시된 발음과 억양, 속도에 주의를 기울이며 45초 동안 답변합니다. 혹시 답변 시간이 부족해지면, 마지막 마무리 문장은 생략해도 됩니다.

아래 예제를 풀어보고 관련 문제 유형 및 답변 방법을 확실히 숙지하세요.   4-05.mp3

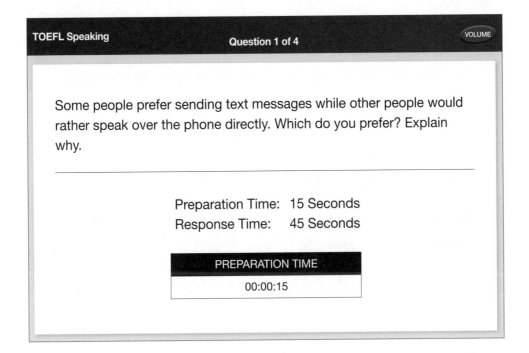

TOEFL Speaking　　　　　　　Question 1 of 4　　　　　　　VOLUME

Some people prefer sending text messages while other people would rather speak over the phone directly. Which do you prefer? Explain why.

Preparation Time:　15 Seconds
Response Time:　　 45 Seconds

PREPARATION TIME
00:00:15

맛보기 문제 풀이

Step 1 문제 파악 및 나의 의견 결정하기

전화 통화와 문자 메시지 중 자신이 선호하는 것을 선택합니다.

Step 2 템플릿에 맞게 필기하기

15초 동안 자신의 의견을 뒷받침할 이유와 세부 근거를 생각하면서 바로 템플릿에 맞게 필기합니다.

필기 예시	
text msg	➡ 나의 입장
① send/respond when convenient	➡ 첫 번째 이유
ex) busy late	➡ 예시
② quicker than spk over the phone	➡ 두 번째 이유
W/O a long conver	➡ 상세 설명

Step 3 필기 보면서 답변하기

필기 내용을 바탕으로 채점 기준에 명시된 발음과 억양, 속도에 주의를 기울이며 45초 동안 답변합니다.

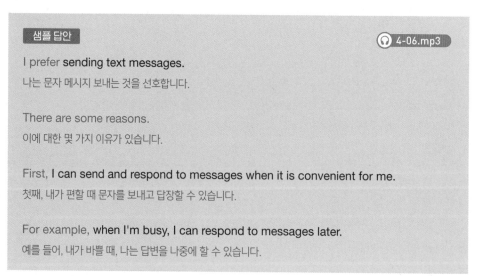

샘플 답안   🎧 4-06.mp3

I prefer **sending text messages.**
나는 문자 메시지 보내는 것을 선호합니다.

There are some reasons.
이에 대한 몇 가지 이유가 있습니다.

First, **I can send and respond to messages when it is convenient for me.**
첫째, 내가 편할 때 문자를 보내고 답장할 수 있습니다.

For example, **when I'm busy, I can respond to messages later.**
예를 들어, 내가 바쁠 때, 나는 답변을 나중에 할 수 있습니다.

Second, text messages are quicker than speaking over the phone.

둘째, 문자 메시지가 전화로 말하는 것보다 더 빠릅니다.

This is because you can just send a message without having a long conversation.

이는 긴 대화를 하지 않고 단순히 문자만 보낼 수 있기 때문입니다.

(For these reasons, I prefer sending text messages.) ➔ 생략 가능

이러한 이유로, 나는 문자 메시지 보내는 것을 선호합니다.

해석

● 질문

어떤 사람들은 전화로 직접 통화하는 것보다 문자 메시지 보내는 것을 선호합니다. 당신은 어느 쪽을 선호하나요? 왜 그런지 설명하세요.

Q&A 10. Template 필요성

Q 외워서 말하면 감점인데 템플릿을 써서 좋은 점수를 받을 수 있나요?

A 맞습니다. 외워서 말하면 감점이지만, 템플릿을 사용하면 좋은 점수를 받을 수 있습니다. 실제 시험장에서 답안을 외워서 말할 수 없습니다. 왜냐하면 자신이 외운 답안의 문제가 그대로 시험에 나올 확률이 거의 없을 뿐만 아니라, 현실적으로 그 긴 답안을 완벽하게 외워서 말하는 것이 쉬운 일이 아니기 때문입니다.

따라서 템플릿이 필요합니다. 템플릿은 답안 구조에서 특정 어구를 외워 어떻게 말할지 내용을 구성하고 어떻게 문장들을 이어가야 하는지 알려주는 각 문장의 시작점입니다. 이러한 템플릿을 바탕으로 답안을 말하게 되면 논리적인 구조를 갖춰 꼭 말해야 하는 요소들을 놓치지 않고 말할 수 있습니다. 물론, 1번부터 4번 문제까지 똑같은 템플릿을 사용한다면, 채점자는 학생이 외워서 말하는 것을 금방 인지해 감점할 수 있습니다. 따라서 1번부터 4번까지 다른 템플릿을 사용하여 다양한 구성과 표현으로 말하면, 스피킹 영역에서 높은 점수를 받을 수 있으므로 각 문제에 맞게 나만의 템플릿을 만들어 연습하는 것이 좋습니다.

② Integrated: Question 2

2번 문제부터는 통합형 문제로, 1번 독립형과 가장 큰 차이점은 리딩 또는 리스닝 지문이 함께 제시된다는 것입니다. 또 다른 차이점은 1번 문제가 자신의 의견을 말하는 것이라면, 2번부터 4번은 리스닝에 등장하는 화자의 의견을 정리해 말해야 한다는 것입니다.

2번 문제는 먼저 80~110 단어의 리딩 지문을 45초 또는 50초 동안 읽은 다음, 이 지문과 관련된 두 학생의 대화를 60~80초 동안 듣게 됩니다. 이후에 질문이 나오고 30초 동안의 준비 시간과 60초 동안의 답변 시간이 주어집니다.

리딩 지문은 대부분 학교 정책과 관련된 공고문의 형태로 출제되는데, 가끔 학교 정책에 대한 교수 또는 학생의 편지가 출제되기도 합니다. 리딩 지문 구성은 먼저 제목이 맨 위에 굵은 글씨로 나오고, 첫 줄에 글의 주제 또는 목적이, 이후에는 세부 내용이 제시됩니다.

리스닝은 두 명의 남녀 학생이 리딩 지문에 나온 주제에 관해 대화를 하는데, 한 학생이 리딩 지문에 나온 대학 정책에 대해 찬성 또는 반대 주장을 합니다. 이때 두 가지 이유를 바탕으로 자신의 의견을 뒷받침합니다.

리스닝이 끝나면 스피킹 문제가 화면에 나오고 그와 동시에 문제를 읽어주는데, 리스닝 대화에서 들은 학생의 의견과 두 가지 이유를 정리해서 말해야 합니다.

빈출 질문 패턴

- The <u>man/woman</u> expresses his/her opinion about <u>the plan</u>. <u>Briefly summarize the plan</u>.
  리스닝 대화속 화자   리딩 지문 주제   리딩 주제 짧게 요약
  Then <u>state his/her opinion</u> about the plan and <u>explain the reasons he/she gives</u> for
  화자의 입장 밝히기   뒷받침 이유들 설명
  holding that opinion.

  남자/여자가 그 계획에 관한 자신의 의견을 표명합니다. 간단하게 그 계획을 요약하세요. 그런 다음, 그 계획에 관한 남자/여자의 의견을 진술하고 그러한 의견을 갖게 된 이유들을 설명하세요.

  * 때때로 문제에 'Briefly summarize ~'로 시작되는 문장이 생략되는 경우가 있는데, 이 문장의 유무에 상관없이 답변을 위해 한 줄 정도로 리딩 주제를 짧게 요약해 주세요.

문제 풀이 스킬

Step 1 리딩 지문 필기하기

2번 문제가 시작되면 화면에 리딩 지문이 등장하는데, 이 지문의 핵심 주제를 필기해야 합니다. 핵심 주제는 글의 제목으로 나오며, 제목 바로 밑 첫 줄에 주제가 좀 더 명확하게 설명됩니다. 따라서 먼저 제목을 필기한 다음, 지문

을 읽으면서 어떤 내용인지 파악합니다. 참고로, 편지 지문인 경우에 종종 제목이 제시되지 않을 수도 있는데, 이때 첫 줄 내용을 필기하면 됩니다.

첫 줄 이후부터는 주제와 관련된 추가 설명이 나옵니다. 추가 설명으로 나오는 세부 내용도 필기해 두면 이후의 리스닝 내용을 이해하는 데 도움이 됩니다.

리딩 지문을 필기할 때, 패러프레이징을 해 놓으면, 답변을 말할 때 패러프레이징에 대한 부담을 덜 수 있습니다. 특히 리스닝의 경우, 필기하는 자체만으로도 어려울 수 있기 때문에 내용을 들으면서 동시에 패러프레이징하기 어렵습니다. 따라서 되도록이면 리딩 지문 내용을 필기할 때 패러프레이징 해보세요.

Step 2 리스닝 대화 필기하기

리스닝 대화는 스피킹 답변의 직접적인 내용이 되므로, 리딩 지문 보다 리스닝 대화 내용 필기가 훨씬 더 중요합니다. 특히 주된 화자(main speaker)의 의견이 찬성인지 반대인지를 먼저 필기하고, 그 의견을 지지하는 두 가지 이유를 받아 적습니다. 두 가지 이유에 대한 각각의 부연 설명도 최대한 많이 필기해 두어야 질문에 충실하게 답변할 수 있습니다. 참고로, 리스닝 대화에 등장하는 또 다른 화자에 대해서는 문제에서 묻지 않으므로 필기할 필요가 없습니다.

Step 3 템플릿에 맞게 연습하기

필기해 둔 리딩 지문 주제와 화자의 의견, 그리고 두 개의 이유를 30초의 준비 시간 동안 템플릿에 알맞게 넣으면서 입으로 연습합니다. 글이 공지인지 또는 편지인지에 따라 처음 시작 부분을 다르게 해보세요. 그리고 리딩 지문에 대해 화자의 입장이 부정이라면, however나 but 등을 사용하여 좀 더 자연스럽게 말할 수 있습니다. 리스닝 대화에서 화자가 자신의 이유를 말한 뒤에 예시나 원인 등을 추가로 말하는데, 그 내용에 맞춰 템플릿을 활용하면 됩니다.

또한 리딩 지문과 리스닝 대화에 나온 표현을 그대로 사용하지 말고 되도록이면 패러프레이징하여 말할 수 있도록 노력합니다.

● 2번 문제 템플릿 예

문장 1 (지문의 주제)	공지	From the announcement, we know ~ . 공지로부터, 우리는 ~을 압니다.
	편지	From the letter, we can know that ~ . 편지로부터, 우리는 ~임을 알 수 있습니다.
문장 2 (화자의 의견)	긍정	The man/woman believes that it's a good idea for two reasons. 남자는/여자는 두 가지 이유로 그것이 좋은 아이디어라고 생각합니다.
	부정	However, the man/woman does not believe that it's a good idea for two reasons. 그러나, 남자는/여자는 두 가지 이유로 그것이 좋은 아이디어라고 생각하지 않습니다.

문장 3 [첫 번째 이유]	First, he/she thinks ~ . 첫째, 그는/그녀는 ~라고 생각합니다.
문장 4 [상세 설명]	예시 For example, ~ . 예를 들면,
	원인 Because ~ . ~하기 때문에
	부연 This means ~ . 이는 ~임을 의미합니다.
문장 5 [두 번째 이유]	Second, he/she mentions ~ . 둘째, 그는/그녀는 ~라고 말합니다.
문장 6 [상세 설명]	예시 For example, ~ . 예를 들면,
	원인 Because ~ . ~하기 때문에
	부연 This means ~ . 이는 ~임을 의미합니다.
문장 7 [마무리]	긍정 These are the reasons why he/she is pleased with ~ . 이러한 이유들로 그는/그녀는 ~가 마음에 듭니다.
	부정 These are the reasons why he/she is not pleased with ~ . 이러한 이유들로 그는/그녀는 ~가 마음에 들지 않습니다.

Step 4 필기 보면서 답변하기

필기 내용을 바탕으로 채점 기준에 명시된 발음과 억양, 속도에 주의를 기울이며 60초 동안 답변합니다. 답변하는 데 시간이 부족할 것 같으면 마지막 마무리 문장은 생략해도 괜찮습니다.

아래 예제를 풀어보고 관련 문제 유형 및 답변 방법을 확실히 숙지하세요.

Narrator: The university is planning to improve the menu at its cafeteria. You will have 45 seconds to read the article. Begin reading now.

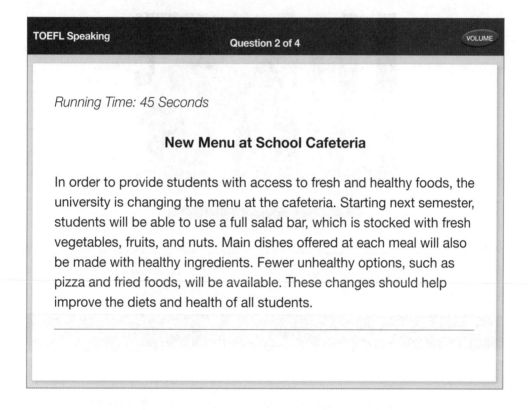

TOEFL Speaking   Question 2 of 4   VOLUME

Running Time: 45 Seconds

New Menu at School Cafeteria

In order to provide students with access to fresh and healthy foods, the university is changing the menu at the cafeteria. Starting next semester, students will be able to use a full salad bar, which is stocked with fresh vegetables, fruits, and nuts. Main dishes offered at each meal will also be made with healthy ingredients. Fewer unhealthy options, such as pizza and fried foods, will be available. These changes should help improve the diets and health of all students.

SPEAKING

Narrator: Now listen to two students as they discuss the article. 4-07.mp3

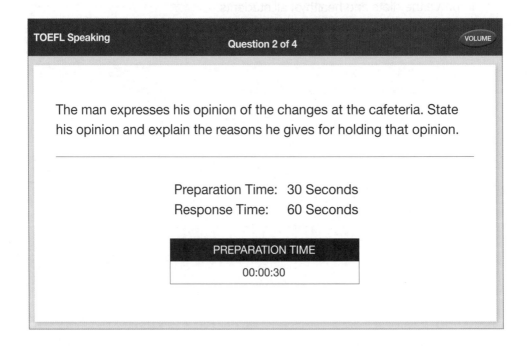

The man expresses his opinion of the changes at the cafeteria. State his opinion and explain the reasons he gives for holding that opinion.

Preparation Time: 30 Seconds
Response Time: 60 Seconds

PREPARATION TIME
00:00:30

Step 1 리딩 지문 필기하기

제목(=주제)과 이를 설명하는 문장을 필기하고 새 메뉴와 관련해 변경된 것으로 제시되는 세부 사항들도 필기합니다.

Running Time: 45 Seconds

New Menu at School Cafeteria

In order to provide students with access to fresh and healthy foods, the university is changing the menu at the cafeteria. Starting next semester, students will be able to use a full salad bar, which is stocked with fresh vegetables, fruits, and nuts. Main dishes offered at each meal will also be made with healthy ingredients. Fewer unhealthy options, such as pizza and fried foods, will be available. These changes should help improve the diets and health of all students.

필기 예시

new menu @ school cafeteria	➡ 제목(주제): 학교 구내식당 새 메뉴
Uni → change the menu @ cafe	➡ 주제 설명: 대학 → 구내식당 메뉴 변경
- salad	➡ 세부 내용 - 샐러드 바
- fewer unhealthy options	- 몸에 좋지 않은 메뉴 감소

SPEAKING

Step 2 리스닝 대화 필기하기

주된 화자(이 예제에서는 남자)의 의견이 반대임을 먼저 필기한 후, 두 가지 이유와 각각의 이유에 대한 부연 설명을 필기합니다.

Man: Oh, great. It looks like the university is trying to control more of our lives.

Woman: What do you mean? I think these changes will be great. Everyone should eat healthier food, and our cafeteria has always served too much pizza and pasta.

Man: I know, you're right. But, the university already tells us what to study, where to live, and how much to pay… I don't think it should try to control our diets, too. A lot of students don't even like salads.

Woman: I didn't think about that. I pay a lot for my meal plan. I should be able to choose what I eat.

Man: Exactly. If we want to eat pizza after a stressful class, well, we should be able to. It's fine to have more options available, but they shouldn't limit our other options. A lot of students will probably end up eating off-campus and spending more money. I know I will.

Woman: Well, we'll see what happens.

필기 예시

M: X   ➡ 주된 화자(남자): 반대

① uni already control our lives   ➡ 첫 번째 이유: 대학이 이미 우리 생활을 통제
  - what to study   ➡ 부연 설명: 예시 – 무엇을 공부할지
  - where to live   – 어디에 살지
  - how much to pay   – 얼마를 지불할지

② X limit other options   ➡ 두 번째 이유: 다른 옵션 제한은 안됨
  - end up eating off-campus   ➡ 부연 설명: 부연 – 학교 밖에서 식사
  → spending more $ → 더 많은 돈 소비

Step 3 템플릿에 맞게 연습하기

30초의 준비 시간 중에, 미리 필기해 둔 리딩 지문 주제, 주된 화자의 의견과 이유 두 가지를 템플릿에 알맞게 넣으면서 입으로 연습합니다. 굳이 개요를 따로 작성할 필요는 없고, 이미 작성한 필기 내용을 템플릿에 넣어 순서대로 보면서 연습하세요.

---

new menu @ school cafeteria   ➡ 리딩 필기 부분: 문장 1

Uni → change the menu @ cafe

- salad

- fewer unhealthy options

M: X   ➡ 리스닝 필기 부분: 문장 2 ~ 문장 6

① uni already control our lives

  - what to study

  - where to live

  - how much to pay

② X limit other options

- end up eating off-campus

→ spending more $

Step 4 필기 보면서 답변하기

필기 내용을 바탕으로 채점 기준에 명시된 발음과 억양, 속도에 주의를 기울이며 60초 동안 답변합니다.

샘플 답안   🎧 4-08.mp3

From the announcement, we know **the university wants to improve the menu at the cafeteria by serving salads and fewer unhealthy foods.**
공지를 통해, 우리는 대학이 샐러드를 제공하고 건강에 좋지 않은 음식을 축소해 구내 식당 메뉴를 향상시키기를 원한다는 것을 압니다.

However, the man does not believe that it's a good idea for two reasons.
그러나, 남자는 두 가지 이유로 그것이 좋은 아이디어라고 생각하지 않습니다.

First, he thinks **the university already has a lot of control over the students' lives.**
첫째, 그는 대학이 이미 학생들의 생활에 대해 많은 통제를 가하고 있다고 생각합니다.

For example, **the courses and accommodations are influenced by the university when students make a decision.**
예를 들면, 학생들이 결정을 내릴 때 수업 및 숙소가 대학에 의해 영향을 받고 있습니다.

Second, he mentions **the school shouldn't limit students' options.**
둘째, 그는 학교가 학생들의 선택권을 제한해서는 안 된다고 말하고 있습니다.

This means **students will end up eating off-campus and spending more money.**
이는 학생들이 학교 밖에서 식사를 하게 될 것이고 더 많은 돈을 소비할 것임을 의미합니다.

(These are the reasons why he is not pleased with **the changes.**) ➡ 생략 가능
이러한 이유들로 그는 그러한 변화를 마음에 들어 하지 않습니다.

해석

● 내레이터
대학이 구내 식당 메뉴를 개선하기 위해 계획 중입니다. 기사를 읽는 데 45초가 주어질 것입니다. 이제 읽기 시작하세요.

● 리딩

학교 구내 식당 신 메뉴

학생들에게 신선하고 건강에 좋은 음식을 가까이 할 기회를 제공하기 위해, 우리 대학이 구내 식당 메뉴를 변경합니다. 다음 학기부터, 학생들은 신선한 야채와 과일, 그리고 견과류로 채워진 완전한 샐러드 바를 이용할 수 있습니다. 또한 매 식사에 제공되는 주 요리는 건강에 좋은 재료로 만들어질 것입니

다. 피자와 튀긴 음식 같은 건강에 좋지 않은 메뉴들은 더 적게 이용 가능할 것입니다. 이러한 변화는 모든 학생들의 식습관과 건강을 향상시키는 데 도움이 될 것입니다.

● 내레이터

이제 이 기사 내용을 이야기하는 두 학생의 대화를 들어보세요.

● 리스닝

남자: 오, 아주 좋아. 대학이 우리 생활을 더 통제하려고 하는 것 같네.

여자: 무슨 말이야? 난 이런 변화가 아주 좋을 거라고 생각하는데. 모두가 더 건강에 좋은 식사를 해야 하는데, 우리 학교 구내 식당은 항상 너무 많은 피자와 파스타를 제공해 왔어.

남자: 알아, 네 말이 맞아. 하지만 학교에서 이미 우리에게 무엇을 공부해야 하는지, 어디서 살아야 하는지, 그리고 돈은 얼마를 내야 하는지를 말하고 있어... 난 학교에서 우리 식습관까지 통제해야 한다고 생각하지 않아. 많은 학생들은 심지어 샐러드를 좋아하지도 않아.

여자: 그건 생각 못했네. 난 내 식단에 많은 돈을 지불해. 내가 먹는 것을 내가 선택할 수 있어야 해.

남자: 그렇지. 만일 우리가 스트레스를 받는 수업 후에 피자를 먹고 싶어 한다면, 우리는 그렇게 할 수 있어야 해. 이용 가능한 더 많은 선택권이 있는 것은 좋지만, 학교가 우리의 다른 선택권들을 제한하지는 말아야 해. 결국 많은 학생들이 아마 학교 밖에서 음식을 먹고 더 많은 돈을 소비하게 될 거야. 난 내가 그럴 거라는 걸 알아.

여자: 음, 무슨 일이 벌어질지 지켜보자.

● 질문

남자가 구내 식당의 변화에 대해 자신의 의견을 표명합니다. 남자의 의견을 말하고 그러한 의견을 갖는 이유들을 설명하세요.

Vocabulary

리딩 어휘

□ **cafeteria** 구내 식당　　□ **be stocked with** ~으로 채워지다　　□ **ingredient** (음식) 재료

□ **provide** ~을 제공하다　　□ **dish** 요리　　□ **available** 이용 가능한

□ **access to** ~에 대한 접근 기회　　□ **meal** 식사　　□ **improve** ~을 개선하다

리스닝 어휘

□ **control** ~을 통제하다　　□ **choose** ~을 선택하다　　□ **end up -ing** 결국 ~하게 되다

□ **be able to do** ~할 수 있다　　□ **limit** ~을 제한하다　　□ **off-campus** 캠퍼스 밖에서

③ Integrated: Question 3

3번 문제는 2번 문제와 마찬가지로 먼저 80-110 단어의 리딩 지문을 45초 또는 50초 동안 읽은 다음, 이 지문과 관련된 강의를 60~80초 동안 듣게 됩니다. 이후에 질문이 나오고 30초 동안의 준비 시간과 60초 동안의 답변 시간이 주어집니다.

3번 문제의 리딩 지문은 대학 교재의 개념 설명 부분으로, 학문적인 내용입니다. 지문은 상단에 제목(개념)이 굵은 글씨로 먼저 나오고, 첫 줄에 개념 정의가 제시된 다음, 이후에는 추가 설명이 덧붙여집니다.

리스닝은 교수 한 명이 리딩 지문에 나온 개념에 관해 강의를 하는데, 이때, 하나 또는 두 가지 예시(example)를 활용해 개념을 설명합니다. 종종 예시 대신 실험(experiment) 결과나 연구(study) 내용, 교수의 개인적인 경험(personal experience)이 제시되기도 합니다.

리스닝이 끝나면 스피킹 문제가 화면에 나오고 동시에 문제를 읽어주는데, 여러분은 리딩 지문에 제시되는 개념을 리스닝에서 교수가 활용한 예시를 이용해 설명해야 합니다.

빈출 질문 패턴

- **Using the examples, explain the idea.**
  (리스닝에 나온) 예시   (리딩 지문과 리스닝에 나온) 개념
  예시들을 이용해 이 개념을 설명하세요.

- **Explain how the examples demonstrate the concept.**
  (리스닝에 나온) 예시   (리딩 지문과 리스닝에 나온) 개념
  예시들이 이 개념을 어떻게 입증하는지 설명하세요.

문제 풀이 스킬

Step 1 리딩 지문 필기하기

3번 문제가 시작되면 화면에 리딩 지문이 등장하는데, 이 지문의 주제어(개념)와 정의를 필기해야합니다. 핵심이 되는 주제어는 글의 제목에서 확인 가능하며, 제목 바로 밑 첫 줄에 주제어의 정의가 제시됩니다. 이 주제어와 정의를 필기해 두면 리스닝에서 말하는 예시들과 관련된 정보를 쉽게 이해할 수 있습니다.

Step 2 리스닝 강의 필기하기

리스닝 강의는 리딩 지문에 나왔던 주제어에 관한 강의로, 교수가 한 개 또는 두 개의 예시를 들어 주제어와 관련해 설명합니다. 이 예시가 어떻게 주제어를 설명하는지 최대한 자세히 필기합니다.

Step 3 템플릿에 맞게 연습하기

필기해 둔 내용을 30초의 준비 시간 중에 템플릿에 알맞게 넣으면서 입으로 연습합니다. 2번 문제와 마찬가지로, 리딩 지문과 리스닝 강의에서 나온 표현을 그대로 활용하지 말고 되도록이면 패러프레이징하여 말할 수 있도록 노력합니다.

3번 문제의 경우, 주제 및 그에 따른 예시에 관한 정보가 다양하므로 예시에 대한 상세 설명은 템플릿에 의존하기 어려울 수 있습니다. 따라서 리스닝 강의에 나오는 정보를 충실히 필기해 상세 설명을 이어 나갈 수 있도록 하는 것이 좋습니다.

● 3번 문제 템플릿 예

문장 1 [주제어 정의]		The reading passage gives an overview of [주제어], which is ~ . 리딩 지문은 [주제어]에 대한 개요를 제공하는데, 이는 ~입니다.
문장 2 [교수의 예시 언급]	예시 한 개가 나오는 경우	The professor illustrates this concept in his/her lecture by using an example. 교수는 강의에서 하나의 예시를 활용해 이 개념을 설명합니다.
	예시 두 개가 나오는 경우	The professor illustrates this concept in his/her lecture by using two examples. 교수는 강의에서 두 가지 예시를 활용해 이 개념을 설명합니다.
문장 3 [예시 내용 제시]	예시 한 개가 나오는 경우	The example is about ~ . 그 예시는 ~에 관한 것입니다.
	예시 두 개가 나오는 경우	First, he/she introduces ~ . 첫 번째, 교수는 ~을 소개합니다
문장 4~5 [상세 정보 설명]		To be specific, 구체적으로, ➡ 노트테이킹 내용을 바탕으로 예시에 대해 구체적으로 설명합니다. ＊ 예시가 두 개인 경우에는 1~2 문장만 할애하여 설명합니다.
문장 6 [두 번째 예시 제시]	예시 두 개가 나오는 경우	Second, the professor talks about ~ . 두 번째, 교수는 ~에 관해 이야기합니다.
문장 7~8 [상세 정보 설명]		필기한 내용을 바탕으로 예시에 관해 1~2 문장으로 설명합니다.

필기하면서 정리한 정보를 바탕으로 채점 기준에 명시된 발음과 억양, 속도에 주의를 기울이며 60초 동안 답변합니다. 3번 문제의 핵심은 예시를 구체적으로 구술하여 핵심 개념을 설명하는 것이므로 예시가 어떻게 개념을 뒷받침하는지에 초점을 맞춰 충실히 말합니다. 따로 맺음말은 하지 않습니다.

Q&A   11. 답변 시간을 지키지 못하는 경우

Q 답변을 다 했는데 시간이 남거나, 답변을 하는 중에 시간이 다 되면 어떻게 하죠?

A 답변을 다 했는데도 시간이 남는 경우가 있습니다. 이 경우, 답변 템플릿의 마무리 문장을 넣어줌으로써 남은 답변 시간을 채워줄 수 있습니다.

또한 답변에 반드시 들어가야 하는 모든 정보를 다 말하기 전에 시간이 다 되는 경우도 있습니다. 이렇게 되면 주제 전개(Topic Development)에 대해 감점됩니다. 하지만, 분명하게 그리고 일관되게 정보를 전달하며 말하는 중에 시간이 끊긴다면, 채점관은 이러한 상황을 감안하여 감점 정도를 고려하게 됩니다. 즉, 시간이 다 되어 간다고 모든 내용을 말하기 위해 갑자기 빨리 말하거나 두서없이 내용을 전개하게 되면 오히려 더 많이 감점될 수 있습니다.

답변시간을 지키는 것은 토플 스피킹 시험에서 중요하기에, 연습 시에는 꼭 타이머를 사용하여 시간을 재면서 답변을 시간에 맞게 했는지 확인하는 습관을 기르세요.

아래 예제를 풀어보고 관련 문제 유형 및 답변 방법을 확실히 숙지하세요.

Narrator: Now read the passage about concealing coloration in animals. You will have 45 seconds to read the passage. Begin reading now.

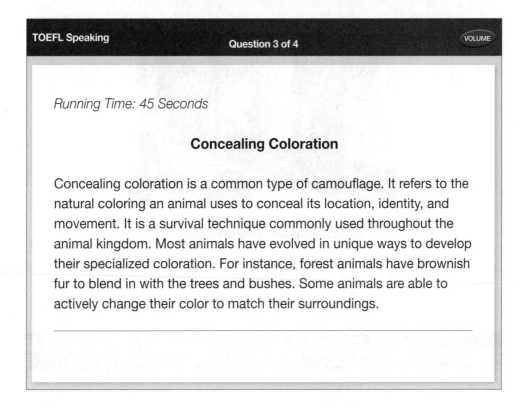

TOEFL Speaking   Question 3 of 4   VOLUME

Running Time: 45 Seconds

Concealing Coloration

Concealing coloration is a common type of camouflage. It refers to the natural coloring an animal uses to conceal its location, identity, and movement. It is a survival technique commonly used throughout the animal kingdom. Most animals have evolved in unique ways to develop their specialized coloration. For instance, forest animals have brownish fur to blend in with the trees and bushes. Some animals are able to actively change their color to match their surroundings.

SPEAKING

Narrator: Now listen to part of a lecture on this topic in a biology class.

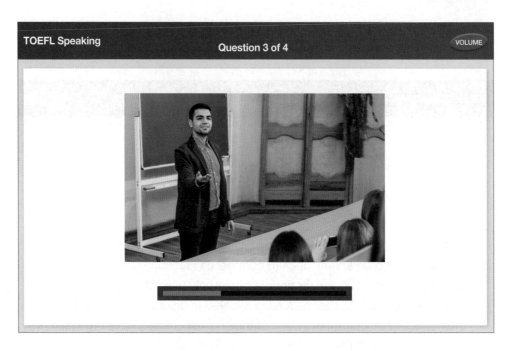

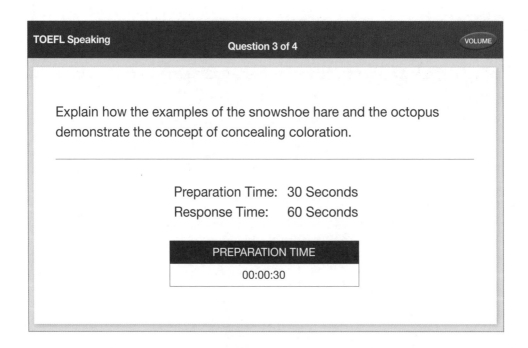

Step 1 리딩 지문 필기하기

주제어(제목)와 주제어의 정의를 필기합니다. 이때, 정의를 패러프레이즈합니다.

Running Time: 45 Seconds

Concealing Coloration

Concealing coloration is a common type of camouflage. It refers to the natural coloring an animal uses to conceal its location, identity, and movement. It is a survival technique commonly used throughout the animal kingdom. Most animals have evolved in unique ways to develop their specialized coloration. For instance, forest animals have brownish fur to blend in with the trees and bushes. Some animals are able to actively change their color to match their surroundings.

필기 예시

concealing coloration   ➡ 주제어(제목): 은폐색

the natural coloring an animal uses to hide   ➡ 정의: 동물이 숨기 위해 활용하는 자연적인 색 변화

Step 2 리스닝 강의 필기하기

강의를 들으면서 리딩 지문 주제어와 관련된 예시 정보를 최대한 자세하게 필기합니다.

Professor:

Now, concealing coloration seems like simple enough of an idea – an animal's color matches the colors of its environment. This, umm… of course, makes it harder to see, whether its predator, or prey. But, how some animals do this is very interesting.

For example, there's the snowshoe hare. Now, it doesn't change its own color – we'll talk about that in a moment – but its color does change depending on the season. The snowshoe hare lives in, um, northern climates in North America… so, Canada. In the spring and summer, it has brown fur, which helps it blend in with the ground… with grass, bushes, trees. But, interestingly, in the winter, the hare's coat changes to a brilliant white, and this, you know, lets it blend in with the snow.

Another good example is octopuses. They can change their color instantaneously to match their environment, and they can even mimic patterns and textures. This is useful for hiding from predators along the rocky surface of the ocean, or when hiding among coral. And then, if the octopus is spotted, it can quickly change its colors, say, to a threatening red, in order to surprise the predator. It's an amazing, not to mention useful, adaptation.

필기 예시

① snowshoe hare	⊙ 첫 번째 예시: 눈덧신토끼
- change depending on the season	⊙ 상세 설명 - 계절에 따라 변함
- Sp&Sm: brown → W: white	- 봄여름: 갈색 털 → 겨울: 흰색
② octopus	⊙ 두 번째 예시: 문어
- change instant	⊙ 상세 설명 - 즉각적으로 바꿈
- match environ(rocky surface of the ocn, coral)	- 주변 환경 일치
- surprise predator	- 포식자를 놀라게 함

Step 3 템플릿에 맞게 연습하기

필기해 둔 지문의 정의, 강의의 두 가지 예시를 30초의 준비 시간 중에 템플릿에 알맞게 넣으면서 입으로 연습합니다. (패러프레이징할 수 있는 부분은 바꾸면서 연습합니다.)

Step 4 필기 보면서 답변하기

정리한 필기 내용을 바탕으로 채점 기준에 명시된 발음과 억양, 속도에 주의를 기울이며 60초 동안 답변합니다.

샘플 답안   4-10.mp3

The reading passage gives an overview of **concealing coloration,** which is **the natural coloring an animal uses to hide.**
리딩 지문은 은폐색에 대한 개요를 제공하는데, 이는 동물이 숨기 위해 활용하는 자연적인 색 변화입니다.

The professor illustrates this concept in his lecture by using two examples.
교수는 강의에서 두 가지 예시를 활용해 이 개념을 설명합니다.

First, he introduces **the snowshoe hare.**
첫 번째, 교수는 눈덧신토끼를 소개합니다.

The color of its coat changes depending on the season.
이 토끼털 색은 계절에 따라 변합니다.

🐝꿀팁 The color of its coat 부분은 Their fur color로 쉽게 표현할 수도 있습니다.

To be specific, **it's brown in the spring and summer, and white in the winter to match the snow.**
구체적으로, 봄과 여름에는 갈색이고, 겨울에는 눈과 일치하는 흰색입니다.

Second, the professor talks about **octopuses, which can instantly change their color.**
두 번째, 교수는 문어에 관해 이야기하는데, 문어는 즉각적으로 색을 바꿀 수 있습니다.

So, an octopus can match the ocean floor or coral.
그래서 문어는 바다의 바닥 또는 산호와 아주 일치할 수 있습니다.

🐝꿀팁 So 대신 This means ~를 활용하여 부연 설명을 시작할 수도 있습니다.

It can also change its color to scare off predators.
또한 포식자를 겁주어 쫓기 위해 색을 바꿀 수 있습니다.

해석

● 내레이터

이제 동물의 은폐색에 관한 글을 읽어 보세요. 글을 읽는 데 45초가 주어질 것입니다. 이제 읽기 시작하세요.

● 리딩

은폐색

은폐색은 흔한 위장 유형이다. 이것은 동물이 자신의 위치, 정체, 그리고 움직임을 숨기기 위해 활용하는 자연적 색 변화를 말한다. 이는 동물 왕국 전반에 걸쳐 흔히 활용되는 생존 기술이다. 대부분의 동물들은 독특한 방식으로 각자의 특화된 색을 발전시키면서 진화해 왔다. 예를 들어, 숲 속 동물들은 나무 및 수풀과 조화되기 위해 갈색 털을 지니고 있다. 어떤 동물들은 주변 환경과 어울리기 위해 능동적으로 자신의 색을 변화시킬 수 있다.

● 내레이터

이제 이 주제에 관한 생물학 강의의 일부를 들어 보세요.

● 리스닝

자, 은폐색은 동물의 색이 주변 환경의 색과 일치한다는 점에서 충분히 단순한 아이디어 같아 보입니다. 이것은, 음... 물론, 포식자나 먹잇감에 상관없이 그 동물을 더 보기 어렵게 만듭니다. 그러나 몇몇 동물들이 이를 행하는 방식은 매우 흥미롭습니다.

예를 들어, 눈덧신토끼가 있습니다. 자, 이 동물은 자신의 고유 색을 바꾸지 않습니다. 잠시 후에 그것에 관해 이야기하겠지만, 그 색은 계절에 따라 변합니다. 눈덧신토끼는, 음, 북미 지역의 북방 기후에, 그러니까 캐나다에 서식합니다. 봄과 여름에는 그것은 갈색 털을 갖고 있어서 땅... 풀, 덤불, 그리고 나무와 조화를 이루는 데 도움을 줍니다. 그러나, 흥미롭게도, 겨울에는, 이 토끼의 털이 밝은 하얀색으로 변하는데, 이는, 여러분도 알다시피, 눈과 조화를 이루도록 해 줍니다.

또 다른 좋은 예시는 문어입니다. 문어는 즉각적으로 환경에 맞게 색을 바꿀 수 있고, 심지어 무늬와 질감까지도 모방할 수 있습니다. 이는 바다 속의 바위로 된 표면을 따라 포식자를 피해 숨거나 산호 사이에 숨을 때 유용합니다. 그리고 만일 문어가 발견되면, 재빠르게 색을 바꿀 수 있는데, 즉 포식자를 놀라게 하기 위해 위협적인 붉은 색으로 말입니다. 이는 유용하다는 점은 말할 것도 없고 놀라운 적응입니다.

● 질문

눈덧신토끼와 문어에 대한 예시들이 어떻게 은폐색 개념을 보여주는지 설명하세요.

Vocabulary

리딩 어휘

- □ conceal 숨다, 은폐하다
- □ coloration 천연색, 착색
- □ common 흔한
- □ camouflage 위장
- □ refer to ~을 가리키다, 지칭하다
- □ coloring 채색, 색 변화

- □ location 위치
- □ identity 정체
- □ movement 움직임
- □ throughout ~ 전역에
- □ evolve 진화하다
- □ specialized 특화된

- □ brownish 갈색을 띠는
- □ fur 털
- □ blend in 조화되다
- □ bush 덤불
- □ match ~와 일치하다
- □ surrounding 주변 환경

리스닝 어휘

- □ environment 환경
- □ predator 포식자
- □ prey 먹이
- □ hare 산토끼
- □ depending on ~에 따라
- □ climate 기후

- □ brilliant 눈부신
- □ octopus 문어
- □ instantaneously 즉각적으로
- □ mimic ~을 모방하다, 흉내내다
- □ texture 질감
- □ rocky 바위로 된

- □ surface 표면
- □ ocean 바다
- □ coral 산호
- □ spot ~을 발견하다
- □ threatening 위협적인
- □ adaptation 적응

< 눈덧신토끼의 여름과 겨울 은폐색 비교 >

④ Integrated: Question 4

4번 문제는 리딩 지문이 없는 대신, 리스닝 강의(90-120초)가 3번 문제(60-90초)보다 길게 나옵니다. 리딩 지문이 없으므로 준비 시간은 20초만 주어지고 60초 동안 답변을 합니다.

리스닝 강의는 3번 문제와 마찬가지로 교수가 학문적 주제에 대해 설명하는데, 보통 하나의 대주제와 함께 두 가지 소주제를 제시하고, 이 두 가지 소주제에 관한 핵심 설명(포인트) 또는 예시가 등장합니다.

리스닝 강의가 끝나면 문제가 화면에 나오고 동시에 문제를 읽어줍니다. 이 문제에 대해 강의에 나왔던 두 가지 소주제를 각각의 핵심과 예시를 활용해 말해야 합니다. 물론, 강의에 언급되는 핵심 설명과 예시에 대한 꼼꼼한 필기 과정이 선행되어야 합니다.

빈출 질문 패턴

- Using <u>points</u> and <u>examples</u> from the lecture, explain the <u>two</u> ~ .
  핵심 설명(포인트)   예시   두 개

  강의 포인트와 예시를 활용해, 두 개의 ~을 설명하세요.

- Using <u>points</u> and <u>examples</u> from the lecture, explain the <u>difference between A and B</u>.
  핵심 설명(포인트)   예시   둘 사이의 차이점

  강의 포인트와 예시를 활용해, A와 B 사이의 차이점을 설명하세요.

문제 풀이 스킬

Step 1 리스닝 강의 필기하기

먼저 전체 리스닝 강의의 큰 주제를 파악해 필기한 후, 이에 대한 두 가지 소주제와 그 주제들을 설명할 때 제시되는 각각의 핵심 설명(포인트)과 예시들을 최대한 자세히 필기합니다. 강의 주제는 방송 도입부에 등장하며, 그 뒤에 이어지는 첫 번째 소주제는 First, Let's start with ~라는 말 다음에 나오고, 두 번째 소주제는 Another, The other, There is also ~라는 말 다음에 나옵니다.

필기한 내용을 템플릿에 알맞게 넣으면서 20초의 준비 시간 중에 입으로 연습합니다. 리스닝 강의에 나온 표현을 그대로 활용하지 말고 되도록 패러프레이징하여 말합니다. 3번 문제와 마찬가지로, 출제되는 주제와 예시가 다양하므로 템플릿에 의존하여 상세히 설명하기 어려울 수 있습니다. 따라서 강의 내용에 대해 충실히 필기해 상세 설명을 이어 나가는 것이 중요합니다.

● 4번 문제 템플릿 예

문장 1 [대주제 소개]	The professor talks about 대주제. 교수는 대주제에 관해 이야기합니다.
문장 2 [첫 번째 소주제]	First, the professor introduces 첫 번째 소주제. 첫 번째로, 교수는 첫 번째 소주제를 소개합니다.
문장 3 [예시]	He/She uses A as an example. 그는/그녀는 A를 예시로 활용합니다.
문장 4~6 [예시 상세 정보]	필기 내용을 바탕으로 예시를 두세 문장으로 상세히 설명합니다.
문장 7 [두 번째 소주제]	Second, the professor describes 두 번째 소주제. 두 번째로, 교수는 두 번째 소주제를 설명합니다.
문장 8 [예시]	He/She uses the example of B. 그는/그녀는 B라는 예시를 활용합니다.
문장 9~10 [예시 상세 정보]	필기 내용을 바탕으로 예시를 두세 문장으로 상세히 설명합니다.

Step 3 필기 보면서 답변하기

정리한 필기 내용을 바탕으로 채점 기준에 명시된 발음과 억양, 속도에 주의를 기울이며 60초 동안 답변합니다. 4번 문제의 핵심은 두 가지 소주제를 포인트와 예시를 통해 구체적으로 설명하는 것이며, 3번 문제와 마찬가지로 맺음말은 하지 않습니다.

아래 예제를 풀어보고 관련 문제 유형 및 답변 방법을 확실히 숙지하세요.

Narrator: Now listen to part of a lecture in a psychology class.

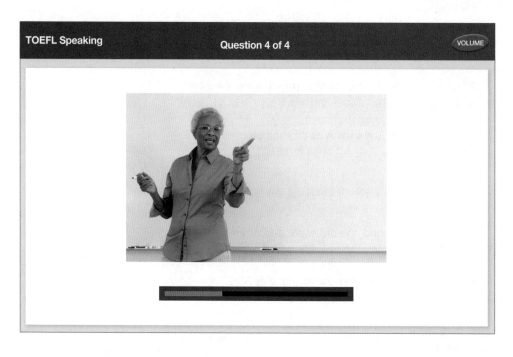

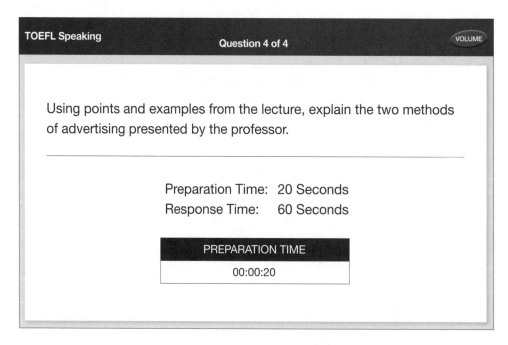

Step 1 리스닝 강의 필기하기

강의 주제어를 확인한 후, 관련 예시들을 최대한 자세하게 필기합니다.

> **Professor:**
> Now, a lot of advertising can be explained through, um… basic ideas in psychology. So, you can start seeing some of these ideas in your everyday lives. Advertisers know that they can make us believe something about a product, even if it's not true. And it's not because we're easy to fool, or anything like that. It's just, well, basic psychology.
>
> First, repetition is always used in advertising. Repeatedly hearing the same message, even if it's nonsense, is enough to change how people feel about it. They might even start to believe it! So, for example, sports drinks are very popular. And in their commercials, it always says that they'll give you energy. There's always an exhausted athlete, sweating, panting… but after having a sip of the energy drink, he's recharged. And we see this over and over again. So now, using myself as an example, after working out, I want to buy a sports drink to "recharge". But, I know, for a fact, that this isn't true. Just look at the nutritional labels. Those drinks are loaded with sugar! And the ingredients that supposedly give you a boost, they actually haven't been proven to do anything. But repetition has caused me to believe otherwise.
>
> And, of course, there are celebrity endorsements. The celebrities usually have nothing to do with the product. But people are more likely to believe something that a celebrity says. We're more comfortable with them. So, if a famous athlete tells me that a certain pair of sneakers will make me run faster, I'll be more likely to believe him. I'll buy those shoes, even though they aren't any different from the other sneakers at the store.

필기 예시

basic ideas in psychology by advertisers	큰 주제: 광고주가 활용하는 기본 심리학 개념들
① repetition	첫 번째 작은 주제: 반복
ex) sports drink	예시: 스포츠 음료
- in the com say give energy	- 광고, 에너지 준다고 말함
- pf. know X true, sugar ↑	- 교수도 사실이 아니고 설탕이 많음을 앎
- △ believe bc repetition	- 하지만 믿음, 반복 때문에
② celebrity endorsements	두 번째 작은 주제: 유명인 등장 광고
ex) athlete sneakers	예시: 운동선수 - 운동화
- tell run faster	- 더 빠르게 달린다고 말함
- believe him & buy shoes	- 운동선수 믿고 운동화 구매
- even tho X diff from others	- 다른 것과 차이가 없어도

Step 2 템플릿에 맞게 연습하기

필기한 내용을 템플릿에 알맞게 넣으면서 20초의 준비 시간 중에 입으로 연습합니다. (패러프레이즈가 가능한 부분은 패러프레이즈를 하면서 연습합니다.)

Step 3 필기 보면서 답변하기

필기한 내용을 바탕으로 채점 기준에 명시된 발음, 억양, 속도에 주의를 기울여 60초 동안 답변합니다.

샘플 답안 4-12.mp3

The professor talks about **some basic ideas in psychology used by advertisers.**
교수는 광고주들이 활용하는 몇 가지 기본 심리학 개념들에 관해 이야기하고 있습니다.

First, the professor introduces **repetition.**
첫 번째로, 교수는 반복을 소개합니다.

She uses **sports drinks** as an example.
교수는 예시로 스포츠 음료를 활용합니다.

The commercials repeatedly say that they give energy.
광고는 반복적으로 그것들이 에너지를 준다고 말합니다.

The professor knows that's not true and that they have a lot of sugar.
교수는 그것이 사실이 아니고 음료에는 많은 설탕이 있다는 것을 압니다.

However, she ends up believing the commercials because of repetition.
그러나, 그녀는 반복 때문에 결국 광고를 믿게 됩니다.

Second, the professor describes **celebrity endorsements.**
두 번째로, 교수는 유명인 등장 광고를 설명합니다.

She uses the example of **an athlete endorsing a pair of sneakers.**
그녀는 운동화를 홍보하는 운동 선수의 예시를 활용합니다.

The athlete says they will make us run faster.
운동 선수는 그 운동화가 우리를 더 빨리 달리게 할 것이라고 말합니다.

As a result, we are more likely to buy them even though they aren't different from other sneakers at all.
그 결과로, 비록 다른 운동화와 전혀 다르지 않더라도, 우리는 그것을 살 가능성이 높습니다.

해석

● 내레이터
이제 심리학 강의의 일부를 들어 보세요.

● 리스닝
자, 많은 광고 활동이, 음... 기본적인 심리학 개념들을 통해 설명될 수 있습니다. 따라서, 여러분은 일상 생활 속에서 몇몇 이러한 개념들을 확인해 보기 시작할 수 있습니다. 광고주들은 제품과 관련된 무언가를 우리가 믿도록 만들 수 있다는 것을 알고 있습니다, 그것이 사실이 아니라고 하더라도 말이죠. 그리고 이는 우리가 쉽게 속거나 하는 것과 같은 문제 때문은 아닙니다. 이는 단지, 음, 기본적인 심리 작용이죠.

예를 들어, 반복은 광고에서 항상 이용됩니다. 반복적으로 동일한 메시지를 듣는 것은, 그것이 말도 안 되는 소리라 하더라도, 사람들이 그것에 대해 어떻게 생각하는지를 바꾸기에 충분합니다. 사람들은 심지어 그것을 믿기 시작할 수도 있습니다. 자, 예를 들어, 스포츠 음료는 매우 인기가 많습니다. 그리고 그 광고에서, 항상 여러분에게 에너지를 줄 거라고 말합니다. 항상 진이 다 빠진 운동 선수가 땀을 흘리면서 헐떡거리고 있지만... 에너지 음료를 한 모금 마시고 나면, 그 선수는 재충전됩니다. 그리고 우리는 이를 반복적으로 계속 봅니다. 자, 그럼, 제 자신을 예로 들어 보면, 운동 후에, 저는 '재충전'하기 위해 스포츠 음료를 구입하고 싶어합니다. 하지만, 저는 이것이 사실이 아니라는 점을 확실히 알고 있습니다. 영양 성분표를 한 번 확인해 보세요. 이 음료들은 당분으로 가득합니다! 그리고 여러분에게 힘을 주는 것으로 여겨지는 그 성분들은, 사실 아무것도 할 수 없는 것으로 입증되었습니다. 하지만, 반복은 제가 그 반대로 믿도록 만들었죠.

그리고, 당연히, 유명인이 등장하는 광고가 있습니다. 이 유명인들은 일반적으로 제품과 아무런 관련도 없습니다. 하지만, 사람들은 유명인이 하는 말을 믿을 가능성이 더 큽니다. 우리는 그 사람들을 더 편하게 느끼죠. 따라서, 한 유명 운동 선수가 저에게 한 켤레의 특정 운동화가 더 빠르게 달리도록 만들어 준다고 말한다면, 저는 그 말을 믿을 가능성이 더 클 것입니다. 그 운동화들이 매장에 있는 다른 운동화들과 전혀 다르지 않다고 하더라도 저는 그 신발을 사게 될 겁니다.

● 질문
강의 포인트와 예시를 이용하여, 교수가 제시한 두 개의 광고 기법을 설명하세요.

Vocabulary

□ **nonsense** 말도 안 되는 것
□ **commercial** 광고 (방송)
□ **exhausted** 진이 다 빠진
□ **athlete** 운동 선수
□ **sweat** 땀을 흘리다

□ **pant** 헐떡거리다
□ **sip** 한 모금
□ **recharge** 재충전되다
□ **work out** 운동하다
□ **nutritional label** 영양 성분표

□ **be loaded with** ~로 가득하다
□ **ingredient** (식품) 성분
□ **boost** 힘, 촉진(제)
□ **celebrity** 유명인
□ **endorsement** 홍보, 추천

Question 1

 4-13.mp3

스피킹
Question 1

TOEFL Speaking   Question 1 of 4   VOLUME

Do you agree or disagree with the following statement? Why or why not? Use details and examples to explain your answer.

Children should learn a creative skill like painting or playing an instrument.

Preparation Time: 15 Seconds
Response Time: 45 Seconds

PREPARATION TIME
00:00:15

Question 2

Running Time: 45 Seconds

Lab Fee Increases

Starting next year, the university will be introducing an additional fee for laboratory use and maintenance. This fee will be included in the tuition payments of students with science-related majors. While the university would like to avoid any additional fees, this increase will allow the Science Department to upgrade all laboratories with new equipment. This equipment will give students practical lab experience that will aid them when seeking employment after graduation. Furthermore, the new fees will cover the costs of employing additional lab supervisors, so the labs will be available for use later in the evenings and on weekends.

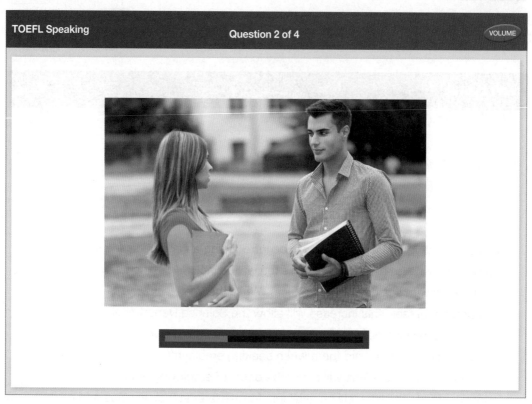

The woman expresses her opinion of the change that has been announced. State her opinion and explain her reasons for holding that opinion.

Preparation Time:	30 Seconds
Response Time:	60 Seconds

PREPARATION TIME
00:00:30

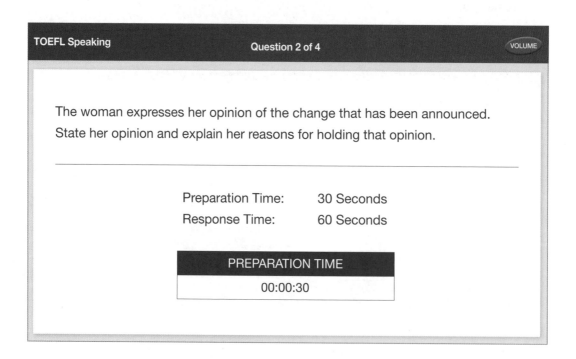

Question 3

Running Time: 45 Seconds

Peer Pressure

Peer pressure, or social pressure, is the influence on people by their peers. Peer groups can be defined in numerous ways and include family members, friends, and co-workers. Peer pressure also functions on a large scale. It can be highly influential among members that share nationality, politics, or religion. Through peer pressure, an individual will change his or her behavior, attitude, or values in order to better conform to those of the influencing group or individual. Peer pressure can lead to positive or negative results.

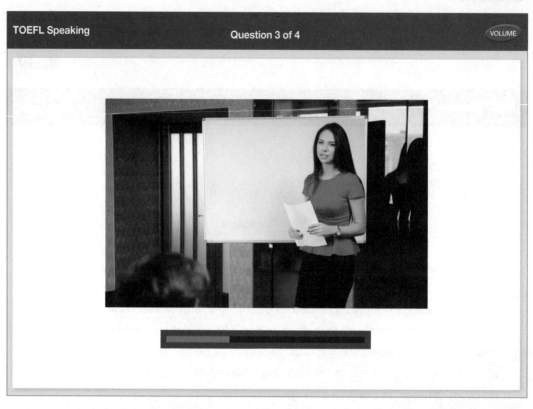

Using the experiment described by the professor, explain the basic concept of peer pressure.

Preparation Time: 30 Seconds

Response Time: 60 Seconds

PREPARATION TIME
00:00:30

Question 4

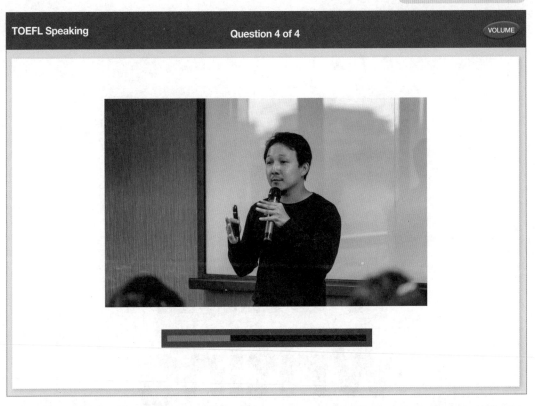

Using points and examples from the lecture, explain the two ideas of money covered by the professor.

Preparation Time: 20 Seconds
Response Time: 60 Seconds

PREPARATION TIME
00:00:20

Chapter 5

TOEFL
Writing

Writing

미리보기

미리 보기
이렇게 나와요!

1 **총 2문제가 나옵니다.**
1번 문제는 Reading, Listening 정보를 바탕으로 글을 쓰는 통합형, 2번 문제는 관련 주제에 대해 자신의 의견을 진술하는 토론형 문제가 출제됩니다.

2 **통합형은 리스닝 화자의 의견을 기술합니다.**
통합형은 리딩 지문과 대비되는 리스닝 화자의 포인트를 150~225 단어로 20분 동안 글로 정리하는 문제입니다.

3 **토론형은 나의 의견을 작성합니다.**
토론형은 특정 주제에 대해 자신의 의견을 10분 동안 100 단어 이상으로 작성하는 문제입니다.

01 Writing 기본 정보

❶ 출제 범위: Integrated & Discussion

Writing은 학문적 내용에 대해 영작으로 의사소통이 가능한지를 평가하는 영역입니다. 토플 라이팅(writing)은 토플 스피킹(speaking)과 함께 국내 수험생들이 가장 어려워하는 영역 중 하나인데, 그 이유는 스피킹과 마찬가지로 평소에 영어로 글을 쓸 기회가 거의 없고 시험 공부를 할 때도 충분히 직접 써보지 않기 때문입니다. 토플 라이팅은 어느 정도 꾸준히 연습만한다면 가장 확실하게 점수를 올릴 수 있는 영역이므로, 지금부터 차근차근 공부해보세요.

문제 수	2개	
시험 시간	30분	
문제 유형	Integrated	Discussion
	1번	2번
리딩 지문	대학 교재 일부 (단어 수 250~300) · 읽기: 3분	대학 수업 중 토론 내용 (단어 수 200~250) · 읽기 시간 별도로 주어지지 않음
리스닝 강의	대학 강의 일부 (단어 수 250~300) · 듣기: 2분~2분30초	없음
라이팅 답변	강의에서 언급된 교수 의견을 리딩 지문과 연결하여 정리 · 답안 작성: 20분 · 단어 수: 150~225개	나의 의견 · 답안 작성: 10분 · 단어 수: 100개 이상 권장

라이팅 영역의 주제는 문제 유형별로 차이가 있는데, 통합형 주제는 다양한 대학 전공의 학문적 내용이, 토론형 주제는 대학생이 접할 수 있는 다양한 사회적 이슈 또는 자신의 생각에 대해 출제되는 점에서 스피킹 통합형, 독립형과 유사합니다.

스피킹 통합형은 주로 경제학, 경영학, 생물학, 심리학에서 주제가 선정되지만, 라이팅 통합형은 이 외에도 예술, 역사, 자연과학 등 더 다양한 학문 영역에서 출제됩니다.

1번: 교재 일부 읽고 강의 정리 (Integrated)

- 예술 – 건축, 미술사, 문학, 도예, 음악사
- 생물학 – 식물, 동물 행동, 곤충, 해양생물, 생리학, 영양
- 자연과학 – 기상, 천문, 지질
- 사회과학 – 인류학, 경영, 역사, 아동 발달
- 환경과학 – 오염, 생태계, 대체 에너지, 기후변화

 꿀팁 100% 학문적(Academic) 내용으로 리딩 지문에 소개된 세 가지 포인트를 리스닝 강의에서 교수가 반박합니다.

2번: 나의 의견 (Discussion)

- 시사적인 주제에 관한 토론
- 정부 정책
- 교육
- 환경 보호
- 스마트폰/인터넷
- AI
- SNS

 꿀팁 다양한 사회적 이슈에 대한 나의 의견을 논리적으로 기술합니다.

❷ 화면 구성

라이팅 시험이 시작되면, 다음과 같이 시험에 대한 지시문(Directions)이 나오는데, 실제 시험에서는 굳이 읽을 필요는 없습니다. 대신 지금 읽어 보고 어떠한 내용인지만 알아두세요.

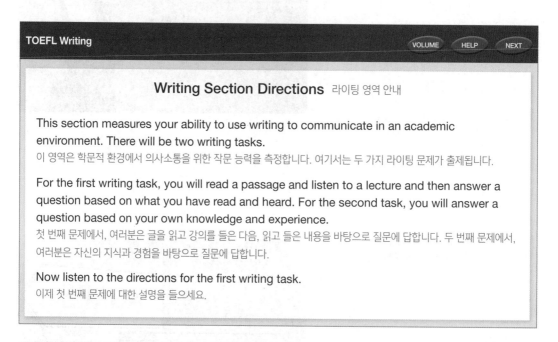

전체적인 라이팅 시험에 대한 설명이 끝나면 통합형 1번 문제에 대한 설명이 등장합니다. 역시 시험에서는 굳이 읽을 필요는 없으며, 지금 읽어 보고 어떠한 내용인지만 알아두세요.

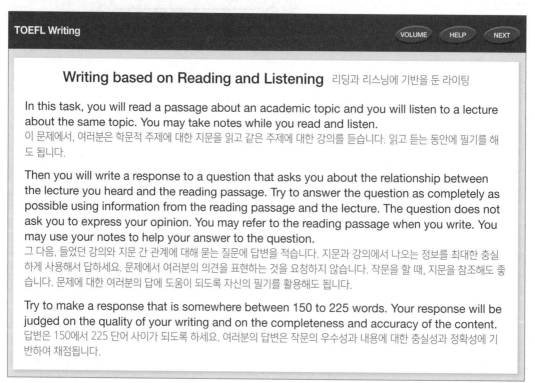

You should allow 3 minutes to read the passage. Then listen to the lecture. Then allow 20 minutes to plan and write your response.

여러분은 지문을 읽는데 3분이 허용됩니다. 그 후 강의를 듣습니다. 그 다음에 답변을 구상하고 쓰는 데에 20분이 주어집니다.

지시문을 넘어가면, 본격적으로 라이팅 시험이 시작됩니다. 먼저 1번 문제 리딩 지문 화면이 다음과 같이 등장하는데, 3분이 지나면 자동으로 강의 화면으로 넘어갑니다. 참고로 리딩 지문 화면 옆에 답안 작성 공간이 있지만, 비활성화되어 있기 때문에 이 공간에 글을 쓰는 것은 불가능합니다.

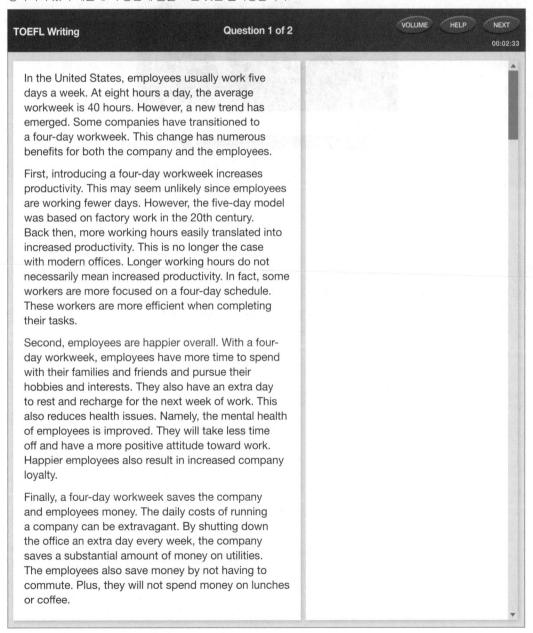

In the United States, employees usually work five days a week. At eight hours a day, the average workweek is 40 hours. However, a new trend has emerged. Some companies have transitioned to a four-day workweek. This change has numerous benefits for both the company and the employees.

First, introducing a four-day workweek increases productivity. This may seem unlikely since employees are working fewer days. However, the five-day model was based on factory work in the 20th century. Back then, more working hours easily translated into increased productivity. This is no longer the case with modern offices. Longer working hours do not necessarily mean increased productivity. In fact, some workers are more focused on a four-day schedule. These workers are more efficient when completing their tasks.

Second, employees are happier overall. With a four-day workweek, employees have more time to spend with their families and friends and pursue their hobbies and interests. They also have an extra day to rest and recharge for the next week of work. This also reduces health issues. Namely, the mental health of employees is improved. They will take less time off and have a more positive attitude toward work. Happier employees also result in increased company loyalty.

Finally, a four-day workweek saves the company and employees money. The daily costs of running a company can be extravagant. By shutting down the office an extra day every week, the company saves a substantial amount of money on utilities. The employees also save money by not having to commute. Plus, they will not spend money on lunches or coffee.

다음과 같이 강의 화면이 나오고 2분 조금 넘게 방송이 진행됩니다.

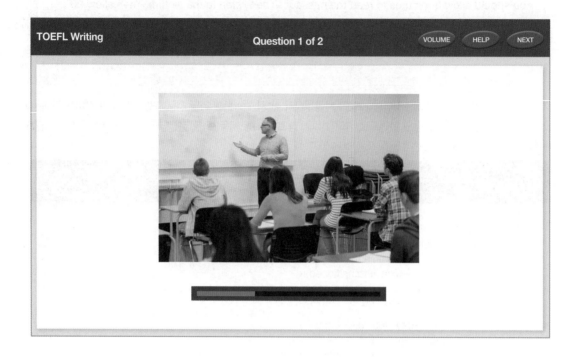

방송이 끝나면 자동으로 다음 화면으로 넘어가서 20분 동안 관련 문제에 대해 영작을 합니다. 답안 작성시 Cut(잘라내기), Paste(붙이기), Undo(바로 전 작업으로 복구), Redo(Undo된 작업을 복구) 기능을 사용할 수 있습니다. 또한 답안 작성 공간의 우측 상단에 자신이 쓰는 글의 단어 수(Word Count)가 저절로 계산됩니다. 20분 시간이 다 되면 답안이 자동 저장되고 다음 문제 화면으로 넘어가는데, 시간이 다 되기 전에, 수험생이 직접 NEXT 버튼을 눌러 먼저 답안 작성을 끝낼 수도 있습니다.

Directions: You have 20 minutes to plan and write your response. Your response will be judged on the basis of the quality of your writing and on how well your response presents the points in the lecture and their relationship to the reading passage. Typically, an effective response will be 150 to 250 words.

Question: Summarize the points made in the lecture, being sure to explain how they support the specific points presented in the reading passage.

Cut   Paste   Undo   Redo   Word Count: 0

In the United States, employees usually work five days a week. At eight hours a day, the average workweek is 40 hours. However, a new trend has emerged. Some companies have transitioned to a four-day workweek. This change has numerous benefits for both the company and the employees.

First, introducing a four-day workweek increases productivity. This may seem unlikely since employees are working fewer days. However, the five-day model was based on factory work in the 20th century. Back then, more working hours easily translated into increased productivity. This is no longer the case with modern offices. Longer working hours do not necessarily mean increased productivity. In fact, some workers are more focused on a four-day schedule. These workers are more efficient when completing their tasks.

Second, employees are happier overall. With a four-day workweek, employees have more time to spend with their families and friends and pursue their hobbies and interests. They also have an extra day to rest and recharge for the next week of work. This also reduces health issues. Namely, the mental health of employees is improved. They will take less time off and have a more positive attitude toward work. Happier employees also result in increased company loyalty.

Finally, a four-day workweek saves the company and employees money. The daily costs of running a company can be extravagant. By shutting down the office an extra day every week, the company saves a substantial amount of money on utilities. The employees also save money by not having to commute. Plus, they will not spend money on lunches or coffee.

이곳에 답안을 작성합니다.

WRITING

이제 통합형 1번 문제가 끝나고 독립형 2번 문제에 대한 설명이 나옵니다. 역시 시험에서는 굳이 읽을 필요는 없으며, 지금 읽어 보고 어떠한 내용인지만 알아두세요.

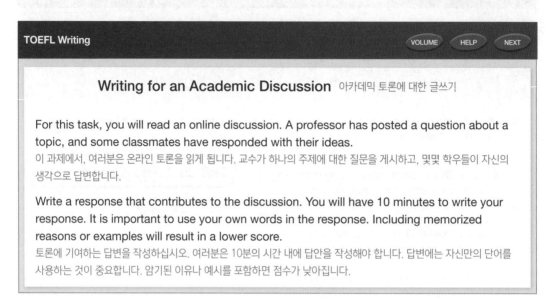

TOEFL Writing   VOLUME   HELP   NEXT

Writing for an Academic Discussion 아카데믹 토론에 대한 글쓰기

For this task, you will read an online discussion. A professor has posted a question about a topic, and some classmates have responded with their ideas.
이 과제에서, 여러분은 온라인 토론을 읽게 됩니다. 교수가 하나의 주제에 대한 질문을 게시하고, 몇몇 학우들이 자신의 생각으로 답변합니다.

Write a response that contributes to the discussion. You will have 10 minutes to write your response. It is important to use your own words in the response. Including memorized reasons or examples will result in a lower score.
토론에 기여하는 답변을 작성하십시오. 여러분은 10분의 시간 내에 답안을 작성해야 합니다. 답변에는 자신만의 단어를 사용하는 것이 중요합니다. 암기된 이유나 예시를 포함하면 점수가 낮아집니다.

이제 토플 시험의 마지막 문제인 라이팅 토론형 2번이 나옵니다. 토론 내용을 읽고 우측 하단에 글을 작성합니다.

Your professor is teaching a class on sociology. Write a post responding to the professor's question. In your response you should:
• express and support your opinion
• make a contribution to the discussion
An effective response will contain at least 100 words. You have 10 minutes to write it.

Dr. Brown

In next week's class, we are going to read some materials on how watching television programs affect people's lives. Afterwards, you will engage in a short class discussion. To prepare, I would like for you to think and write about the following topic:

In your opinion, in what ways – whether positive or negative – does watching television affect people?

Julie

I think the main effect that watching television can have on people is reducing physical activity. Most people sit still or lie down instead of being active when they watch television. For example, if children spend their free time watching television instead of playing outside, they are at great risk of becoming overweight.

Peter

In my opinion, a positive effect television has on people is that it helps them to experience more things. There are many great travel shows and nature documentaries on television. Through these programs, people can experience things they otherwise couldn't. I recently watched a documentary about wildlife in Costa Rica, and I thought it was very informative.

Cut   Paste   Undo   Redo   Word Count: 0

02 Writing 학습 방법

❶ 기본 영작 실력 향상법

■ 문법 공부를 통해 다양한 문장을 정확하게 사용

영어의 단어들은 각각의 규칙에 따라 배열이 되고 연결이 됩니다. 예를 들어 "나 학교에 가"는 I go school이 아니고 I go to school이며, 우리말로는 어색하지 않은 "내가 갖고 있어" I have가 영어로는 목적어가 없기에 어색한 말이 됩니다. 이렇듯 문장 속 단어들의 배열 규칙과 연결성을 규정하는 것이 문법입니다. 다음은 가장 기본적으로 알아야 될 문법 규칙 중 하나인 자동사와 타동사에 대해 설명합니다.

영어의 서술어 역할을 하는 동사는 크게 자동사와 타동사로 구분됩니다. 자동사는 혼자 스스로(自) 있어도 되는 동사이기에 뒤에 다른 말이 따라오지 않아도 되며, 다른 말이 뒤에 따라올 때는 to, for, in, at과 같은 전치사로 연결해 줍니다.

대표적인 자동사	
go 가다	They went to a restaurant. 그들은 식당에 갔습니다.
work 일하다	He works at a hotel. 그는 호텔에서 일합니다.
wait 기다리다	She did not wait for me yesterday. 그녀는 어제 나를 기다리지 않았습니다.
happen 일어나다	It happens all the time. 그것은 항상 일어납니다.
increase 증가하다	The world population has increased dramatically. 세계 인구는 급격하게 증가해 왔습니다.
complain 불평하다	The majority of the students would complain about the new policy. 학생 대다수가 새 정책에 대해 불평할 것입니다.
agree 동의하다	I do not agree. 나는 동의하지 않습니다.
participate 참여하다	Some students actively participate in discussions. 몇몇 학생들은 토론에 적극적으로 참여합니다.
result 결과이다	The unpopularity of some celebrities results from their lavish lifestyle. 몇몇 유명 인사들의 형편없는 인기는 그들의 호화로운 생활의 결과입니다.
exist 존재하다, 있다	Scientists believe that life existed on Mars a few hundred million years ago. 과학자들은 수억 년 전 화성에 생물이 존재했었다고 생각합니다.
approve 찬성하다	I approve of rules against smoking. 나는 금연 규정에 찬성합니다.

반면에 타동사는 동사 뒤에 반드시 다른 것(他)이 있어야 하는 동사로, 타동사 뒤에는 반드시 '~을/를'이라고 해석되는 명사가 목적어로 위치합니다.

대표적인 타동사	
do ~을 하다	They do that task. 그들이 그 업무를 합니다.
have ~을 가지다	I have an idea. 나는 아이디어가 있습니다.
make ~을 만들다	The Internet is making the world smaller. 인터넷이 세상을 더 작게 만들고 있습니다.
take ~을 취하다	Sometimes we have to take opposite views. 때때로 우리는 반대 의견을 취해야 합니다.
provide ~을 제공하다	Governments should provide affordable housing. 정부는 적당한 가격의 주택을 공급해야 합니다.
discuss ~을 논하다	This essay discusses the effects on the environment. 이 에세이는 환경에 대한 영향을 논합니다.
require ~을 필요로 하다	The solution requires countries to share information. 그 해결책은 국가들이 정보를 공유하는 것을 필요로 합니다.
consider ~을 고려하다	The university is considering expanding its parking lot. 대학 측은 주차장을 확장하는 것을 고려 중 입니다.
cause ~을 야기하다	Smartphones can cause distractions in class. 스마트 폰은 수업 중에 산만함을 야기할 수 있습니다.
approve ~을 승인하다	The city council approved the plans. 시 의회가 그 계획들을 승인했습니다.

이러한 문법 규칙을 잘 알면 긴 문장을 틀리지 않고 쓸 수 있습니다.

- 나는 동의합니다.
  I agree.
  주어+동사

- 나는 그 말에 동의합니다.
  I agree with the statement.
  * 전명구(전치사+명사로 이루어진 덩어리)

- 나는 세계가 하나의 큰 가족이라는 말에 동의합니다.
  I agree with the statement that the world is one big family.
  * 동격의 that절: that 앞의 명사(statement)와 같은 의미인 절(주어+동사로 이루어진 덩어리)

특강 10
자동사도 되고
타동사도 되는 동사

WRITING

동사는 영문법에서 가장 중요한 부분으로, 자동사와 타동사를 구별하는 것은 영문법 공부의 시작입니다. 동사의 자동사/타동사 성격에 따라 문장을 좀 더 세분화한 5형식 체계로 영문법이 정리되어 있습니다.

문장의 5형식	
1형식 자동사 go, work, wait, happen ...	기본 문장구조: 주어+동사 예) I agree. 　　나는 동의합니다.
2형식 자동사 be, become ...	기본 문장구조: 주어+동사+보어 * 보어: 2형식 자동사 뒤에 반드시 나와서 주어를 보충해 주는 말로 보통 형용사나 명사가 보어로 사용됩니다. 　　　　2형식 자동사 ○┄┄┐　　　　┌┄○ 형용사 보어 예) The policies <u>became</u> <u>popular</u>. 그 정책들이 인기있게 되었습니다. 2형식 자동사 ○┄┄┐　┌┄○ 명사 보어 He <u>is</u> <u>my mentor</u>. 그는 나의 멘토(조언자, 지도 교사)입니다.
3형식 타동사 make, discuss, give, provide ...	기본 문장구조: 주어+동사+목적어 예) The government <u>made</u> <u>a new policy</u>. 　　정부가 새 정책을 만들었습니다. 　　　3형식 타동사 ○┄┄┐　　　　┌┄○ 명사 목적어

4형식 타동사
('~을 주다'라는 의미가 있음)
 	
make, give, offer,
teach ...
	기본 문장구조: 주어+동사+간접목적어+직접목적어
	* 간접목적어: 4형식 타동사 뒤에 나오는 명사로, '~에게'로 해석됩니다.
	  직접목적어: 간접목적어 뒤에 나오는 명사로, '~을/를'로 해석됩니다.
	
	4형식 타동사 ○┈┈┐ ┌○ 간접목적어
	              │ │ ┌○ 직접목적어
	예 The volunteers <u>made</u> <u>lost pets</u> <u>shelters</u>.
	   자원봉사자들이 길 잃은 반려동물들에게 쉼터를 만들어 주었습니다.

5형식 타동사
 	
make, require,
consider ...
	기본 문장구조: 주어+동사+목적어+목적격보어
	* 목적격보어: 5형식 타동사의 목적어를 보충해 주는 말로, 보통 형용사나 명사, 동사원형,
	  to부정사가 목적격보어로 사용됩니다.
	
	5형식 타동사 ○┈┈┐ ┌○ 목적어
	              │ │ ┌○ 목적격보어 (to부정사)
	예 The solution <u>requires</u> <u>countries</u> <u>to share information</u>.
	   그 해결책은 국가들이 정보를 공유하는 것을 필요로 합니다.

특강 11
3형식과 4형식 비교

영작을 할 때 수험생들이 많이 틀리는 부분 중 하나가 바로 수일치입니다. 수일치는 주어가 단수, 복수인지에 따라 동사를 변형시켜주는 것인데, 어려운 부분이 아니므로 반드시 숙지하여 틀리지 않도록 합니다.

주어-동사 수일치	
3인칭 단수 주어 예 He, She, It, Terry, A student, The dog ...	동사의 현재형에 -s나 -es를 붙입니다. 예 He teaches English to Koreans. 그는 영어를 한국인들에게 가르칩니다.
복수 주어 예 They, Students, Books, Charlie and his dog ...	동사의 현재형 그대로 사용합니다. 예 They teach English to Koreans. 그들은 영어를 한국인들에게 가르칩니다.

꿀팁 많은 영어 왕초보 수험생들이 명사의 복수형에 -s나 -es가 붙는 것 때문에, 복수 주어와 연결되는 복수형 동사에도 -s나 -es가 붙어야 되는 것으로 착각하는 경우가 있습니다. 명사의 복수형 -s, -es와 동사의 3인칭 단수 현재형 -s, -es를 혼동하지 마세요.

다음은 수험생들이 자주 틀리는 주어-동사 수일치 부분입니다. 직접 알맞은 동사형태를 적어보세요.

	be 동사 현재	do 일반동사 현재
A number of people		
The number of people		
An amount of water		
The amount of water		
A few students		
Few students		
A little food		
Little food		
A lot of dollars		
A lot of money		
The young		
Food and water		
To study English		
Writing an essay		
The policy supporting immigrants		

특강 12
동명사와
현재분사 이해

WRITING

[정답]

	be 동사 현재	do 일반동사 현재
A number of people 많은 사람들	are	do
The number of people 사람들 수	is	does
An amount of water 많은 물	is	does
The amount of water 물의 양	is	does
A few students 약간의 학생들	are	do
Few students 거의 없는 학생들	are	do
A little food 약간의 식량	is	does
Little food 거의 없는 식량	is	does
A lot of dollars 많은 달러(돈)	are	do
A lot of money 많은 돈	is	does
The young 젊은이들	are	do
Food and water 식량과 물	are	do
To study English 영어를 공부하는 것	is	does
Writing an essay 에세이를 쓰는 것	is	does
The policy supporting immigrants 이민자들을 지지하는 정책	is	does

- a number of는 '많은'이란 뜻으로 many처럼 셀 수 있는 명사(가산명사)를 수식합니다. 가산명사는 단수 (person, cat ...), 복수(people, cats ...) 구분이 되기에, 이에 맞게 주어-동사 수일치를 합니다.

- the number of는 '~의 수'란 뜻으로, of 뒤에 오는 명사와 관련 없이 number에 수일치를 합니다. number 가 단수이므로 동사 역시 단수형이 옵니다. 만일 numbers가 사용되면 복수형 동사로 수일치를 합니다.

- an amount of는 '많은'이란 뜻으로 much처럼 셀 수 없는 명사를 수식합니다. 셀 수 없는 명사(불가산명사)는 단수 취급을 합니다.

- the amount of는 '~의 양'이란 뜻으로, amount가 단수이므로 동사 역시 단수형이 옵니다. 만일 amounts가 사용되면 복수형 동사로 수일치를 합니다.

- a few와 few는 가산명사, a little과 little은 불가산명사를 수식합니다.

- a lot of는 가산명사와 불가산명사 모두 수식할 수 있습니다. dollar는 가산명사, money는 불가산명사입니다.

- the + 형용사는 '~한 사람들'을 뜻하므로 복수명사 취급합니다.
  ⑩ the old 노인들, the disadvantaged 사회적 약자들

- 불가산명사(food, water, air, money, milk...)는 단수 취급을 하지만, 지금처럼 불가산명사가 두 개 이상이 연결되어 복수 주어가 되면 복수형 동사로 받습니다.

- 동명사는 단수 취급합니다.

- 수식어(supporting immigrants)가 아닌 수식을 받는 명사(policy)를 기준으로 주어-동사 수일치를 합니다.

이외에 동사는 과거-과거분사의 형태가 있습니다. 본 교재 맨 뒤 부록에는 토플 수험생들이 반드시 알아야하는 기본 동사들의 과거-과거분사가 정리되어 있으니 참고하기 바랍니다.

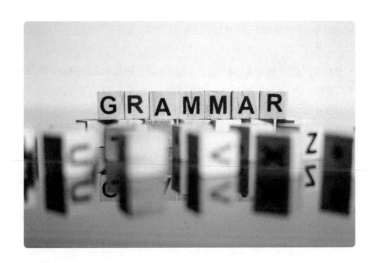

Q&A 12. 문법의 필요성

Q 문법 몰라도 영어 잘하는 사람들 많은데, 굳이 문법을 공부해야 할까요?

A 네, 공부해야 합니다. 우리 주변에 영문법을 몰라도 영어를 잘하는 사람들을 볼 수 있는데, 영어를 많이 접해서 어떠한 표현이 정확하고 어색하지 않은지 느낌으로 알 수 있는 사람들입니다. 이러한 영어에 대한 감은 원어민처럼 영어권 국가에서 긴 시간동안 생활을 하여야 길러집니다. 하지만 영어에 대한 감이 있는 사람도 문법을 공부하면 더욱 정확하게 영어를 사용할 수 있습니다.

영어에 대한 감이 있는 사람들에게도 영문법 공부가 필요한데, 하물며 감이 거의 없는 대부분의 수험생들에게 문법 공부의 필요성은 절대적입니다. 문법은 영어 공부에서 필수적인 요소로, 여러분들이 영어를 보다 정확하게 사용할 수 있도록 도와주는 가이드라인입니다. 지금까지 문법 공부를 멀리했다면 이제부터 시작하세요.

❷ 토플 라이팅 맞춤형 공부법

▪ 채점 기준(Rubric)에 맞게 글쓰기

채점 기준(루브릭)에 맞게 글을 써야 조금이라도 높은 점수를 받을 수 있습니다. 점수 계산 방법은 Chapter 1(20쪽)을 참조하세요.

1번 문제로 등장하는 통합형 채점 기준은 다음과 같습니다.

통합형(Integrated) 채점 기준	
5	이 레벨의 답안은 강의의 정보를 성공적으로 선별하고, 리딩 지문에 제시된 관련 정보와 연관지어 정확하게 제시함. 구성이 체계적이며 사소한 실수가 있지만 글의 내용이나 맥락의 부정확성을 야기하지 않음
4	이 레벨의 답안은 강의의 정보를 대체적으로 잘 선별하고, 리딩 지문에 제시된 관련 정보와 연관지어 정확하게 제시함. 정보에 대해 사소한 누락, 부정확성, 모호성이 있음
3	이 레벨의 답안은 강의의 일부 중요 정보를 포함하며 리딩 지문 정보를 연관지어 전달하지만, 다음 중 하나 이상에 해당함 • 전반적인 답안이 문제 취지에 맞지만, 리딩 지문과의 관계가 모호하거나 다소 부정확함 • 강의에서 언급된 핵심 논점 하나가 빠져 있음 • 강의와 리딩 지문의 핵심 논점 관계가 불완전하거나 부정확함 • 문법적 실수가 잦거나 이러한 실수가 정보 전달을 방해함
2	이 레벨의 답안은 강의의 일부 관련 정보를 포함하지만, 상당한 언어적 제약이 있거나 강의와 리딩 지문 정보의 연관성에 있어서 중요한 정보 누락과 부정확성이 있음. 이 레벨의 답안은 다음 중 하나 이상에 해당함 • 강의와 리딩 지문과의 전반적인 관계가 상당히 부정확하거나 완전히 누락되어 있음 • 강의에서 언급된 핵심 논점 중 상당 부분이 누락되거나 부정확함 • 언어적 오류와 불명확한 표현들로 인해 내용을 이해하기 어려움
1	이 레벨의 답안은 다음 중 하나 이상에 해당함 • 의미 있는 강의 정보가 거의 없거나 강의와 관련이 없음 • 답안의 언어적 수준이 매우 낮아 의미를 파악하기 어려움.
0	이 레벨의 답안은 리딩 지문의 문장을 단순히 복사하거나, 주제와 다른 내용, 또는 영어 외의 언어로 쓰거나, 글을 전혀 쓰지 않은 경우임

통합형 채점 기준을 요약하면, 강의와 리딩 지문의 중요 정보를 잘 선별하여 연관지어야 하고, 내용이 정확할수록 높은 점수를 받을 수 있다는 것을 알 수 있습니다.

2번 토론형 문제의 채점 기준은 다음과 같습니다.

토론형(Discussion) 채점 기준	
5	[완벽히 성공한 답변] 답변이 온라인 토론에 대한 관련성이 높고 매우 명확하게 표현되어 토론에 기여를 하며, 언어 사용에 있어 일관성을 보여줌 • 관련성 있고 정교한 근거, 예시 및/또는 세부 사항 • 다양한 구문 구조의 효과적인 사용과 정확한 관용어 선택 • 어휘 또는 문법 오류가 거의 완벽
4	[일반적으로 성공한 답변] 답변이 온라인 토론에 적절하게 기여하고 있으며, 언어 사용에 있어서도 작성자의 아이디어를 쉽게 이해할 수 있음 • 관련성 있고 적절하게 정교한 근거, 예시 및/또는 세부 사항 • 다양한 구문 구조와 적절한 단어 선택 • 어휘 또는 문법 오류가 거의 없음
3	[부분적으로 성공한 답변] 답변이 온라인 토론에 대부분 관련성이 있고 대부분 이해할 수 있는 수준의 토론 기여도를 보이며, 언어 사용 능력이 어느 정도 있음 • 근거, 예시 또는 세부 사항의 정교함에 있어서 일부가 누락되거나 불분명하거나 관련이 없을 수 있음 • 구문 구조 및 어휘의 다양성이 어느 정도 있음 • 문장 구조, 단어 형태 또는 관용어 사용에서 눈에 띄는 어휘 및 문법 오류가 어느 정도 있음
2	[대부분 실패한 답변] 답변이 온라인 토론에 참여하려는 시도를 보이지만 언어 사용의 제한으로 인해 아이디어를 따라가기 어려움 • 정교하지 않거나 부분적으로만 관련성이 있는 아이디어 • 제한된 범위의 구문 구조 및 어휘 • 문장 구조, 단어 형태 또는 사용에서 오류 누적
1	[실패한 답변] 답변이 온라인 토론에 참여하려는 시도가 효과적이지 않음을 보이며, 언어 사용의 제한으로 인해 아이디어가 표현되지 않을 수 있음 • 과제를 다루려는 시도를 보이지만 일관된 아이디어가 거의 또는 전혀 없는 단어나 구문 • 구문 구조 및 어휘의 범위가 매우 제한됨 • 언어 사용 시 심각하고 빈번한 오류 • 독창적인 언어가 거의 없음; 일관된 언어는 대부분 문제에 나온 표현을 차용한 것임
0	답변이 공백이거나, 주제를 거부하거나, 영어가 아니거나, 문제에서 완전히 복사된 경우, 문제와 완전히 연결되지 않거나 임의의 키보드 입력으로 구성됨

토론형 채점 기준을 요약하면, 온라인 토론에 완벽하게 기여를 하며, 적절하고 구체적인 근거와 예시, 다양한 문장 구조와 어휘를 정확하게 사용하는 것이 중요합니다.

WRITING

■ 토플 영작에 유용한 연어 사용

토플 영작에 필요한 어휘를 많이 알수록 영작 시간을 줄이고, 영문의 정확성도 높일 수 있습니다. 특히 두 개 이상의 단어를 자연스럽게 연결하여 하나의 표현처럼 사용하는 연어(collocation)를 적절히 쓸수록 자연스럽고 정확한 영문이 됩니다. 또한 연어를 사용하면 한번에 두 단어 이상을 쓸 수 있어 단어 수 채우는 데도 효과적입니다. 다음은 토플 라이팅에서 자주 사용되는 연어들입니다.

표제어	연어
academic 학업의, 학구적인, 학문의, 학교의	academic achievement 학문적 성취 academic career 학력 academic world 학계
access 입장, 접근(성), 접속	allow access 접근을 허용하다 internet access 인터넷 접속 easy access 쉬운 접근(성)
action 행동	collective action 집단 행동 legal action 법적인 행동 military action 군사적 행동
activity 활동	human activity 인간 활동 learning activity 학습 활동 physical activity 신체 활동 social activity 사회 활동
adverse 역, 반대의	adverse effect 역효과 adverse reaction 역반응
allocate 할당하다, 분배하다	allocate funds 자금을 할당하다(분배하다) allocate resources 자원을 할당하다(분배하다)
alternative 대안의, 대체의	alternative approach 대안적 접근(법) alternative energy 대체 에너지 alternative view 다른 시각
argument 주장	compelling argument 설득력 있는 주장 develop an argument 주장을 전개하다
background 배경	background knowledge 배경 지식 cultural background 문화적 배경 historical background 역사적 배경
change 변화	climate change 기후 변화 structural change 구조적 변화

diet 식사, 식습관, 다이어트	a balanced diet 균형 잡힌 식사 on a diet 다이어트 중인
discipline 규율, 학과목	strict discipline 엄격한 규율 an academic discipline 대학 교과목
efficient 효율적인	an efficient method 효율적인 방법 fuel-efficient 연료 효율적인
ethnic 민족의, 종족의	ethnic group (유태인, 조선족 같은) 민족 집단 ethnic minority 소수 민족
friendly 친화적인	environmentally-friendly 친환경적인 friendly atmosphere 우호적인 분위기
gap 틈, 격차	gap between the rich and the poor 빈부 격차 generation gap 세대 차이
goal 목표	goal-oriented 목표 지향적인 reach a goal 목표에 도달하다
government 정부	government control 정부 통제 government intervention 정부 개입 central government 중앙 정부 local government 지방 자치 정부
issue 이슈, 쟁점, 사안, 문제	address an issue 문제에 대처하다 global issues 국제적 사안들
job 일, 직장	full-time job 상근직 part-time job 시간 근무직, 아르바이트 job security 고용 안정, 일자리 보장
knowledge 지식	acquire knowledge 지식을 습득하다 professional knowledge 전문적 지식
moral 도덕적	a moral standard 도덕적 기준 learn a moral lesson 도덕적 교훈을 배우다
peer 동료, 또래	interact with peers 또래와 어울리다 peer group 동료(또래) 집단
punishment 처벌	physical punishment = corporal punishment 체벌 severe punishment 심각한 처벌
role 역할	play an important role in ~에 중요한 역할을 하다 role model 모범이 되는 사람

school 학교	drop out of school 학교를 중퇴하다 enter school 입학하다 graduate from school 학교를 졸업하다
sense 감각, 분별력	common sense 상식 make sense 말이 되다, 타당하다
species (동식물) 종	aquatic species 해양 생물 (종) endangered species 멸종 위기의 종
technology 기술	advanced technology 선진 기술 technology-intensive 기술 집약적인 wireless technology 무선 통신 기술

■ 많이 써보기

토플 라이팅 성적 향상에 있어서 가장 중요한 것은 최대한 많이 토플 라이팅 문제를 풀면서 실제로 글을 써보는 것입니다. 처음에 시간을 재면서 글을 써보면 시간 내에 100단어, 300단어 이상의 분량을 채우는 것이 불가능하게 느껴질 것입니다. 하지만 계속해서 글을 쓰며 연습하다 보면, 자신도 모르는 사이에 시간 내에 분량을 채우는 것이 가능해집니다. 또한 논리 정연하고 통일된 문단 구성 능력, 다양한 형식의 문장을 쓰는 영작 실력과 어휘력도 함께 길러집니다.

특히 많은 수험생들이 어려워하는 통합형(Integrated)의 경우, 문제를 많이 풀어본 수험생들에게 절대적으로 유리한데, 이 유형의 리스닝 내용과 단어에 익숙해져서 문제 파악이 용이하고, 답안 작성도 보다 체계적이고 빠르게 할 수 있기 때문입니다.

토플 시험은 컴퓨터로 시험을 보기에 영문 타자 속도가 빨라야 합니다. 따라서 아직 영타 속도가 느린 수험생들은 시험보기 전까지 하루에 하나씩 토플 라이팅 에세이 답안을 컴퓨터 키보드로 작성해 보는 연습이 필요합니다. 이렇게 하면 토플 라이팅 실력과 영타 실력 모두 기를 수 있습니다.

Q&A 13. 구어체와 문어체 차이

Q 스피킹에서 배운 표현을 그대로 라이팅에 써도 될까요?

A 우리말도 말할 때 사용하는 구어체와 글로 쓰는 문어체 간에 차이가 있습니다. 영어도 마찬가지인데요, 특히 토플 라이팅 시험과 같이 어느 정도 격식이 갖춰진 작문에서는 줄임표현을 사용하지 않습니다. 즉, 스피킹 시험에서는 don't, haven't 등의 표현이 가능하지만 라이팅 시험에서는 do not, have not 등의 줄이지 않은 표현을 사용합니다. 당연히, want to, going to의 구어체 표현인 wanna, gonna 등도 라이팅에 사용하지 않습니다.

또한 단어나 표현에 있어서도 스피킹에 어울리는 단어와 라이팅에 어울리는 단어가 다른 경우가 있습니다. 예를 들면, 토플 스피킹에서는 having said that이라는 표현을 통해, 앞에 말한 것과 반대되는 상황을 말할 수 있지만, 토플 라이팅에서는 despite of that이 더 적합합니다. 마찬가지로 these stuffs, frankly 등의 구어체 어휘를 많은 수험생들이 라이팅에서도 사용하는데, 이러한 표현들은 토플 라이팅에는 적합하지 않습니다.

하지만 이러한 예외들을 제외하고는 대부분 스피킹에서 또는 라이팅에서 배운 표현을 교차하여 사용할 수 있습니다.

토플 라이팅은 다음과 같이 2개의 문제가 나옵니다. 통합형 문제 1번에서는 자신의 의견이 아닌 리스닝 강의에서 등장하는 화자의 의견을 정리하여 쓰고, 토론형 문제 2번에서는 수험생 자신의 의견을 기술합니다.

문제 유형	문제 특징
Integrated: Question 1	학문적인 내용의 글(Reading) + 관련된 내용에 대한 반론 강의(Listening) ➡ 화자의 의견을 정리하여 답함(Writing)
Writing for an Academic Discussion: Question 2	토론 주제에 대한 나의 의견을 논리적으로 영작 ➡ 토론에 기여하는 게시판 댓글 작성

WRITING

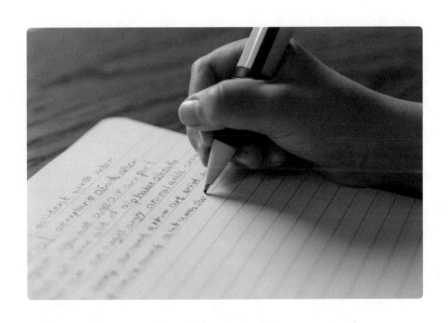

① Integrated: Question 1

라이팅 통합형 1번 문제는 스피킹 통합형 2번과 3번 문제와 마찬가지로 리딩 지문을 읽고, 이와 관련된 강의를 듣고 내용을 정리하는 유형입니다. 대부분 문제가 리딩 지문 내용에 대해 리스닝 음원에서 반박하는 의견이 나오기에 스피킹 2번 문제와 유사하면서도, 리딩 지문이 대학 교재 내용이고 리스닝 음원이 대화가 아닌 강의라는 점에서 스피킹 3번 문제와도 유사합니다. 리딩 지문과 리스닝 강의 길이 모두 스피킹 시험 보다 더 길기때문에, 더 높은 집중력이 필요합니다.

스피킹 & 라이팅 통합형 문제 비교		
	스피킹	라이팅
리딩 지문	독해 시간 45~50초 분량	독해 시간 3분 분량
리스닝 강의	1분~2분 분량	2분~2분 30초 분량
문제 포인트	리딩 지문과 연관시켜 리스닝 화자가 설명하는 바를 정리하여 1분 동안 말하기	리딩 지문과 대비되는 리스닝 화자의 포인트를 150~225 단어로 20분 동안 글로 기술

빈출 질문 패턴

- **Directions:** You have 20 minutes to plan and write your response. Your response will be judged on the basis of the quality of your writing and on how well your response presents the points in the lecture and their relationship to the reading passage. Typically, an effective response will be 150 to 225 words.

  지시사항: 여러분은 20분 동안 답안을 구상하고 작성합니다. 여러분의 답안은 여러분의 답변 수준과 얼마나 강의의 중요 사항들과 리딩 지문과의 관계를 잘 보여주는지에 기반하여 채점됩니다. 일반적으로, 좋은 답안은 150에서 225 단어로 작성됩니다.

- Summarize the points made in the lecture, being sure to explain how they oppose the

리스닝 강의 논점들 요약   리딩 지문의 구체적 논점들을 어떻게 반박하는지 설명

specific points made in the reading passage.

  리딩 지문의 구체적 논점들을 어떻게 반박하는지 설명에 초점을 두어, 리스닝 강의 논점들을 요약하세요.

- Summarize the points made in the lecture, being sure to explain how they challenge the

리스닝 강의 논점들 요약   리딩 지문의 구체적 논점들에 어떻게 이의를 제기하는지 설명

specific points made in the reading passage.

  리딩 지문의 구체적 논점들에 어떻게 이의를 제기하는지 설명에 초점을 두어, 리스닝 강의 논점들을 요약하세요.

- <u>Summarize the points made in the lecture</u>, **being sure to** <u>explain how they cast doubt</u>

  리스닝 강의 논점들 요약   리딩 지문의 구체적 논점들에 어떻게 의구심을 제기하는지 설명

  <u>on the specific theories discussed in the reading passage.</u>

  리딩 지문의 구체적 이론들에 어떻게 의구심을 제기하는지 설명에 초점을 두어, 리스닝 강의 논점들을 요약하세요.

문제 풀이 스킬

Step 1 노트에 필기할 표 그리기

리딩 지문, 리스닝 강의에는 공통적으로 하나의 주제와 그에 대한 세 가지 근거, 그리고 각각의 근거를 부연하는 세부사항이 나옵니다. 시험이 시작하면 이러한 내용들을 필기할 표를 먼저 그려 놓습니다. 리스닝 강의의 주제는 대부분 리딩 지문 주제문에 대한 반박이므로 X로 표시해 놓습니다.

노트에 표 그리기

리딩 지문 주제	리스닝 강의 주제 X
첫 번째 근거 1. 세부사항 - -	첫 번째 반박 1. 세부사항 - -
두 번째 근거 2. 세부사항 - -	두 번째 반박 2. 세부사항 - -
세 번째 근거 3. 세부사항 - -	세 번째 반박 3. 세부사항 - -

Step 2 리딩 지문 필기하기

3분 동안 주어진 리딩 지문을 읽고 핵심 내용을 필기합니다. 필기 내용이 풍성할수록 리스닝 강의 청취와 필기가 수월해지기에, 3분 동안 충실히 리딩 지문 필기에 집중합니다.

리딩 지문 필기는 노트에 그려 둔 표의 좌측 칸에, 주제 – 근거 – 세부사항 순서대로 채우는 방식으로 합니다. 주제는 보통 첫 문단에 나오며, 글의 내용과 중심 생각이 무엇인지를 나타냅니다.

이러한 주제는 두 번째 문단부터 이어지는 세 개의 문단에서 각각의 근거에 의해 지지됩니다. 보통 각각의 문단 처음에 근거가 나오고 그 뒤에 근거에 대한 세부사항이 나옵니다. 세부사항은 근거를 부연 설명하는 부분으로, 제시된 근거의 설득력을 높이기 위해 예시, 연구, 조사 등으로 내용이 등장합니다.

Step 3 리스닝 강의 필기하기

일반적으로 리스닝 강의는 리딩 지문과 다른 관점에서 주제와 근거를 설명합니다. 강의에서 사용된 각각의 근거와 세부사항이 어떻게 리딩 지문의 근거 및 세부사항을 반박하거나 의문을 제기하는지에 초점을 두어 필기합니다.

리딩 지문처럼 리스닝 강의도 주제와 세 개의 근거, 그리고 이에 대한 세부사항이 전개됩니다. 특히 리딩 지문 근거를 반박할 때, 다음과 같은 표시어(signal word)를 통해 반론이 시작되니 표시어를 놓치지 않도록 합니다.

리딩 지문 근거를 반박할 때 자주 사용되는 리스닝 강의 표시어	
첫 번째 반박	First (of all) = The first thing 먼저, 첫 번째 One interesting point 한 가지 흥미로운 논점
두 번째 반박	Second 두 번째 Next 다음 Additionally 추가적으로 Another point 또 다른 논점
세 번째 반박	Finally 마지막으로 Third 세 번째 The last point 마지막 논점
기타 (모든 반박에 사용)	Okay(=Ok) 좋아요 Well 자 Take ~을 봅시다 Although 비록 ~일지라도

이렇게 리스닝 강의의 근거와 세부사항을 표 우측 칸에 리딩 지문 근거와 대비되도록 적습니다. 리스닝 강의 내용을 제대로 이해하지 못하면, 리딩 지문 필기 내용을 참고하여 리스닝 강의 내용을 필기합니다.

리딩 지문과 리스닝 강의 필기 내용을 연계해서 요약문을 150~225 단어로 작성합니다. 비록 컴퓨터 화면에 리딩 지문이 다시 등장하지만 리딩 지문을 다시 꼼꼼하게 읽을 시간은 없습니다.

요약문은 서론 – 본론 1 – 본론 2 – 본론 3의 네 문단 구조로 작성하며, 각각의 문단에는 다음과 같은 내용의 문장이 들어가야 합니다. 만일 단어 수를 다 채우지 못했다면 결론 문장을 통해 내용을 채웁니다. 이러한 단어 채우기 문장을 통해서는 가산 점수를 받기 어렵기에 권장하지는 않습니다.

통합형 문단 구조 및 템플릿 예시	
서론	[리스닝 강의 주제] **The lecturer argues that ~** 강의자는 ~을 주장합니다.
	[세 가지 근거를 통한 반박] **By providing three reasons, the lecturer effectively challenges the main points made in the reading.** 세 가지 근거들을 제공하여, 강의자는 효과적으로 리딩의 주요 논점들에 이의를 제기합니다.
본론1	[리스닝 근거 1 소개] **First, the lecturer asserts that ~** 먼저, 강의자는 ~을 주장합니다.
	[리스닝 세부사항 요약(1~2 문장)] **To illustrate his/her point, he/she talks about ~** 자신의 요점을 설명하기 위해, 그/그녀는 ~에 대해 이야기합니다
	[관련 리딩 근거 반박] **This counters the claim in the reading that ~** 이것은 ~라는 리딩의 주장을 반박합니다.
본론2	[리스닝 근거 2 소개] **Next, the lecturer contends that ~** 다음, 강의자는 ~을 주장합니다.
	[리스닝 세부사항 요약(1~2 문장)] **He/She points out that ~** 그/그녀는 ~을 지적합니다.
	[관련 리딩 근거 반박] **This contradicts the reading's claim that ~** 이는 ~라는 리딩의 주장을 반박합니다.

WRITING

본론3	[리스닝 근거 3 소개] Finally, the lecturer maintains that ~ 마지막으로, 강의자는 ~을 주장합니다.
	[리스닝 세부사항 요약(한 두 문장)] He/She mentions that ~ 그/그녀는 ~을 언급합니다.
	[관련 리딩 근거 반박] This refutes the reading's argument that ~ 이는 ~라는 리딩의 주장을 반박합니다.
결론 (단어 수 채우기용)	[전체 내용 요약] In conclusion, the points made in the lecture contradict those made in the reading and show that ~ 결론으로, 강의에 논점들은 리딩의 그것들을 반박하며 ~임을 보여줍니다.

필기 내용을 템플릿에 대입하여 요약문을 완성합니다. '주장하다'라는 표현을 할 때에는 argue, assert, contend, maintain 등의 동사를 골고루 섞어서 사용하기 바랍니다. 반박을 할 때에는 counter, refute, dispute, contradict, challenge 등의 동사를 주로 사용합니다. 반박보다는 약한, '의구심을 갖는다'라고 표현하고 싶으면, doubt, cast doubt on의 표현을 사용하면 됩니다. 만약 리딩에서 놓친 부분을 강조할 경우 emphasize, point out 등을 활용합니다.

요약문을 완성하였는데 시간이 아직 남아 있으면 바로 다음 페이지로 넘어가지 말고, 남은 시간까지 찬찬히 다시 읽어 보면서 교정(proofreading)을 봅니다. 교정을 볼 때에는 철자 오타나 주어-동사 수일치와 같은 간단한 문법 사항을 중점적으로 체크합니다. 특히 고득점을 노리는 수험생들에게 교정은 선택이 아닌 필수이므로 교정 시간을 염두에 두고 작문을 해야 합니다.

Q&A 14. 팝송, 미드로 토플 공부

Q 팝송이나 미드로 토플 시험 준비해도 될까요?

A 토플 공부를 좀 더 재밌게 하기를 원해서 팝송과 미드로 공부하려는 수험생들이 있습니다. 팝송과 미드는 영어권 국가의 문화를 이해하고 여러 영어 표현들을 자연스럽게 배우는데 많은 도움이 됩니다. 하지만 토플 시험 공부를 토플 교재 대신에 팝송과 미드를 통해 공부한다면 수개월에 끝낼 것을 몇 년이 걸려도 끝마치지 못하게 됩니다. 왜냐하면 여러분은 시험에 나오는 내용으로 범위를 좁혀서 그 부분을 집중적으로 공부해야 하기 때문입니다. 토플에 나오는 주제와 어휘, 문제 유형에 익숙해지려면 당연히 토플 교재로 공부해야 합니다. 물론 토플 공부를 하다가 중간에 쉴 때는 가요를 듣거나 한국 드라마를 보는 것 보다는 팝송을 듣고 미드를 보며 휴식을 취하는 것이 조금 더 도움이 되겠죠.

3분 동안 리딩 지문을 읽고 관련 강의를 들은 후 요약문을 작성하는 통합형 유형에 대해 확실히 숙지하세요.

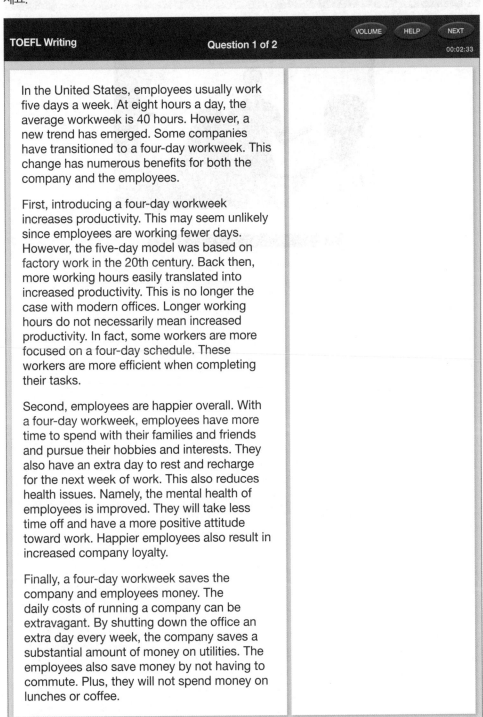

TOEFL Writing   **Question 1 of 2**

VOLUME   HELP   NEXT

00:02:33

In the United States, employees usually work five days a week. At eight hours a day, the average workweek is 40 hours. However, a new trend has emerged. Some companies have transitioned to a four-day workweek. This change has numerous benefits for both the company and the employees.

First, introducing a four-day workweek increases productivity. This may seem unlikely since employees are working fewer days. However, the five-day model was based on factory work in the 20th century. Back then, more working hours easily translated into increased productivity. This is no longer the case with modern offices. Longer working hours do not necessarily mean increased productivity. In fact, some workers are more focused on a four-day schedule. These workers are more efficient when completing their tasks.

Second, employees are happier overall. With a four-day workweek, employees have more time to spend with their families and friends and pursue their hobbies and interests. They also have an extra day to rest and recharge for the next week of work. This also reduces health issues. Namely, the mental health of employees is improved. They will take less time off and have a more positive attitude toward work. Happier employees also result in increased company loyalty.

Finally, a four-day workweek saves the company and employees money. The daily costs of running a company can be extravagant. By shutting down the office an extra day every week, the company saves a substantial amount of money on utilities. The employees also save money by not having to commute. Plus, they will not spend money on lunches or coffee.

Narrator: Now listen to part of a lecture on the topic you just read about.

🎧 5-01.mp3

VOLUME   HELP   NEXT

00:20:00

Directions: You have 20 minutes to plan and write your response. Your response will be judged on the basis of the quality of your writing and on how well your response presents the points in the lecture and their relationship to the reading passage. Typically, an effective response will be 150 to 225 words.

Question: Summarize the points in the lecture, being sure to explain how they contradict the specific points made in the reading passage.

Cut   Paste   Undo   Redo   Word Count: 0

In the United States, employees usually work five days a week. At eight hours a day, the average workweek is 40 hours. However, a new trend has emerged. Some companies have transitioned to a four-day workweek. This change has numerous benefits for both the company and the employees.

First, introducing a four-day workweek increases productivity. This may seem unlikely since employees are working fewer days. However, the five-day model was based on factory work in the 20th century. Back then, more working hours easily translated into increased productivity. This is no longer the case with modern offices. Longer working hours do not necessarily mean increased productivity. In fact, some workers are more focused on a four-day schedule. These workers are more efficient when completing their tasks.

Second, employees are happier overall. With a four-day workweek, employees have more time to spend with their families and friends and pursue their hobbies and interests. They also have an extra day to rest and recharge for the next week of work. This also reduces health issues. Namely, the mental health of employees is improved. They will take less time off and have a more positive attitude toward work. Happier employees also result in increased company loyalty.

Finally, a four-day workweek saves the company and employees money. The daily costs of running a company can be extravagant. By shutting down the office an extra day every week, the company saves a substantial amount of money on utilities. The employees also save money by not having to commute. Plus, they will not spend money on lunches or coffee.

WRITING

Step 1 노트에 필기할 표 그리기

기계적으로 아래와 같이 표를 그려 놓습니다.

	X
1. - -	1. - -
2. - -	2. - -
3. - -	3. - -

In the United States, employees usually work five days a week. At eight hours a day, the average workweek is 40 hours. However, a new trend has emerged. Some companies have transitioned to a four-day workweek. This change has numerous benefits for both the company and the employees.

First, introducing a four-day workweek increases productivity. This may seem unlikely since employees are working fewer days. However, the five-day model was based on factory work in the 20th century. Back then, more working hours easily translated into increased productivity. This is no longer the case with modern offices. Longer working hours do not necessarily mean increased productivity. In fact, some workers are more focused on a four-day schedule. These workers are more efficient when completing their tasks.

Second, employees are happier overall. With a four-day workweek, employees have more time to spend with their families and friends and pursue their hobbies and interests. They also have an extra day to rest and recharge for the next week of work. This also reduces health issues. Namely, the mental health of employees is improved. They will take less time off and have a more positive attitude toward work. Happier employees also result in increased company loyalty.

Finally, a four-day workweek saves the company and employees money. The daily costs of running a company can be extravagant. By shutting down the office an extra day every week, the company saves a substantial amount of money on utilities. The employees also save money by not having to commute. Plus, they will not spend money on lunches or coffee.

4d workweek – benefit: com & emp		X
1. ↑ productivity	1.	
– 5d model: factory work, 20th	–	
↔ modern offices: more focused 4d →	–	
more efficient		
2. emp happier	2.	
– more time w/ family & friend, hobby &	–	
interest	–	
– rest & recharge, ↓ health issue		
∴ ↑ com loyalty		
3. save money	3.	
– daily cost of running com/utilities	–	
– emp: X commute, X lunch/coffee	–	

WRITING

This article highlights several benefits that accompany the four-day workweek. But, real-life cases do not support these claims. The four-day workweek decreases productivity, has no effect on employee happiness, and actually costs companies money.

First, employees are less motivated and productive because of the four-day workweek. The article mentioned that the five-day model originated with factory work. With manufacturing, the factory produces more as long as workers are manning the assembly line, the machines. This same idea still translates to the office environment. Of course, more working time results in more work done. Plus, worker efficiency isn't dependent on the working days, but rather on effective management. Good, efficient workers will always get more done with an extra day every week. In fact, a Japanese company reported a 20% decrease in productivity after switching to a four-day week.

Second, there is no change in the happiness of employees. If an employee isn't satisfied with their place of employment, that dissatisfaction will continue until the real causes are addressed. In surveys, disgruntled employees report far more serious issues with their workplaces than simply the working time. Issues involving conflicts with management or coworkers, lack of promotions, and general disinterest in the work cause much more stress and damage to mental health. A four-day workweek would just place a band-aid over a far more serious problem.

Finally, companies lose money by implementing four-day workweeks. Projects run longer due to the shorter workweeks, so expected profits are further delayed. This reduced profitability even dissuades investors from remaining with the company, or even investing in it in the first place. This loss of investment far outweighs any financial benefits from closing the office one day a week.

4d workweek – benefit: com & emp		X
1. ↑ productivity - 5d model: factory work, 20th ↔ modern offices, more focused 4d → more efficient		1. ↓ motivated/productive - factory = office, ↑ work time → ↑ work done - worker efficiency: X working days, O effective management Jap com 20% ↓ productivity
2. emp happier - more time w/ family & friend, hobby & interest - rest & recharge, ↓ health issue ∴ ↑ com loyalty		2. emp X change in happiness - surv: issues - workplaces > working time, ↑ stress/damage to mental health - 4d band-aid
3. save money - daily costs of running com, utilities - emp: X commute, X lunch/coffee		3. com lose money - proj longer → profits delayed → ↓ profitability → loss of investment > any benefits from closing

4d workweek – benefit: com & emp	X A

1. ↑ productivity   **R1**
   – 5d model: factory work, 20th
   ↔ modern offices: more focused 4d →
   more efficient
	1. ↓ motivated/productive **L1**
	   – factory = office, ↑ work time → ↑
	   work done
	   – worker efficiency: X working days,
	   O effective management
	   Jap com 20% ↓ productivity **L1'**

2. emp happier
   – more time w/ family & friend, hobby &
   interest
   – rest & recharge, ↓ health issue
   ∴ ↑ com loyalty   **R2**
	2. emp X change in happiness **L2**
	   – surv: issues – workplaces > working
	   time, ↑ stress/damage to mental
	   health
	   – 4d band-aid **L2'**

3. save money
   – daily cost of running com, utilities
   – emp: X commute, X lunch/coffee   **R3**
	3. com lose money **L3**
	   – proj longer → profits delayed →
	   ↓ profitability → loss of investment >
	   any benefits from closing **L3'**

The lecturer argues that **A**. By providing three reasons, the lecturer effectively challenges the main points made in the reading.

First, the lecturer asserts that **L1**. To illustrate his point, he talks about **L1'**. This counters the claim in the reading that **R1**.

Next, the lecturer contends that **L2**. He points out that **L2'**. This contradicts the reading's claim that **R2**.

Finally, the lecturer maintains that **L3**. He mentions that **L3'**. This refutes the reading's argument that **R3**.

In conclusion, the points made in the lecture contradict those made in the reading and show that **A**.

샘플 답안

The lecturer argues that **the four-day workweek does not benefit both companies and their employees.** By providing three reasons, the lecturer effectively challenges the main points made in the reading.

강의자는 주 4일 근무가 회사와 직원 모두에게 도움이 되지 않는다고 주장합니다. 세 가지 근거들을 제공하여, 강의자는 효과적으로 리딩의 주요 논점들에 이의를 제기합니다.

First, the lecturer asserts that **the four-day workweek reduces employees' motivation and productivity.** To illustrate his point, he talks about **how modern offices are not that different from the factories in the 20th century, so more work time causes more work done.** This counters the claim in the reading that **the four-day workweek boosts productivity.**

먼저, 강의자는 주 4일 근무가 직원의 동기 부여와 생산성을 감소시킨다고 주장합니다. 자신의 요점을 설명하기 위해, 그는 얼마나 현대 사무실들이 20세기 공장들과 다르지 않은지, 그래서 더 많은 근무 시간이 더 많은 작업을 끝내도록 하는 것에 대한 이야기를 합니다. 이것은 주 4일 근무가 생산성을 증가시킨다는 리딩의 주장을 반박합니다.

Next, the lecturer contends that **there is no change in the happiness of employees.** He points out that **issues related to the workplace should be addressed first to improve mental health.** This contradicts the reading's claim that **employees become happier and healthier because they have more time to rest and recharge.**

다음, 강의자는 직원 행복에 변화가 없다고 주장합니다. 그는 정신 건강을 향상시키기 위해 직장과 관련된 문제들이 먼저 해결되어야 한다고 지적합니다. 이는 직원들이 휴식을 취하고 재충전할 더 많은 시간을 가지기 때문에 더 행복해지고 건강해진다는 리딩의 주장을 반박합니다.

Finally, the lecturer maintains that **companies lose money.** He mentions that **projects need a longer time, which causes delayed profits resulting in loss of investments.** This refutes the reading's argument that **companies have financial advantages.**

마지막으로, 강의자는 회사가 돈을 잃게 된다고 주장합니다. 그는 프로젝트들은 더 긴 시간을 필요로 하고, 이는 지연된 수익을 불러와 투자 손실로 이어진다는 것을 언급합니다. 이는 회사가 재정적 이점이 있다는 리딩의 주장을 반박합니다.

(In conclusion, the points made in the lecture contradict those made in the reading and show that **the four-day workweek is not a beneficial system for both companies and employees.**) → 생략 가능

결론으로, 강의에 논점들은 리딩의 그것들을 반박하며 주 4일 근무가 회사와 직원 모두에게 유익한 제도가 아님을 보여줍니다.

단어 수: 201개(결론 생략 시 171개)

● 리딩

미국에서, 직원들은 일반적으로 일주일에 5일 근무합니다. 하루에 8시간씩, 일주일 평균 근무가 40시간입니다. 하지만, 새로운 경향이 나타났습니다. 일부 회사들이 주 4일 근무제로 변환한 것입니다. 이러한 변화는 회사와 직원들 모두에게 다수의 이점이 있습니다.

우선, 주 4일 근무제를 도입하는 것은 생산성을 증가시킵니다. 이는 직원들이 더 적게 근무하기 때문에 불가능해 보일 수 있습니다. 하지만, 5일 근무 체제는 20세기에 있었던 공장 근무를 바탕으로 한 것이었습니다. 그 당시에, 더 많은 근무 시간은 생산성 증가로 쉽게 해석되었습니다. 이는 더 이상 현대의 사무실에 해당되는 경우가 아닙니다. 더 많은 근무 시간이 반드시 생산성 증가를 의미하는 것은 아닙니다. 사실, 일부 직원들은 4일 근무 일정에 더 집중합니다. 이 직원들은 각자의 업무를 완료할 때 더욱 효율적입니다.

두 번째로, 직원들이 전반적으로 더 행복해집니다. 주 4일 근무제로, 직원들은 가족 및 친구들과 시간을 보내거나 각자의 취미와 관심사를 추구할 시간을 더 많이 갖습니다. 또한 다음 일주일 업무에 대비해 휴식하고 재충전할 수 있는 여분의 하루가 생깁니다. 이는 또한 건강 문제들도 줄여줍니다. 즉, 직원들의 정신 건강이 향상되는 것이죠. 업무를 위해 더 적은 시간을 쉬게 되고 더욱 긍정적인 태도를 갖게 됩니다. 더 즐거워진 직원들은 또한 애사심 증대라는 결과도 낳게 됩니다.

마지막으로, 주 4일 근무제로 인해 회사와 직원들이 돈을 아끼게 됩니다. 회사를 운영하는 일일 비용은 낭비적일 수 있습니다. 매주 1일을 더 사무실을 닫음으로써, 회사는 공공 서비스에 들어가는 상당한 액수의 돈을 절약하게 됩니다. 직원들 또한 통근할 필요가 없어짐으로써 돈을 아끼게 됩니다. 또한, 점심 식사나 커피에 들이는 돈도 소비하지 않게 됩니다.

● 내레이터

이제 당신이 방금 읽은 주제와 관련된 강의를 들어보세요.

● 리스닝

이 기사는 주 4일 근무제에 동반되는 여러 이점들을 강조하고 있습니다. 하지만, 실제 사례들이 이와 같은 주장을 뒷받침하지 않습니다. 주 4일 근무는 생산성을 저하시키고, 직원의 행복에 아무런 영향을 주지 않으며, 실제로는 회사에 비용을 들게 합니다.

첫째로, 직원들은 주 4일 근무제로 인해 동기부여를 덜 받고 덜 생산적이게 됩니다. 기사는 주 5일 근무제가 공장 근무에서 유래되었다고 언급했습니다. 제조 과정에서, 직원들이 조립 라인, 즉 기계에 배치되어 있는 한 공장은 더 많은 것을 생산합니다. 이러한 동일한 생각은 사무실 환경에서도 계속해서 적용됩니다. 당연히, 근무 시간이 많을수록 더 많이 일하는 결과를 가져옵니다. 게다가, 직원 효율성은 근무 일수에 달려있지 않고, 오히려 효과적인 관리에 달려있습니다. 성실하고, 유능한 직원은 매주 하루 더 일을 하면서 더 많은 일을 해낼 것입니다. 실제로, 일본의 한 회사가 주 4일 근무제로 바꾼 이후에 20퍼센트의 생산성 하락을 보고했습니다.

둘째, 직원들의 행복에 변화가 없습니다. 만약 한 직원이 근무지에 만족하지 않는다면, 그 불만족은 실제적인 원인들이 해소되기 전까지 계속될 것입니다. 설문조사에서, 불만을 품은 직원들은 단순히 근무시간보다 업무 현장에 대해 훨씬 더 심각한 문제들을 보고합니다. 경영진 또는 동료와의 갈등, 승진 부족, 그리고 직장에서의 전형적인 무관심과 같은 문제들이 훨씬 더 스트레스를 불러일으키고 정신 건강에 피해를 줍니다. 주 4일 근무제는 훨씬 더 심각한 문제에 단지 임시 처방을 하는 것입니다.

마지막으로, 회사는 주 4일 근무제를 시행함으로써 돈을 잃게 됩니다. 더 짧은 주당 근무 시간으로 인해 프로젝트는 더 오래 지속되어서, 예상된 이익은 더 지연됩니다. 이러한 감소된 수익성은 투자자들이 이 회사에 남아있지 않게 하거나 심지어 처음부터 투자하지 않도록 만류합니다. 이러한 투자 손실은 한 주에 하루 사무실을 닫음으로써 얻게 되는 어떠한 재정적 이점보다 훨씬 더 큽니다.

● 질문
리딩 지문의 구체적 논점들을 어떻게 반박하는지 설명에 초점을 두어, 리스닝 강의 논점들을 요약하세요.

Vocabulary

리딩

□ usually 보통, 일반적으로
□ average 평균의, 평균
□ workweek 주 노동 일수[시간]
□ trend 경향, 추세
□ emerge 나타나다, 떠오르다
□ transition to ~로 변환, 변모
□ numerous 다수의, 수많은
□ benefit 이점, 혜택
□ introduce ~을 도입하다
□ productivity 생산성
□ seem 보이다
□ unlikely 가능성이 없는
□ be based on ~을 기반으로 하다
□ translate ~을 해석하다, 이해하다

□ no longer 더 이상 ~ 않는
□ case 경우, 사례
□ be focused on ~에 집중되다
□ efficient 효율적인
□ complete ~을 완료하다
□ task 업무, 일
□ overall 전반적으로
□ pursue ~을 추구하다
□ interest 관심(사)
□ extra 여분의, 추가의
□ rest 휴식하다
□ recharge 재충전하다
□ reduce ~을 감소시키다
□ namely 즉, 다시 말해

□ mental 정신의, 마음의
□ improve ~을 향상시키다
□ take A off A만큼 쉬다
□ positive 긍정적인
□ attitude 태도
□ result in ~라는 결과를 낳다
□ loyalty 충성(심)
□ save A money A에게 돈을 아껴주다
□ run ~을 운영하다, 계속하다
□ extravagant (비용 등이) 엄청난
□ shut down ~을 폐쇄하다
□ substantial 상당한
□ utilities (수도, 전기 등의) 공공 서비스
□ commute 통근하다

리스닝

- □ highlight ~을 강조하다
- □ accompany ~에 동반되다
- □ real-life 실제, 실생활
- □ support ~을 뒷받침하다
- □ claim 주장
- □ have no effect on ~에 아무 영향이 없다
- □ cost A money A에게 돈이 들게 하다
- □ motivated 동기 부여된
- □ mention that ~라고 언급하다
- □ originate 유래되다
- □ manufacturing 제조(업)
- □ as long as ~하는 한

- □ assembly 조립
- □ translate to ~로 이어지다, 연관되다
- □ dependent on ~에 달려 있는
- □ switch to ~로 바꾸다
- □ dissatisfaction 불만족
- □ address ~을 다루다, 처리하다
- □ disgruntled 불만스러워 하는
- □ simply 단순히, 그저
- □ involve ~을 수반하다
- □ conflict 갈등
- □ management 경영진
- □ coworker 동료

- □ lack 부족
- □ promotion 승진
- □ disinterest 무관심
- □ damage ~을 손상시키다
- □ band-aid 반창고, 임시 처방
- □ implement ~을 시행하다
- □ profit 이익, 수익
- □ profitability 수익성
- □ dissuade ~을 만류하다
- □ remain 남아 있다
- □ outweigh ~보다 더 크다
- □ financial 재정의, 금융의

샘플 답안

- □ benefit ~에게 도움이 되다
- □ motivation 동기 부여
- □ boost ~을 증가시키다, 돋우다
- □ related to ~와 관련된

- □ address ~을 다루다, 해결하다
- □ mental health 정신 건강
- □ rest 쉬다

- □ recharge 재충전하다
- □ advantage 이점, 장점
- □ beneficial 유익한, 이로운

② Writing for an Academic Discussion: Question 2

라이팅 2번 문제는 토론형 문제로, 온라인 수업 게시판에 교수님이 한 주제에 대한 질문을 게시하고, 학생들이 본인의 아이디어로 답변합니다. 이 때, 토론에 기여하는 의견을 100 단어 이상의 논리정연한 댓글로 작성해야 합니다. 주어진 시간은 10분으로, 빠르게 질문과 다른 학생들의 의견을 파악한 한 후 자신만의 답안을 작성합니다.

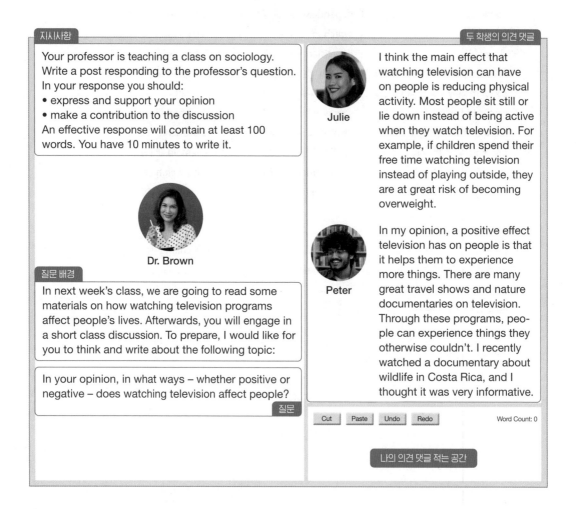

지시사항

Your professor is teaching a class on sociology. Write a post responding to the professor's question. In your response you should:
• express and support your opinion
• make a contribution to the discussion
An effective response will contain at least 100 words. You have 10 minutes to write it.

Dr. Brown

질문 배경

In next week's class, we are going to read some materials on how watching television programs affect people's lives. Afterwards, you will engage in a short class discussion. To prepare, I would like for you to think and write about the following topic:

In your opinion, in what ways – whether positive or negative – does watching television affect people?

질문

두 학생의 의견 댓글

Julie

I think the main effect that watching television can have on people is reducing physical activity. Most people sit still or lie down instead of being active when they watch television. For example, if children spend their free time watching television instead of playing outside, they are at great risk of becoming overweight.

Peter

In my opinion, a positive effect television has on people is that it helps them to experience more things. There are many great travel shows and nature documentaries on television. Through these programs, people can experience things they otherwise couldn't. I recently watched a documentary about wildlife in Costa Rica, and I thought it was very informative.

Cut   Paste   Undo   Redo   Word Count: 0

나의 의견 댓글 적는 공간

빈출 질문 패턴

질문은 크게 '지시사항(Directions)', '질문배경'과 '질문', 그리고 질문에 대한 '두 학생의 의견 댓글' 구조로 되어 있습니다.

• 지시사항

Your professor is teaching a class on sociology. Write a post responding to the professor's question. In your response you should:

· express and support your opinion

· make a contribution to the discussion

An effective response will contain at least 100 words. You have 10 minutes to write it.

교수님은 사회학 수업을 가르치고 있습니다. 교수님의 질문에 응답하는 게시글을 작성하세요.

답변에는 반드시:

· 본인의 의견을 표현하고 뒷받침하세요

· 토론에 기여하세요

좋은 답안은 100단어 이상으로 작성됩니다. 여러분은 10분 동안 답안을 작성합니다.

꿀팁 상기에 제시된 지시사항은 과목(교재에 붉은 색 표시) 이름을 제외하고는 동일하므로 실제 시험 볼 때 읽을 필요는 없습니다.

• 질문배경

토론 질문에 대한 배경을 교수님이 설명한 글로, 질문에 대한 이해를 돕습니다.

꿀팁 질문에 대한 답변을 위한 특별한 정보를 제공하지는 않기에, 실제 시험을 볼 때 꼭 읽을 필요는 없습니다

• 질문

질문은 보통 두 가지 입장 또는 의견 중 하나를 선택하는 A or B로 출제되며, 드물게 open-ended(선택의 제약 없이 답변 가능)로 출제되기도 합니다.

[A or B 패턴]

Is it better to work for yourself or be employed at a company?

Is the internet more useful or is it more harmful for students?

독자적으로 일하는 것(창업 포함)이 더 낫나요, 아니면 회사에 고용되는 것이 더 낫나요?

인터넷은 학생들에게 더 유용한가요, 아니면 더 해로운가요?

꿀팁 실제 시험에서 [Agree or Disagree 패턴]이 [A or B 패턴] 보다 더 자주 출제됩니다.

[Open-ended 패턴]

What do you think is the most important quality of a good leader?

What do you think is the most important factor when looking for a new job? Why do you think it is important?

How can city governments reduce traffic?

좋은 리더에 가장 중요한 자질은 무엇이라고 생각하나요?

새로운 직장을 구할 때 가장 중요한 요소가 무엇인가요? 왜 중요하다고 생각하나요?

도시 정부는 어떻게 교통량을 줄일 수 있을까요?

- 두 학생의 의견 댓글

  교수님이 게시한 질문에 이미 두 학생이 서로 다른 의견으로 게시한 댓글이 화면 우측에 제시됩니다. 여러분은 이 의견들을 읽으면서 자신의 입장, 자신만의 의견을 준비해야 합니다.

문제 풀이 스킬

Step 1 과목과 질문을 파악하기

지시사항을 모두 읽을 필요 없이, 어떤 과목에 대한 질문인지 파악하고, 교수님의 질문을 읽습니다. 질문이 A or B 패턴인지 open-ended 패턴인지 파악합니다.

Step 2 동의할 학생 의견 정하기

교수님의 질문에 답변하는 두 학생의 게시글이 함께 나옵니다. A or B 패턴에는 서로 반대되는 의견을, open-ended 패턴에는 단순히 학생들의 의견이 제시됩니다. A or B 패턴에서는, 자신이 동의하는 학생을 정하고 그 학생의 주장과 예시를 빠르게 정리합니다. Open-ended 패턴에서는, 두 학생의 주장 핵심만 빠르게 정리합니다.

Step 3 답안 작성하기

10분 이내에 교수님 질문 읽기, 두 학생의 의견 파악하기, 자신의 댓글 작성을 해야 하기에, 브레인스토밍 없이 바로 작성합니다. 이때 머리 속에 미리 숙지한 템플릿이 있다면 10분 이내에 충분히 토론에 참여하는 글을 쓸 수 있습니다. 다음과 같은 템플릿을 숙지하여 빠르게 답안을 작성하세요.

토론형 답안 구조 및 템플릿 예시		
첫 번째 문장	[A or B] [내가 동의하는 입장의 학생 의견 언급] I agree with Jake's opinion that ~ 나는 ~라는 제이크의 의견에 동의합니다. Jake made a good point that ~ 제이크는 ~라는 좋은 점을 지적했습니다.	[Open-ended] [두 학생의 의견 언급] Jake and Mary made valid points that ~ 제이크와 메리는 ~라는 중요한 점을 지적했습니다. Jake and Mary gave good examples of ~ 제이크와 메리는 ~에 대한 좋은 예시를 들었습니다.
두 번째 문장	[A or B] [학생의 의견에 추가할 나만의 예시] For example, 예를 들어,	[Open-ended] [두 학생의 예시 1, 2 언급] 예시 1 and 예시 2 are certainly ~ 예시 1과 예시 2는 확실히 ~합니다.
세 번째 문장	[나의 의견으로 전환] However, I do not think this is the most important reason. 하지만, 나는 이것이 가장 중요한 이유라고 생각하지 않습니다.	
네 번째 문장	[나의 의견] In my opinion, (=I am of the opinion that ~) 내 생각에는,	

다섯~일곱 번째 문장	[나의 의견을 뒷받침하는 근거 혹은 예시] **For example, (=For instance,)** 예를 들어,
마지막 문장	[결론] **Therefore, I think ~** 그러므로, 나는 ~라고 생각합니다.

꿀팁 1. 토론에 기여하는 토론형 문제인 만큼 교수님과 학생들이 언급하지 않은 이유와 예시를 써야 점수를 얻을 수 있습니다.

2. 질문과 학생의 글을 그대로 가져오는 것 보단 paraphrasing 기술을 활용하여 문장을 변형하도록 합니다.

3. 토론형 문제이지만 구어는 사용하면 안 되고 학술적 글쓰기(academic writing) 규칙을 지켜야 합니다.

4. 이미 의견을 낸 다른 학생들의 의견을 존중하면서, 자신의 의견을 밝힙니다.

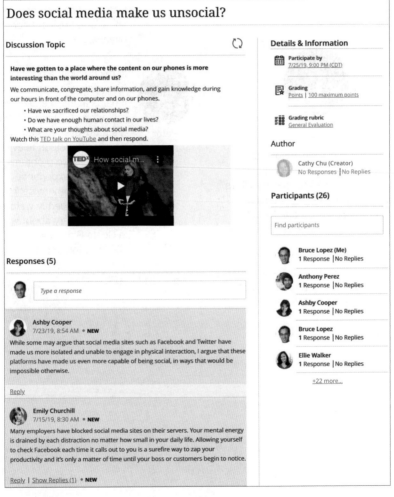

<미국 대학 아카데믹 토론 게시판 예시>

[출처: https://help.blackboard.com]

아래 예제를 풀어보고 관련 문제 유형에 대해 확실히 숙지하세요.

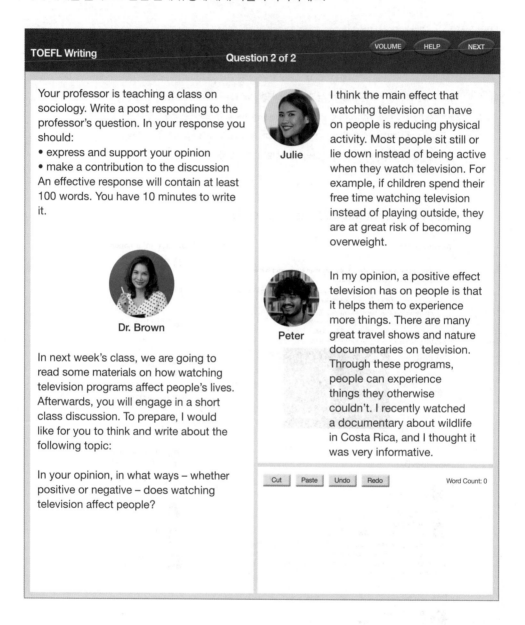

Your professor is teaching a class on sociology. Write a post responding to the professor's question. In your response you should:
• express and support your opinion
• make a contribution to the discussion
An effective response will contain at least 100 words. You have 10 minutes to write it.

Dr. Brown

In next week's class, we are going to read some materials on how watching television programs affect people's lives. Afterwards, you will engage in a short class discussion. To prepare, I would like for you to think and write about the following topic:

In your opinion, in what ways – whether positive or negative – does watching television affect people?

Julie

I think the main effect that watching television can have on people is reducing physical activity. Most people sit still or lie down instead of being active when they watch television. For example, if children spend their free time watching television instead of playing outside, they are at great risk of becoming overweight.

Peter

In my opinion, a positive effect television has on people is that it helps them to experience more things. There are many great travel shows and nature documentaries on television. Through these programs, people can experience things they otherwise couldn't. I recently watched a documentary about wildlife in Costa Rica, and I thought it was very informative.

Cut Paste Undo Redo   Word Count: 0

Step 1 과목과 질문을 파악하기

하이라이트 된 부분 위주로 문제를 읽습니다.

Your professor is teaching a class on sociology. Write a post responding to the professor's question. In your response you should:
- express and support your opinion
- make a contribution to the discussion

An effective response will contain at least 100 words. You have 10 minutes to write it.

Dr. Brown

In next week's class, we are going to read some materials on how watching television programs affect people's lives. Afterwards, you will engage in a short class discussion. To prepare, I would like for you to think and write about the following topic:

In your opinion, in what ways – whether positive or negative – does watching television affect people?

교수님이 사회학 수업을 가르치고 있습니다. 교수님의 질문에 응답하는 게시글을 작성하세요.
답변에는 반드시:
· 본인의 의견을 표현하고 뒷받침하세요
· 토론에 기여하세요
좋은 답안은 100단어 이상으로 작성됩니다. 여러분은 10분 동안 답안을 작성합니다.

다음 주 수업에서, 우리는 텔레비전 프로그램 시청이 사람들 삶에 어떻게 영향을 주는지에 대한 몇 가지 자료를 읽을 것입니다. 이후, 여러분은 수업 중 짧은 토론에 참여할 것입니다. 준비를 위해, 여러분은 다음 주제에 대하여 생각하고 작성해 주세요:

당신의 생각에는, 텔레비전 시청이 – 긍정적이든 부정적이든 – 사람들에게 어떤 방식으로 영향을 미치나요?

Step 2 동의할 학생 의견 정하기

첫 번째 학생은 부정적, 두 번째 학생은 긍정적 의견을 제시하는 것을 파악한 후, 자신의 의견과 동의할 학생을 정합니다.

Julie : I think the main effect that watching television can have on people is reducing physical activity. Most people sit still or lie down instead of being active when they watch television. For example, if children spend their free time watching television instead of playing outside, they are at great risk of becoming overweight.

나는 텔레비전이 사람들에게 주는 주요 영향은 신체 활동 감소라고 생각합니다. 대부분의 사람들은 텔레비전을 시청할 때 활동하는 대신 가만히 앉아있거나 누워있습니다. 예를 들어, 아이들이 밖에서 노는 대신 여간 시간을 텔레비전 시청하는 것에 쓴다면, 과체중이 될 큰 위험에 있습니다.

→ 부정적

Peter : In my opinion, a positive effect television has on people is that it helps them to experience more things. There are many great travel shows and nature documentaries on television. Through these programs, people can experience things they otherwise couldn't. I recently watched a documentary about wildlife in Costa Rica, and I thought it was very informative.

내 생각에는, 텔레비전이 사람들에게 미치는 긍정적인 영향은 더 많은 것을 경험하도록 돕는다는 점입니다. 텔레비전에는 훌륭한 여행 프로그램과 자연 다큐멘터리가 많이 있습니다. 이러한 프로그램을 통해, 사람들은 다른 방법으로는 경험할 수 없었던 것들을 경험할 수 있습니다. 나는 최근에 코스타리카에 있는 야생 생물에 관한 다큐멘터리를 봤는데, 매우 유익하다고 생각했습니다.

→ 긍정적

빠르게 동의한 학생의 주장을 언급하며 덧붙일 예시를 추가합니다. 그 다음 나의 의견으로 전환하여 자신의 의견을 주장 + 예시 + 결론으로 작성합니다.

정답

I agree with Peter's point that **television can help people experience a wide variety of things. Science shows can certainly teach people about new technologies.** However, I do not think it is the most important **effect of television. In my opinion, people watch television as a distraction from their lives. They might have many problems at their workplace or school that give them a lot of stress. Watching movies or TV shows can help them forget those problems and be entertained.** Personally, when I am feeling upset, I turn on a comedy show, and I always feel much better afterwards. Therefore, **television can have the effect of being a distraction from stress.**

나는 텔레비전이 사람들이 다양한 것을 경험하는 데 도움이 될 수 있다는 Peter의 의견에 동의합니다. 과학 프로그램은 확실히 사람들에게 새로운 기술에 대해 알려줄 수 있습니다. 하지만, 나는 이것이 텔레비전의 가장 중요한 영향이라고 생각하지 않습니다. 내 생각에는, 사람들은 텔레비전을 본인들의 삶으로부터 머리를 식힐 거리로 시청합니다. 사람들은 직장이나 학교에서 엄청난 스트레스를 주는 문제들을 많이 갖고 있을 것입니다. 영화나 텔레비전 프로그램을 시청하는 것이 그 문제들을 잊고 즐겁게 하는 데 도움이 될 수 있습니다. 개인적으로, 나는 속상함을 느낄 때, 코미디 프로그램을 켜고 나면, 항상 이후에 기분이 훨씬 좋아집니다. 그러므로, 텔레비전은 스트레스로부터 머리를 식히는 효과가 있을 수 있습니다.

단어 수: 112개

Vocabulary

- □ **material** 자료
- □ **affect** 영향을 주다
- □ **engage** 참여하다
- □ **discussion** 토론
- □ **prepare** 준비하다
- □ **way** 방식, 방법
- □ **reduce** 감소하다
- □ **physical activity** 신체 활동

- □ **instead** 대신
- □ **risk** 위험
- □ **overweight** 과체중
- □ **experience** 경험하다
- □ **travel** 여행
- □ **wildlife** 야생 생물
- □ **informative** 유익한, 정보를 주는
- □ **variety of** 다양한

- □ **certainly** 확실히
- □ **technology** 기술
- □ **distraction** 머리를 식힐 거리
- □ **workplace** 직장
- □ **entertain** 즐겁게 해 주다
- □ **personally** 개인적으로
- □ **upset** 속상한

WRITING

Question 1

Studies have revealed that people are reading less and less literature. This is especially true among young people. Fewer people are reading novels, plays, and poetry, and fewer students are studying these classic works in university. This decreased interest negatively affects reading culture, culture overall, and the future of writing as an art form.

While the state of reading culture is poor nowadays, with fewer people reading books in general, the decline has been particularly severe for literature. This is worrisome, as no other mental activity provides the same benefits as reading literature. By reading literature, people can expand their minds and learn how to understand each other better. At the same time, it greatly improves the language skills of readers. By not reading literature, people are losing these vital skills.

The problem is worsened by the cultural activities people are engaging in instead of reading literature. One simply needs to look at the list of current bestsellers to understand this problem. Instead of cherished works of literature, people who do read are wasting time on young adult novels, which recycle simplistic plots and themes. They are shallow and poorly written and do little to improve the reader. Furthermore, instead of reading, people are spending all their free time watching TV or short, silly Internet videos. This shift toward lesser forms of entertainment will continue to degrade culture in general.

The future of literature is also threatened by this alarming trend. With modern technology, more quality literature is being discovered and published today than ever before. There is no shortage of talented writers. However, without an audience, these writers will not be supported. Publishers will invest fewer resources into the best writers, so the standards of writing will decrease. The future of literature, as well as writing itself, is in danger due to declining reading habits and tastes.

Now listen to part of a lecture on the topic you just read about. 5-02.mp3

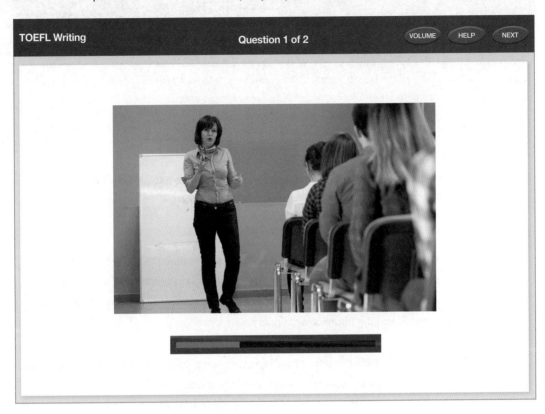

WRITING

Directions: You have 20 minutes to plan and write your response. Your response will be judged on the basis of the quality of your writing and on how well your response presents the points in the lecture and their relationship to the reading passage.
Typically, an effective response will be 150 to 225 words.

Question: Summarize the points made in the lecture, being sure to explain how they challenge the specific points made in the reading passage.

Studies have revealed that people are reading less and less literature. This is especially true among young people. Fewer people are reading novels, plays, and poetry, and fewer students are studying these classic works in university. This decreased interest negatively affects reading culture, culture overall, and the future of writing as an art form.

While the state of reading culture is poor nowadays, with fewer people reading books in general, the decline has been particularly severe for literature. This is worrisome, as no other mental activity provides the same benefits as reading literature. By reading literature, people can expand their minds and learn how to understand each other better. At the same time, it greatly improves the language skills of readers. By not reading literature, people are losing these vital skills.

The problem is worsened by the cultural activities people are engaging in instead of reading literature. One simply needs to look at the list of current bestsellers to understand this problem. Instead of cherished works of literature, people who do read are wasting time on young adult novels, which recycle simplistic plots and themes. They are shallow and poorly written and do little to improve the reader. Furthermore, instead of reading, people are spending all their free time watching TV or short, silly Internet videos. This shift toward lesser forms of entertainment will continue to degrade culture in general.

The future of literature is also threatened by this alarming trend. With modern technology, more quality literature is being discovered and published today than ever before. There is no shortage of talented writers. However, without an audience, these writers will not be supported. Publishers will invest fewer resources into the best writers, so the standards of writing will decrease. The future of literature, as well as writing itself, is in danger due to declining reading habits and tastes.

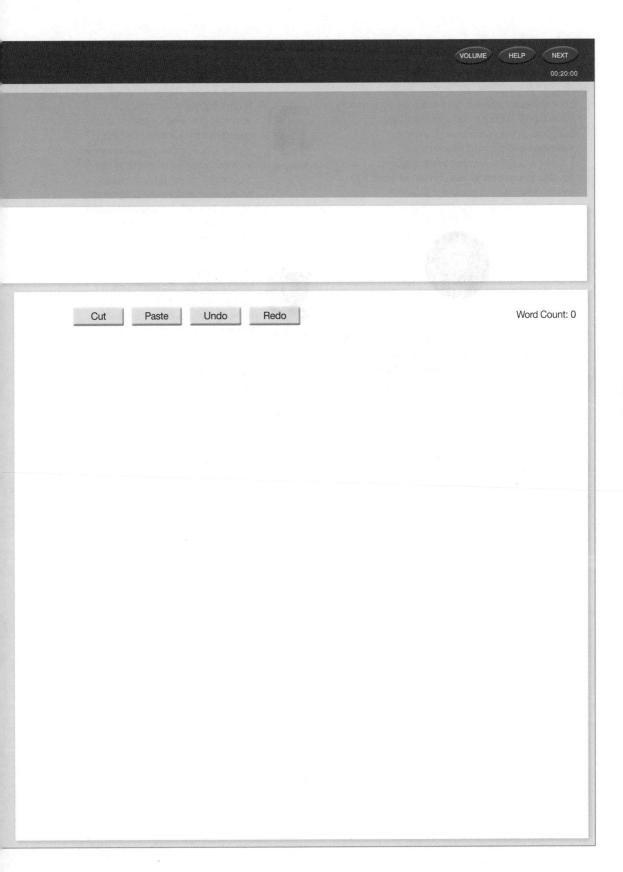

Cut　Paste　Undo　Redo

Word Count: 0

WRITING

Your professor is teaching a class on economics. Write a post responding to the professor's question. In your response you should:
• express and support your opinion
• make a contribution to the discussion
An effective response will contain at least 100 words. You have 10 minutes to write it.

Dr. Rodrigo

Among the inventions or discoveries made in the last two centuries, smartphones and computers are the ones people usually say are the most important. However, there are numerous other inventions or discoveries that influence our daily lives. Please answer the following question before our next class:

Which technological invention or scientific discovery made in the last two centuries would you say is the most influential?

Megan

Technological inventions and scientific discoveries have changed how we live more than we realize. For me, satellites come to mind. They were invented only a hundred years ago, and they have been useful in helping us stay connected with people across the world, travel safely, and monitor the weather.

Charlie

I think there were a lot of medical breakthroughs. Scientists were able to identify what vitamins and minerals we need to stay healthy. We are much healthier than people who lived 200 years ago, especially after vitamin tablets were developed. I have to go to class right now, but I will add statistics on how people who eat vitamins are healthier.

| Cut | Paste | Undo | Redo | Word Count: 0 |

Cut Paste Undo Redo

Word Count: 0

WRITING

규칙동사
vs.
불규칙동사

동사의 과거와 과거분사 숙지는
TOEFL을 포함한 영어 학습에 기본입니다.
본 교재 부록에서는 TOEFL Reading과 Listening에서 자주 등장하고,
Writing 또는 Speaking에서 여러분이 직접 사용할 줄 알아야 하는
동사들의 과거와 과거분사를 정리하였습니다.

부록 - 규칙동사

규칙동사는 동사의 과거 - 과거분사 형태가 규칙적으로 변하는 동사를 말하며, 아래 표와 같이 일반적으로 네 가지 변화 유형이 있습니다.

변화 유형	동사원형	과거	과거분사
① 동사원형에 -ed를 붙이는 경우	visit	visited	visited
② 동사원형에 -d를 붙이는 경우: e로 끝나는 동사	like	liked	liked
③ 마지막 철자인 y를 i로 바꾼 뒤 -ed를 붙이는 경우: 「자음+y」로 끝나는 동사	cry	cried	cried
★ 주의 「모음+y」로 끝나는 동사는 동사원형에 -ed를 붙임	play	played	played
④ 마지막 철자인 자음을 한 번 더 써주고 -ed를 붙이는 경우: 「단모음+자음」으로 끝나는 단음절 동사	stop	stopped	stopped

■ 동사원형에 -ed를 붙이는 경우

동사원형	과거	과거분사	동사원형	과거	과거분사
accept	accepted	accepted	book	booked	booked
add	added	added	brush	brushed	brushed
allow	allowed	allowed	call	called	called
answer	answered	answered	check	checked	checked
appear	appeared	appeared	clean	cleaned	cleaned
ask	asked	asked	consider	considered	considered
assert	asserted	asserted	contend	contended	contended
attach	attached	attached	doubt	doubted	doubted
attend	attended	attended	deliver	delivered	delivered
boil	boiled	boiled	discover	discovered	discovered

동사원형	과거	과거분사	동사원형	과거	과거분사
discuss	discussed	discussed	reach	reached	reached
end	ended	ended	reflect	reflected	reflected
enjoy	enjoyed	enjoyed	remain	remained	remained
expect	expected	expected	remember	remembered	remembered
explain	explained	explained	report	reported	reported
fail	failed	failed	seem	seemed	seemed
fix	fixed	fixed	show	showed	showed
follow	followed	followed	start	started	started
form	formed	formed	stay	stayed	stayed
gather	gathered	gathered	suggest	suggested	suggested
guess	guessed	guessed	talk	talked	talked
happen	happened	happened	turn	turned	turned
heat	heated	heated	wait	waited	waited
help	helped	helped	walk	walked	walked
knock	knocked	knocked	want	wanted	wanted
laugh	laughed	laughed	watch	watched	watched
lock	locked	locked	work	worked	worked
look	looked	looked			
maintain	maintained	maintained			
need	needed	needed			
offer	offered	offered			
open	opened	opened			
pass	passed	passed			
play	played	played			
pull	pulled	pulled			

■ 동사원형에 -d를 붙이는 경우: e로 끝나는 동사

동사원형	과거	과거분사	동사원형	과거	과거분사
advise	advised	advised	improve	improved	improved
agree	agreed	agreed	include	included	included
argue	argued	argued	increase	increased	increased
bake	baked	baked	invite	invited	invited
believe	believed	believed	lie	lied	lied
cause	caused	caused	like	liked	liked
challenge	challenged	challenged	live	lived	lived
change	changed	changed	move	moved	moved
close	closed	closed	provide	provided	provided
compare	compared	compared	purchase	purchased	purchased
complete	completed	completed	raise	raised	raised
continue	continued	continued	refute	refuted	refuted
create	created	created	require	required	required
dance	danced	danced	serve	served	served
debate	debated	debated	use	used	used
decide	decided	decided			
die	died	died			
disagree	disagreed	disagreed			
exercise	exercised	exercised			
glue	glued	glued			
guide	guided	guided			
hate	hated	hated			
hope	hoped	hoped			

■ 마지막 철자인 y를 i로 바꾼 뒤 –ed를 붙이는 경우: 「자음+y」로 끝나는 동사

동사원형	과거	과거분사
cry	cried	cried
dry	dried	dried
fry	fried	fried
hurry	hurried	hurried
reply	replied	replied
satisfy	satisfied	satisfied
try	tried	tried

■ 마지막 철자인 자음을 한 번 더 써주고 –ed를 붙이는 경우: 「단모음+자음」으로 끝나는 단음절 동사

* 단모음: 발음할 때 하나의 소리로, 입술 모양과 혀의 위치가 바뀌지 않는 모음
　　예 /a/, /e/, /u/, /æ/, /i/, /o/ → tap /tæp/: a가 /æ/ 발음이므로 단모음

동사원형	과거	과거분사
drop	dropped	dropped
grab	grabbed	grabbed
hug	hugged	hugged
rebut	rebutted	rebutted
shop	shopped	shopped
stop	stopped	stopped

부록 - 불규칙동사

불규칙동사는 동사의 과거 - 과거분사 형태가 불규칙적으로 변하는 동사를 말하며, 아래 표와 같이 일반적으로 다섯 가지 변화 유형이 있습니다.

변화 유형	동사원형	과거	과거분사
① 동사원형, 과거, 과거분사가 모두 다른 경우	do	did	done
② 동사원형, 과거, 과거분사가 모두 같은 경우	put	put	put
③ 동사원형과 과거분사가 같은 경우	run	ran	run
④ 동사원형과 과거가 같은 경우	beat	beat	beaten
⑤ 과거와 과거분사가 같은 경우	feel	felt	felt

■ 동사원형, 과거, 과거분사가 모두 다른 경우

동사원형	과거	과거분사	동사원형	과거	과거분사
arise	arose	arisen	eat	ate	eaten
awake	awoke	awoken	fall	fell	fallen
be	was/were	been	fly	flew	flown
begin	began	begun	forget	forgot	forgotten
bite	bit	bitten	forgive	forgave	forgiven
blow	blew	blown	freeze	froze	frozen
break	broke	broken	get	got	gotten
choose	chose	chosen	give	gave	given
do	did	done	go	went	gone
draw	drew	drawn	grow	grew	grown
drink	drank	drunk	hide	hid	hidden
drive	drove	driven	know	knew	known

동사원형	과거	과거분사
lie	lay	lain
ride	rode	ridden
ring	rang	rung
rise	rose	risen
see	saw	seen
shake	shook	shaken
show	showed	shown
shrink	shrank	shrunk
sing	sang	sung
sink	sank	sunk
speak	spoke	spoken
steal	stole	stolen
swear	swore	sworn
swim	swam	swum
take	took	taken
tear	tore	torn
throw	threw	thrown
wake	woke	woken
wear	wore	worn
weave	wove	woven
write	wrote	written

■ 동사원형, 과거, 과거분사가 모두 같은 경우

동사원형	과거	과거분사
bet	bet	bet
cost	cost	cost
cut	cut	cut
hit	hit	hit
hurt	hurt	hurt
let	let	let
put	put	put
read	read*	read*
set	set	set
shut	shut	shut
spread	spread	spread

* 발음 주의: read [réd]

■ 동사원형과 과거분사가 같은 경우

동사원형	과거	과거분사
become	became	become
come	came	come
run	ran	run

■ 동사원형과 과거가 같은 경우

동사원형	과거	과거분사
beat	beat	beaten

■ 과거와 과거분사가 같은 경우

동사원형	과거	과거분사	동사원형	과거	과거분사
bend	bent	bent	say	said	said
bring	brought	brought	sell	sold	sold
build	built	built	send	sent	sent
buy	bought	bought	shine	shone	shone
catch	caught	caught	shoot	shot	shot
dig	dug	dug	sit	sat	sat
feel	felt	felt	sleep	slept	slept
fight	fought	fought	slide	slid	slid
find	found	found	spend	spent	spent
hang	hung	hung	stand	stood	stood
have	had	had	stick	stuck	stuck
hear	heard	heard	sweep	swept	swept
hold	held	held	teach	taught	taught
keep	kept	kept	tell	told	told
lay	laid	laid	think	thought	thought
lead	led	led	understand	understood	understood
leave	left	left	weep	wept	wept
lend	lent	lent	win	won	won
lose	lost	lost			
make	made	made			
mean	meant	meant			
meet	met	met			
pay	paid	paid			

시원스쿨LAB 강사 라인업

20년 노하우의 토플/아이엘츠/듀오링고/SPA/토익/토스/오픽/텝스/지텔프
기출 빅데이터 심층 연구로 빠르고 효율적인 목표 점수 달성을 보장합니다.

시험영어 전문 연구 조직

시원스쿨어학연구소

 시험영어 전문

 기출 빅데이터

 264,000시간

TOEFL/IELTS/Duolingo/
TOEIC/TOEIC Speaking/
TEPS/ OPIc/G-TELP/SPA
공인 영어시험 콘텐츠 개발 경력
20년 이상의 국내외 연구원들이
포진한 전문적인 연구 조직입니다.

본 연구소 연구원들은
매월 각 전문 분야의
시험에 응시해 시험에 나온
모든 문제를 철저하게 해부하고,
시험별 기출문제 빅데이터 분석을
통해 단기 고득점을 위한
학습 솔루션을 개발 중입니다.

각 분야 연구원들의 연구시간
모두 합쳐 264,000시간
이 모든 시간이 쌓여
시원스쿨어학연구소가
탄생했습니다.

목표 달성 후기가 증명합니다
고민하지 말고 지금 시작하세요!

류형진 선생님 강의
듣고 110점 맞았습니다!

수강생 강*희

특히 라이팅 부분은 많은 주제를 써보는 것이 유리합니다. 이번
시험에 황당한 주제를 받아서 당황했지만 선생님께서 알려주신
브레인스토밍 기법으로 어느 방향으로 쓰는 것이 쉬운지 먼저
파악했고 다른 주제들에서 사용했던 아이디어들을 잘 응용해서
다행히 잘 썼습니다.
나름 명문대를 다니고 있지만 주변 친구들 중 100점 넘는 친구를
거의 못 봤습니다. 이번에 단기간에 목표 점수를 잘 받아서 내년에
괜찮은 영어권 대학으로 교환학생을 갈 수 있게 됐습니다.

Listening Lecture 6개 중
4개 틀리던 제게 희망을!
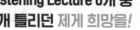

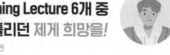
수강생 점*연

영어를 5분 이상 듣는 것조차 너무 스트레스였고, 리스닝은
한 번에 늘지 않는다는 것에 절망했습니다. 하지만, 레이첼 쌤과
함께 수업을 하고 정답률이 많이 높아졌습니다.

리스닝을 구조화해서 노트테이킹 하는법을 배웠고, 이는 내가
100% 이해하지 않아도 "이부분에서 이러한 이야기가 나왔으니
이게 정답이겠다"라는 생각으로 문제를 풀 수 있었습니다.
덕분에 2주만에 리스닝 6점이 올랐습니다.

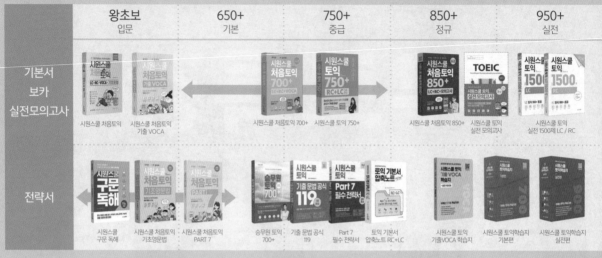
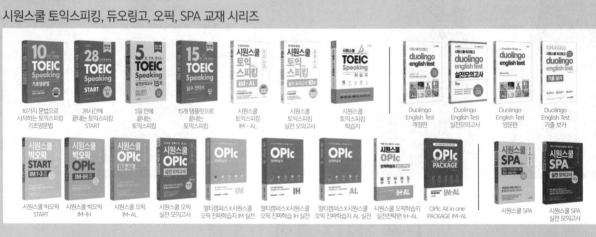

SIWONSCHOOL
TOEFL

Basic

정답 및 해설

SIWONSCHOOL
TOEFL
Basic

정답 및 해설

Reading 실전 모의고사

Questions 1-10

1. ⓒ   2. ⓓ   3. ⓒ   4. Ⓐ   5. ⓒ

6. Ⓑ   7. ⓓ   8. Ⓑ   9. 세 번째 ■   10. Ⓐ, ⓒ, Ⓕ

● 지문

외래 유입 종

외래 유입 종이란 새로운 환경에 유입된 토종이 아닌 생물체들이다. 이들은 귀중한 자원으로부터 온 토종 야생 동식물에게 제약을 가하면서 새로운 생태계에서 번성한다. 이 종들은 지역 경제와 인간의 행복, 그리고 생태계 전체를 위협한다.

외래 유입 종의 새로운 환경으로의 이동은 대개 인간 활동의 결과이다. 이러한 종들의 이동은 우연한 것일 수 있다. 생물체들은 흔히 무역 경로상의 2(A)선박을 타고 이동하거나, 또는 과일 및 2(C)기타 농산물 1(C)을 통해 전 세계로 운송될 수도 있다. 2(B)목재 또한 흔한 이동 수단이다. 예를 들어, 동아시아 지역 토종인 아시아 버드나무하늘소는 나무 포장재를 통해 아메리카 및 유럽 지역으로 유입되었다. 목질부에 구멍을 내는 이 해충은 두 대륙 전역에 걸쳐 나무에 들끓어 왔다.

다른 외래 유입 종은 의도적으로 유입되었다. 몇몇 종은 병충해 방지의 형태로 다른 곳으로 옮겨진다. 예를 들어, 어떤 개구리는 곤충 개체수를 조절하는 데 도움을 주기 위해 이용될 수도 있다. 생물체들은 또한 경제적인 이유로 유입될 수도 있는데, 식량원으로서 토종이 아닌 물고기를 호수에 풀어놓는 것과 같은 경우가 있다. 3(C)외국의 반려동물 거래도 외래 유입 종의 확산을 초래해 왔다. 특히, 플로리다 남부는 원래 아시아 남부 지역에서 온 뱀인 버마왕뱀으로 들끓게 되었다. 1980년대에, 그 뱀들이 너무 크게 자라면서 반려동물 소유주들이 그것들을 야생에 풀어놓았고, 그 이후로 계속 플로리다 에버글레이드에서 번성해 오고 있는 중이다.

외래 유입 종은 단지 동물에만 국한되는 것이 아니다. 식물, 균류, 그리고 박테리아도 새로운 환경에 들어가면서 문제를 발생시킬 수 있다. ^{5(C)}식물은 흔히 장식용으로 이용된다. 사람들이 아주 멋지고 이국적인 나무와 꽃으로 조경을 하면서, ^{4(A)}그들은 부지불식간에 지역 환경을 외래 유입 종에 노출시키고 있다. ^{5(C)}이에 대한 잘 알려진 예시가 칡, 즉 일본의 애로루트이며, 그것은 현재 미국 남부 지역을 뒤덮고 있다. 아름다운 보라색 꽃으로 유명한 이 식물은 1876년에 처음 미국으로 유입되었다. 불행히도, 빠르게 성장하는 이 식물은 토종 나무와 관목보다 더 무성하게 자라서 그것들을 그늘 속에 놓이게 만들어 빠르게 죽였다. 현재, 칡은 미국 남부 지역의 풍경의 가장 두드러지는 특징이 되었다. 아프리카 남부의 타닌 아카시아 같은 다른 외래 유입 종은 한 지역의 제한된 수자원을 고갈시킨다.

외래 유입 종의 영향은 대단히 파괴적일 수 있다. 이들은 다양한 방식으로 토종 야생 동식물에게 피해를 입힐 수 있다. ^{6(B)}한 생태계로 유입되는 공격적인 신종은 포식자가 전혀 없거나 다른 개체수 조절 수단과 직면하지 않게 될 가능성이 있다. 따라서, 그것은 빠르게 번식해 그 지역을 완전히 뒤덮을 것이다. 다른 토착 종들은 자원을 두고 경쟁할 수 없을 것이다. 게다가, 외래 유입 종은 더 많은 직접적인 위협을 가할 수 있다. 이들은 쉽게 토착 종을 먹이로 잡아먹고, 번식하지 못하게 만들며, 심지어 질병을 퍼뜨리기까지 한다. ^{7(D)}토착 종을 전멸시킴으로써, 외래 유입 종은 한 생태계의 먹이 사슬을 불안정하게 만들어 그것을 영구적으로 변화시킨다.

외래 유입 종은 또한 인간에게도 경제적인 위협을 제기한다. 외래 유입 종으로 인해 해마다 세계 경제에 1조 달러가 넘는 비용이 들게 만드는 것으로 추정된다. 외래 유입 식물들이 도로나 다리 같은 사회 기반 시설을 손상시키고 산불의 ^{8(B)}강도를 증가시키는 반면에 외래 유입 동물들은 작물을 망칠 수 있다.

이러한 심각한 결과로 인해, 외래 유입 종의 유입을 막는 것이 중요하다. ■ 법은 국경을 넘나드는 동물 및 식물의 운송을 제한하고 있다. ■ 선박들은 공해를 넘어갈 때 반드시 엄격한 절차를 따라야 한다. ⁹■ 사람들은 외국의 반려동물을 야생에 내보내지 말아야 하며, 정원 가꾸기를 할 때 오직 토착 식물만 이용해야 한다. ■

모든 생태계는 서로 다른 생물체들 사이의 관계들이 얽혀 있는 복잡한 그물망이며, 외래 유입 종은 이 손상되기 쉬운 시스템을 완전히 분열시킬 수 있는 잠재력을 지니고 있다. 따라서 이들의 확산을 제한하는 것이 결정적으로 중요하다.

Vocabulary

invasive species 외래 유입 종 non-native 토종이 아닌 organism 생물체 introduce ~을 도입하다 thrive 번성하다(= prosper) ecosystem 생태계 restrict 제한하다 native 토착의, 토종 wildlife 야생 동식물 valuable 귀중한 resource 자원 threaten ~을 위협하다 local 지역의 economy 경제 well-being 안녕, 행복 entire 전체의

movement 이동, 운동 result 결과 relocation 이동, 이전 accidental 우연한 commonly 흔히, 보통 travel 이동하다 trade route 무역 경로 transport ~을 운송(하다) globally 세계적으로 via ~을 통해 produce 농산물 lumber 목재 method 방법, 방식 packaging 포장(재) material 재료, 물품 wood-boring 나무에 구멍을 내는 pest 해충 infest ~에 들끓다, 우글거리다 continent 대륙

intentionally 의도적으로 as a form of ~의 형태로 pest control 병충해 방지 population (동식물) 개체수 release ~을 풀어놓다 source of food 식량원 exotic 외국의, 이국적인 result in ~을 초래하다(=cause) spread 확산, 확산시키다 prosper 번성하다 ever since 그 후로 줄곧

be limited to ~로 제한되다 fungi 균류(fungus의 복수형) ornamentation 장식(물) landscape 조경 작업을 하다 gorgeous 멋진 unwittingly 부지불식간에 expose A to B A를 B에 노출시키다 arrowroot 애로루트, 칡 shrub 관목 overgrow ~보다 무성하게 자라다 cast ~을 드리우다, 던지다 dominate 가장 두드러지다 drain (액체를) 빼내다, 고갈시키다 water resources 수자원

effect 영향 devastating 대단히 파괴적인 damage ~을 손상시키다 aggressive 공격적인 likely 가능성 있는 predator 포식자 face ~에 직면하다 means 수단, 방법 reproduce 번식하다 overwhelm ~을 압도하다 compete for ~을 두고 경쟁하다 prey on ~을 먹이로 삼다 disease 질병 wipe out ~을 없애버리다 destabilize ~을 불안정하게 만들다 food web 먹이 사슬 permanently 영구적으로

pose a threat 위협을 가하다 disease 질병 prevent ~을 방지하다 It is estimated ~으로 추정되다 cost ~의 비용이 들다 trillion 1조
ruin ~을 망치다 crops 작물 infrastructure 사회 기반 시설 severity 강도, 심각한 정도 wildfire 들불

consequence 결과 follow ~을 따르다, 준수하다 strict 엄격한 procedure 절차 cross ~을 가로지르다, 넘다 international waters
공해 release ~을 놓아주다 garden 정원을 가꾸다

intricate 복잡한 relationship 관계 potential 잠재성 completely 완전히, 전적으로 disrupt ~에 지장을 주다 fragile 손상되기 쉬운, 취
약한 crucially 결정적으로

---

1. 지문 속 단어 "via"는 의미상 ~와 가장 가깝습니다.

- Ⓐ ~와 같은
- Ⓑ ~을 제외하고
- Ⓒ ~로
- Ⓓ ~뿐만 아니라

Vocabulary 유형

via는 '~을 거쳐', '~을 통하여'라는 전치사입니다. via가 포함
된 해당 문장은 '외래 유입 종들이 과일 및 기타 농산물을 "통
해서" 전세계적으로 이동된다'라는 의미이므로 via는 외래 유
입 종이 이동되는 수단이 과일이라는 것을 나타내는 전치사
입니다. 따라서 보기 중에서 수단을 나타내는 by가 via와 의
미상 가장 가까운 단어이므로 정답은 Ⓒ 입니다.

---

2. 두 번째 문단에 따르면, 다음 중 ~을 제외하고 모든 것
이 외래 유입 종을 위한 운송 방법으로 언급됩니다.

- Ⓐ 선박
- Ⓑ 나무
- Ⓒ 농작물
- Ⓓ 비행기

Negative Factual Information 유형

두 번째 문단의 Organisms commonly travel on ships
에서 Ⓐ 를 확인 수 있고, they may be transported
globally via fruits and other produce에서 Ⓒ 를 확
인할 수 있습니다. 그리고 Lumber is also a common
method of movement에서 Ⓑ 를 확인할 수 있는데, 비
행기(planes)는 외래 유입 종의 이동 수단으로 언급되지 않
았으므로 정답은 Ⓓ 입니다.

어휘 method 방법 transport 운송, 수송 produce 농작물

---

3. 세 번째 문단에 따르면, 버마왕뱀은 원래 ~로 미국으
로 옮겨왔습니다.

- Ⓐ 해충 억제
- Ⓑ 무역 상품
- Ⓒ 외국 반려동물
- Ⓓ 문화적 선물

Factual Information 유형

세 번째 문단 마지막 부분에 버마왕뱀(Burmese pythons)
은 아시아 남부에서 와서 플로리다 남부에 들끓게 되었다는
내용이 있습니다. 그리고 1980년대에 반려동물 소유주들이
버마왕뱀이 너무 거대하게 성장해서 야생에 놓아주었다(In
the 1980s, pet owners released these snakes into the
wild as they grew too large)고 언급한 문장을 통해 버마
왕뱀이 외국산 반려동물로 미국에 오게 되었음을 알 수 있습
니다. 따라서 정답은 Ⓒ 입니다.

어휘 originally 원래, 본래 bring ~을 가져오다, 옮기다(과거형 brought) pest 해충 goods 상품, 제품 exotic 외국의, 이국적인
cultural 문화적인

4. 네 번째 문단에 있는 단어 "they"는 ~을 지칭합니다.

Ⓐ 사람들
Ⓑ 나무들
Ⓒ 외래 유입 종
Ⓓ 환경

they가 쓰인 전체 문장은 As people landscape with gorgeous, exotic trees and flowers, they can unwittingly expose the local environment to an invasive species. 입니다. 여기서 they가 주어로 쓰인 주절은 '부지불식간에 지역 환경을 외래 유입 종에 노출시킬 수 있다'라는 의미인데, 동사가 'can expose'이므로 주어인 they는 '노출시키다'라는 행위를 할 수 있는 주체이어야 합니다. 따라서 문맥상 they는 As 부사절의 주어인 people(사람들)이 되어야 하므로 정답은 Ⓐ 입니다.

5. 칡에 관해 추론할 수 있는 것은 무엇인가요?

Inference 유형

Ⓐ 일본에서 미국으로 퍼졌다.
Ⓑ 미국에서 현재 통제되고 있다.
Ⓒ 원래 장식용으로 사용되었다.
Ⓓ 농업 사업을 방해해왔다.

칡(kudzu)이 언급된 네 번째 문단의 Plants are commonly used for ornamentation.이라는 문장에서 식물이 장식용으로 흔히 사용된다는 내용이 언급되어 있습니다. 그리고 사람들이 화려하고 이국적인 나무와 꽃으로 조경하면서 지역 환경에 외래 유입 종을 노출시킬 수 있다는 내용이 이어지고, 이에 대한 유명한 예(A well-known instance of this)가 칡이라고 언급되었습니다. 따라서 칡은 원래 장식용으로 사용되었음을 알 수 있으므로 정답은 Ⓒ 입니다. 칡이 일본의 애로루트라고도 불린다고 언급되었으나 그것이 일본에서 미국으로 옮겨진 것은 알 수 없으므로 Ⓐ 는 오답이며, 칡이 미국 남부 지역을 뒤덮고 있다고 언급되어 있으므로 칡이 미국에서 통제되고 있다고 보기 어렵기 때문에 Ⓑ 도 오답입니다. 농업 사업에 대해서는 언급된 바가 없으므로 Ⓓ 도 오답입니다.

어휘 **spread** 퍼지다, 확산되다 **under control** 통제되는, 지배되는 **decoration** 장식 **interfere with** ~을 방해하다 **agricultural** 농업의

6. 다섯 번째 문단에 따르면, 외래 유입 종은 새로운 환경에서 번성하는데, 그 이유는 그것들이 ~ 때문입니다.

Factual Information 유형

Ⓐ 지역의 질병에 면역이 되어 있기
Ⓑ 천적이 부족하기
Ⓒ 자원으로부터 더 많은 영양분을 받기
Ⓓ 더 온화한 기후에서 더 잘 행동하기

다섯 번째 문단의 세 번째 문장에서 '한 생태계에 유입된 공격적인 신종은 포식자가 전혀 없으며 개체수를 조절할 다른 수단을 마주할 가능성이 없을 것'이라고 언급되어 있습니다. 그 결과로 그 종은 '빠르게 번식하고 그 지역을 제압할 것'(it will reproduce quickly and overwhelm the area)라고 되어 있는데, 이것이 문제에서 언급된 외래 유입 종이 새로운 환경에서 번성하는(thrive in new environments) 내용이므로, 외래 유입종이 번성할 수 있는 이유는 자연적 포식자, 즉 천적(natural predators)이 부족하기 때문이라고 볼 수 있습니다. 따라서 정답은 Ⓑ 입니다.

어휘 **thrive** 번창하다, 번성하다 **immune** 면역성이 있는, ~에 면역이 된 **lack** 부족하다, ~가 없다 **natural predator** 자연적 포식자, 천적 **nutrient** 영양분 **resource** 자원 **perform** 행동하다, 수행하다 **climate** 기후

7. 다섯 번째 문단에 따르면, 외래 유입 종은 ~으로써 생태계를 변화시킵니다.

    (A) 수자원을 소비하는 것
    (B) 다른 외래 유입 종을 유입시키는 것
    (C) 인간의 중재를 요청하는 것
    (D) 토착 종들을 없애는 것

> **Factual Information 유형**
>
> 문제에서 언급한 "change ecosystems"는 다섯 번째 문단 마지막 문장 (By wiping out native species, an invasive species destabilizes an ecosystem's food web and permanently changes it.)에서 언급되었습니다. 이 문장에 따르면 외래 유입 종이 생태계를 영구적으로 변화시키는 방법은 토착 종들을 제거하는 것(wiping out native species)이므로, 이와 동일한 의미인 (D) 가 정답입니다. 참고로 (A) 는 다섯 번째 문단이 아닌, 네 번째 문단에서 나오는 내용이므로 오답입니다.

어휘 ecosystem 생태계 consume ~을 소비하다 introduce ~을 유입시키다, 도입하다 intervention 중재 kill off ~을 제거하다, 없애다 native 토종의, 토착의

---

8. 지문 속 단어 "severity"는 의미상 ~와 가장 가깝습니다.

    (A) 빈도
    (B) 강렬함
    (C) 잔인함
    (D) 간단함

> **Vocabulary 유형**
>
> severity는 '혹독함', '격렬함'이라는 의미의 명사입니다. severity가 쓰인 문장은 '외래 유입 식물들이 산불의 격렬함(=강도)를 증가시킬 수 있다'는 내용입니다. 여기서 severity는 산불의 크기나 정도가 얼마나 강렬한지를 나타내는 명사이므로 '강렬함'이라는 의미를 나타내는 (B) intensity가 severity와 의미상 가장 가까운 단어입니다.

---

9. 다음 문장이 지문에 삽입될 수 있는 곳을 나타내는 네 개의 정사각형[■]을 보세요.

그것들의 선체는 청소되어야 하며, 그것들의 선반에 있는 물 밸러스트는 공해(公海)에서 교환되어야 한다.

이 문장은 어디에 가장 적합할까요? 지문에 문장이 들어갈 상자[■]를 클릭하세요.

> **Insert Text 유형**
>
> hulls(선체)와 ballast water(물 밸러스트), open sea(공해)라는 단어가 쓰인 것으로 이 문장은 선박에 관련된 것임을 알 수 있습니다. 이 어휘들을 모르더라도 의무의 조동사 must를 사용하여 선체가 깨끗하게 청소되어야 하고 물 밸러스트가 교환되어야 한다는 규칙을 설명하고 있는 것으로 보아, 해당 문장은 선박들이 엄격한 절차를 따라야 한다(Ships must follow strict procedures)는 문장 뒤에 위치하는 것이 자연스럽습니다. 따라서 정답은 세 번째 정사각형(■)입니다.

어휘 hull (배의) 선체 ballast water 물 밸러스트, 무게 중심을 잡기 위해 배 안에 들이는 물 hold (배, 비행기의) 짐 선반 exchange 교환하다 open sea 공해(公海), 원양, 외해

10. 지시사항: 지문의 간략한 요약을 위한 도입 문장이 아래에 주어져 있습니다. 지문에서 가장 중요한 아이디어를 나타내는 세 개의 선택지를 골라 요약을 완성하세요. 몇몇 문장들은 지문에 없는 아이디어나 지문에서 중요하지 않은 아이디어를 나타내고 있기 때문에 요약에 포함되지 않습니다. **이 문제의 배점은 2점입니다.**

> 정답 선택지들을 드래그하여 알맞은 자리에 놓습니다. 선택지를 제거하려면 클릭하시고,
> 전체 지문을 다시 보려면 **View Text**를 클릭하세요.

> 외래 유래 종들은 새로운 환경에 급격하게 영향을 줄 수 있는 토종이 아닌 생물체들이다.
> ·
> ·
> ·

Ⓐ 외래 유래 종들은 손상되기 쉬운 생태계를 잘못되게 만들고 경제적 피해를 일으킬 잠재력을 가지고 있다.
Ⓑ 인간이 여러 다른 지역에서 외국의 작물들로 실험할 때 식물들도 외래 유입 종이 될 수 있다.
Ⓒ 외래 유입 종들은 우발적으로 또는 의도적으로 인간의 활동을 통해 확산된다.
Ⓓ 아시아 남부에서 온 외래 유입 종인 30만 마리 이상의 버마왕뱀은 현재 플로리다 에버글레이드에서 들끓고 있다.
Ⓔ 동물들의 이주 패턴은 외래 유입 종을 이웃한 대륙에 유입시킬 수 있다.
Ⓕ 외래 유입 종의 유입을 방지하기 위해 법과 규정이 제정되었다.

Prose Summary 유형

제시된 도입 문장에 부합하며 지문에서 그 내용을 찾을 수 있는 선택지들을 선택해야 합니다.
Ⓐ 는 여섯 번째 문단의 "It is estimated that invasive species cost the global economy more than a trillion dollars every year", 그리고 여덟 번째 문단의 "Invasive species have the potential to completely disrupt these fragile systems."에서 찾을 수 있으며, 지문 전체의 주제에도 부합하므로 정답입니다.
Ⓑ 는 외래 유입 식물에 관한 내용으로 네 번째 문단에서 확인할 수 있는데, 인간의 실험에 의해 유입된 것이 아니라 장식용 식물이 미국으로 유입된 것을 예시로 들고 있으므로 오답입니다.
Ⓒ 는 외래 유입 종의 확산의 원인에 대해 언급하고 있으며, 이는 전체 지문에서 중요한 내용이기도 합니다. 그리고 인간의 활동에 의한 확산이 우연히 발생한다는 내용은 두 번째 문단에서, 의도적으로 일어난 예시는 세 번째 문단에서 언급하고 있으므로 Ⓒ 는 정답입니다.
Ⓓ 는 세 번째 문단에서 확인할 수 있는 내용이지만, 외래 유입 종이 애완동물 거래로 유입된 예시로서 버마왕뱀(Burmese phythons)이 언급되었으므로 정답이 될 수 없습니다. 게다가, 지문에서는 버마왕뱀의 개체수가 30만 마리가 넘는다는 내용이 언급되지 않았습니다.
Ⓔ 는 외래 유입 종의 유입 원인이 동물들의 이주 패턴이라는 내용인데, 지문 전체에서는 동물의 이주에 관한 내용이 언급되지 않았으므로 Ⓔ 는 오답입니다.
Ⓕ 는 일곱 번째 문단에서 외래 유입 종의 유입을 방지하기 위해 법(laws)과 엄격한 절차(strict procedures)가 언급된 문장에서 확인할 수 있습니다. 이 내용은 외래 유입 종의 원인과 문제점을 언급한 이후에 방지책을 언급하는 것이므로, 요약 내용에 적합하여 정답입니다.

어휘 non-native 토종이 아닌 organism 생물체 drastically 급격하게, 대폭적으로 affect ~에 영향을 미치다 surroundings 주위 환경 potential 잠재력 upset ~을 잘못되게 만들다 fragile 손상되기 쉬운, 취약한 cause ~을 야기하다, 일으키다 economic 경제적인 damage 손해, 피해 experiment with ~으로 실험을 하다 region 지역 accidentally 우연히, 우발적으로 intentionally 의도적으로 infest ~에 들끓다, 우글거리다 migration 이동, 이주 neighboring 이웃의, 근처의 continent 대륙 regulation 규정, 규칙 enact (법률을) 제정하다 prevent ~을 막다, 방지하다 introduction 도입, 유입

● 지문

눈사태

비록 먼 거리에서는 아름다워 보이지만, 눈사태는 자연이 보여주는 가장 파괴적인 힘을 보여주는 것 중 하나이다. 눈사태는 많은 양의 물질들이 산비탈에서 옮겨질 때 발생되지만, 엄청나게 많은 얼음 및 눈과 가장 흔하게 연관되어 있다. 눈사태는 광범위한 재산 피해를 초래할 수 있으며, 전 세계에서 해마다 100명이 넘는 사망자에 대한 원인이기도 하다. 주로 자연 발생적이기는 하지만, 눈사태와 그 원인에 대한 지식은 눈사태를 더욱 예측 가능한 것으로 만들며, 그로 인해 피할 수 있는 것으로 만든다.

눈사태에는 다양한 원인이 있으며, 다수의 요소들이 각 발생 사태에 대한 원인이 될 수 있다. 대부분은 11(A)폭설 중에 또는 그 후에 늘어난 강설량으로 인해 발생한다. 다른 계기에는 지진 활동, 11(B)낙석, 그리고 낙빙에 의한 장애물들이 포함된다. 눈사태는 또한 12(B)인공적인 원인에 따른 결과일 수도 있다. 11(C)스키 타는 사람들, 등산객들, 그리고 자동차들도 무심코 눈사태를 발생시킬 수 있다.

많은 변수들 또한 눈사태 발생 가능성에 영향을 준다. 지형의 특성, 강수량, 눈의 구성물, 그리고 바람까지 모두 하나의 역할을 한다. 예를 들어, 눈사태는 매우 가파른 경사면 또는 매우 평평한 경사면에서는 발생할 가능성이 낮다. 이것은 많은 양의 눈이 가파른 경사면에 13(B)쌓일 수 없기 때문이며, 완만한 경사면에서는 미끄러지지 않기 때문이다. 그 지역의 나무 밀도 또한 눈사태 발생 가능성의 원인이 되는데, 나무들이 자연적인 경계의 역할을 하기 때문이다. 마찬가지로, 강수량이 눈의 안정성에 크게 영향을 미친다. 14(B)작은 결정체로 구성된 눈은 기존의 눈으로 덮인 지대와 더 쉽게 결합되지만, 큰 결정체로 만들어진 눈은 고착되지 않은 상태로 남아 미끄러져 내려올 가능성이 더 많다. 바람은 경사면의 특정 지역에서 눈을 안정시킬 수 있지만, 산의 다른 곳에서는 불안정하게 만들 수 있다.

가장 흔하면서 가장 위험한 눈사태 종류는 판 눈사태이다. ■ 15(C)이 눈사태는 새로운 눈이 바람에 의해 기존의 더욱 조밀한 눈 위에 쌓일 때 형성된다. 새로운 눈의 최상층은 촘촘하지 않은 상태가 되어 판의 형태로 분리되며, 그 후 산비탈을 따라 미끄러진다. ■ 이 판은 바윗돌, 얼음, 그리고 다른 잔해를 모으면서 더욱 파괴적이게 될 수 있다. 강한 판 눈사태는 큰 눈 덩어리들이 미끄러지는 것이며, 약한 판 눈사태는 주요 눈 지대에서 떨어져 나온 더 작은 덩어리들이다. ■ 판 눈사태는 상부 및 측면 균열로 이루어지는데, 이 균열들은 남아 있는 눈에 의해 눈사태의 상층부 및 측면부에서 형성되는 벽이다. 판 눈사태는 거의 아무런 징후도 없이 순식간에 발생하여 빠르게 속도와 크기를 늘려간다. 19■

최근에 있었던 또는 자주 발생되는 눈사태를 확인하는 방법을 아는 것 또한 향후의 눈사태를 피하는 데 도움이 될 수 있다. 눈사태에는 세 개의 확인 가능한 부분이 있다. 이는 시작 구역, 눈사태 진로, 그리고 소멸 구역이다. 시작 구역은 눈사태가 시작되는 곳이다. 이는 일반적으로 불안정한 눈이 있는 지역에 위치한다. 눈사태 진로는 눈이 미끄러지기 시작한 후에 따라가는 내리막 경로이다. 소멸 구역은 눈사태가 멈춰 눈 덩어리와 잔해를 남기는 장소이다. 눈사태에 갇힌 사람들은 흔히 소멸 구역에 놓여진 눈과 잔해 속에 묻혀 있게 된다. 16(A)눈사태는 특정 장소에서 재발할 수 있으며, 이는 식물 생장 방식에서 분명히 드러날 수 있다. 예를 들면, 어느 한 장소에서 재발하는 눈사태의 징후는 나무들이 줄 지어 있는 두 지역 사이의 빈터일 수 있다.

산악 지역에 있을 때, 행락객들은 당국에 의해 게시된 눈사태 위험 요소를 인지하고 있어야 한다. 미국 산림 관리청은 야생 지대에 있는 모두에게 정보를 제공하기 위해 전국에서 14곳의 눈사태 관리 센터를 운영하고 있다. 이 서비스 센터는 다양한 상태의 정보를 계속해서 파악하고 위험 수준을 게시한다. 17(C)동계 스포츠 애호가들이 이 산림 관리청에서 게시하는 어떤 경고든 인지하고 있기만 하면, 눈사태 위험성이 높은 지역을 쉽게 피할 수 있을 것이다. 또한, 18(B)산불 통제와 거의 유사하게, 순찰대원들이 눈사태 통제를 유발하기 위해 대포 발사 또는 다른 포격을 활용하고 있다. 그럼에도 불구하고, 눈사태는 언제나 예측 불가능하다. 그 징후들을 경계하고 불필요한 위험 요소들을 피하는 것이 여전히 눈으로 인한 재난에 갇히는 일을 피하는 최선의 방법이다.

Vocabulary

avalanche 눈사태 **from a distance** 먼 거리에서 **destructive** 파괴적인 **display** 과시, 표현 **occur** 발생하다 **large quantities of** 많은 양의 **material** 물질, 재료 **displace** ~을 옮겨 놓다 **mountainside** 산비탈 **be associated with** ~와 연관되다 **cascades of** 대량의 **cause** ~을 야기하다 **extensive** 대규모의, 광범위한 **property** 자산, 재산 **damage** 손상, 피해 **responsible for** ~의 원인이 되는 **largely** 주로, 대체로 **spontaneous** 자연 발생적인 **predictable** 예측 가능한 **avoidable** 피할 수 있는

a variety of 다양한 **multiple** 다수의 **factor** 요소 **contribute to** ~의 한 원인이 되다 **due to** ~로 인해 **trigger** (발생) 계기 **include** ~을 포함하다 **disturbance** 장애(물), 방해 (요소) **seismic** 지진의 **rockfall** 낙석 **icefall** 낙빙 **artificial** 인공적인 **inadvertently** 무심코

variable 변수 **affect** ~에 영향을 미치다 **likelihood** 가능성 **terrain** 지대, 지역 **precipitation** 강수(량) **composition** 구성(물) **play a part** 역할을 하다 **be likely to do** ~할 것 같다, ~하기 쉽다 **either A or B** A와 B 둘 중 어느 하나 **steep** 가파른 **slope** 경사면 **flat** 평평함 **accumulate** 쌓이다, 축적하다 **mild** (정도 등이) 가벼운, 완만한 **density** 밀도 **act as** ~의 역할을 하다 **border** 경계 **influence** ~에 영향을 미치다 **stability** 안정성 **comprised of** ~로 구성된 **crystal** 결정체 **bond with** ~와 결합하다 **existing** 기존의 **snowpack** 눈으로 덮인 지대 **remain** 여전히 ~이다 **unattached** 붙어 있지 않은 **stabilize** ~을 안정시키다 **elsewhere** 다른 곳에서

slab (넓고 두꺼운) 판 **form** 형성되다 **deposit** ~을 놓다, 퇴적시키다 **atop** 맨 위에 **compact** 조밀한 **layer** 층, 막, 겹 **loose** 촘촘하지 않은 **break off** 분리되다 **gather** 모으다 **debris** 잔해 **crown** 맨 위, 꼭대기 **flank** 측면 **fracture** 균열 **remaining** 남아 있는 **suddenly** 갑자기 **little** 거의 없이 **warning** 경고, 전조 **build up in A** A가 늘어나다

how to do ~하는 법 **identify** ~을 확인하다 **recent** 최근의 **frequent** 자주 있는 **help** 도움이 되다 **avoid** ~을 피하다 **identifiable** 확인 가능한 **track** 진로, 경로 **runout** 소멸, 고갈 **be located in** ~에 위치하다 **unstable** 불안정한 **downhill** 비탈을 내려가는 **path** 길, 경로 **follow after** ~의 뒤를 따르다 **deposit** ~을 (특정 곳에) 두다, 놓다 **individual** 사람, 개인 **bury** ~을 묻다, 뒤덮다 **recurrent** 재발하는 **certain** 어떤 **evident** 분명한 **vegetation pattern** 식물 생장 방식 **recur** 재발하다 **clearing** (숲 속의) 빈터 **strand** 가닥, 줄

mountainous territory 산악 지역 recreationist 행락객 be aware of ~을 인지하다 risk 위험 (요소) post ~을 게시하다 authorities 당국 operate ~을 운영하다 wilderness 야생 지대 keep track of ~을 파악하다 condition 상태 as long as ~하는 한 enthusiast 애호가 be able to do ~할 수 있다 avoid ~을 피하다 at high risk of ~의 위험성이 높은 much like ~와 거의 유사하게 controlled 통제된, 제어된 ranger (공원 등의) 순찰대원 cannon blast 대포 발사 artillery 포, 포격 trigger ~을 유발하다 nonetheless 그럼에도 불구하고 unpredictable 예측 불가능한 be alert to ~을 경계하다 sign 징후, 신호 way to do ~하는 방법 be caught in ~에 갇히다 disaster 재해

---

11. 두 번째 문단에 따르면, ~을 제외하고 다음 모두가 눈사태를 초래하는 요인들로 언급됩니다.

- Ⓐ 굳은 날씨
- Ⓑ 낙하물
- Ⓒ 레크리에이션 활동
- Ⓓ 커다란 소음

Negative Factual Information 유형

Ⓐ inclement weather는 지문에 폭설 중 또는 후(after or during storms)에 눈사태가 발생한다는 문장에서 확인할 수 있으며, Ⓑ falling objects는 낙석과 낙빙(rockfalls and icefalls)이 언급된 두 번째 문장에서 확인할 수 있습니다. 그리고 Ⓒ recreational activities는 두 번째 문단 마지막 문장에서 스키타는 사람, 산악인, 자동차(Skiers, mountain climbers and automobiles)가 인위적인 원인의 결과로 언급되어 있습니다. 하지만 소음에 관해서는 두 번째 문단에서 언급되지 않았으므로 Ⓓ가 정답입니다.

어휘 factor 요인 lead to ~으로 이끌다, ~을 초래하다 inclement 좋지 못한, 굳은 recreational 레크리에이션의, 오락의 activity 활동 noise 소음

---

12. 지문 속 단어 "artificial"은 의미상 ~과 가장 가깝습니다.

- Ⓐ 계획된
- Ⓑ 인간이 만든
- Ⓒ 논란 있는
- Ⓓ 예상치 못한

Vocabulary 유형

artificial은 '인공의', '피상적인'이라는 의미의 형용사이며, 이 지문의 두 번째 문단에서 눈사태의 원인 중에 스키 타는 사람, 등산가, 자동차가 있다는 예시를 나타내는 문장 앞에서 'artificial cause'로 언급되었습니다. 이 단어는 문맥상 '인간에 의한 원인'이라는 의미로 사용되었으므로 보기 중에 이와 가장 의미가 가까운 단어는 '인간이 만든'이란 의미의 Ⓑ man-made입니다.

---

13. 지문 속 단어 "accumulate"는 의미상 ~과 가장 가깝습니다.

- Ⓐ 녹다
- Ⓑ 모이다
- Ⓒ 옮기다
- Ⓓ 피하다

Vocabulary 유형

accumulate는 자동사로 '쌓이다, 모이다'란 뜻을 갖고 있으며, 해당 문장에서 가파른 경사에서 눈사태가 일어나지 않는 이유가 '가파른 경사에는 대량의 눈이 accumulate할 수 없기 때문'이라는 의미를 나타내는데 사용되었습니다. 문맥상 accumulate는 '쌓이다', '축적하다'라는 의미이므로 보기 중에 이와 가장 가까운 단어는 '모이다, 축적하다'라는 동사 Ⓑ amass입니다.

14. 세 번째 문단에 따르면, 작은 결정체로 이뤄진 강수량은 ~ 때문에 산 경사면에서 눈의 안정성을 높입니다.

Ⓐ 그것이 눈의 어는점을 낮추기
Ⓑ 그것이 기존의 눈에 더 쉽게 달라붙기
Ⓒ 그것이 눈의 바닥 층을 짓누르기
Ⓓ 그것이 눈의 수분량을 줄이기

Factual Information 유형

세 번째 문단 하단부에 작은 결정체로 구성된 눈은 기존의 눈 지대와 더 쉽게 결합되지만, 큰 결정체로 만들어진 눈은 고착되지 않은 상태로 남아 미끄러져 내려올 가능성이 더 크다 (Snow comprised of small crystals bonds more easily with the existing snowpack, but snow made of larger crystals will remain unattached and more likely to slide)고 언급되어 있으므로 이와 동일한 내용인 Ⓑ 가 정답입니다. 지문에 쓰인 bonds with(~와 결합하다)가 Ⓑ 에 쓰인 동사 attaches(~에 달라붙다)와 동일한 의미로, 패러프레이징 된 것입니다.

어휘 precipitation 강수(량) **stability** 안정성 **slope** 경사면, 산비탈 **lower** ~을 낮추다 **freezing temperature** 어는점 **attach to** ~에 붙다 **existing** 기존의 **weigh down** ~을 짓누르다, 무겁게 누르다 **bottom** 밑바닥 **layer** 층 **moisture** 수분, 습기

---

15. 네 번째 문단에 따르면, 판 눈사태는 ~할 때 형성된다.

Ⓐ 다량의 습한 눈이 너무 무거워져서 경사면 아래로 미끄러져 내릴 때
Ⓑ 바람에 의해 암석 층이 눈 아래로 이동할 때
Ⓒ 갓 생성된 눈 층이 더 단단하게 다져진 눈으로부터 떨어질 때
Ⓓ 판이 산비탈에서 얼음과 바위들을 모을 때

Factual Information 유형

눈사태의 형성(form)에 관한 내용은 네 번째 문단의 두 번째 문장에서 '새로운 눈이 바람에 의해 기존의 더욱 조밀한 눈 위에 놓인다'(fresh snow is deposited by wind atop older, more compact snow)라는 문장과 그 뒤의 문장에서 '새로운 눈의 최상층이 헐거워져서 판에서 떨어져 나온다'(The top layer of fresh snow comes loose and breaks off)고 언급된 부분에서 확인할 수 있습니다. 이와 동일한 내용을 언급한 Ⓒ 가 정답이며, 지문에 more compact snow(더욱 조밀한 눈)가 more tightly packed snow(더 단단하게 다져진 눈)로, breaks off(분리되다)가 detaches(분리되다)로 패러프레이징 되어 있습니다. Ⓓ 는 지문에 언급되어 있지만, 얼음과 바위를 모으게 되어 판 눈사태가 더 파괴적이게 된다는 내용이므로 문제에서 요구하는 눈사태의 형성과 거리가 멀기 때문에 오답입니다.

어휘 a mass of ~의 덩어리 **wet** 젖은, 습한(비교급은 wetter) **slide down** 미끄러져 내려가다 **shift** 이동하다 **detach** 분리되다, 떼다 **tightly** 단단하게, 빽빽하게 **mountainside** 산비탈

---

16. 다섯 번째 문단에 따르면, 식물 생장 유형은 ~의 징후가 될 수 있습니다.

Ⓐ 잦은 눈사태
Ⓑ 소멸 구역
Ⓒ 폭설
Ⓓ 빈터

Factual Information 유형

키워드인 vegetation patterns는 다섯 번째 문단 아홉 번째 문장에서 '눈사태가 특정 장소에서 재발될 수 있는데, 식물 생장 유형에 분명히 나타난다'(Avalanches can be recurrent at certain sites, and this may be evident in the vegetation patterns)고 언급되어 있습니다. 따라서 vegetation patterns에 따라 눈사태의 재발생을 알 수 있으므로 지문에 recurrent(되풀이되는)가 frequent(빈번한)로, evident(분명한)가 질문에 sign(징후)으로 패러프레이징 되어 있기에 Ⓐ 가 정답입니다.

어휘　sign 징후, 징조, 표시　frequent 잦은, 자주 있는

17. 아래 문장 중 하이라이트 표시된 문장의 핵심 정보를 가장 잘 표현한 것은 무엇인가요? 오답은 의미가 왜곡되어 있거나 핵심 정보가 생략되어 있습니다.

Ⓐ 동계 체육에 종사하는 운동선수들은 위험성 높은 눈사태 지역에 대해 산림 관리청에 알린다.

Ⓑ 대부분 눈사태 사망자 수는 산림 관리청에 잘못된 보고의 결과이다.

Ⓒ 산림 관리청에 주의를 기울이면 사람들은 눈사태 나기 쉬운 지역을 피할 수 있다.

Ⓓ 최근 눈사태는 산림 관리청에 의해 기록되고 주민들과 공유된다.

하이라이트 문장의 핵심 내용은 '동계 스포츠 애호가들이 산림 관리청의 경고를 잘 알고 있다면 눈사태 위험 지역을 피할 수 있다'는 내용입니다. are aware of any warnings posted by the Forestry Service(산림 관리청에 의해 공지된 그 어떤 경고든 모두 알고 있다)가 paying attention to the Forestry Service(산림 관리청에 귀 기울이다)로, be able to easily avoid areas that are at high risk of an avalanche(눈사태의 위험이 높은 지역을 쉽게 피할 수 있다)가 can stay away from avalanche-prone areas(눈사태 나기 쉬운 지역을 피할 수 있다)로 패러프레이징되어 있는 Ⓒ가 정답입니다.

어휘　essential 필수적인, 핵심의　leave out 빼다, 생략하다　engaged in ~에 관여된, ~에 종사하는　inform A of B A에게 B를 알리다　risk 위험(성)　fatality 사망자, 치사율　faulty 잘못된, 결함이 있는　prone ~하기 쉬운　pay attention to ~에 주의를 기울이다　record ~을 기록하다　resident 주민

18. 저자는 ~ 위해 "산불 통제"를 언급합니다.

Ⓐ 그것들이 눈사태보다 더 큰 위협임을 시사하기

Ⓑ 자연적 사건들이 어떻게 통제되는지 또 다른 예를 보여주기

Ⓒ 눈사태의 또 다른 가능성 있는 원인을 설명하기

Ⓓ 자연 재해에 반응하는 것의 복잡성을 설명하기

controlled forest fires가 언급된 문장을 보면, 'much like'라는 표현을 사용해서 '~와 비슷하게', '~와 마찬가지로'라는 의미를 내면서 산불 통제(controlled forest fires)를 언급하였으므로, 눈사태를 통제하는 것이 산불을 통제하는 것과 유사하다는 것을 나타냅니다. 따라서 산불과 눈사태는 자연재해의 종류이므로 '자연적 사건의 통제 방식의 또 다른 예시'를 나타내기 위해 산불 통제를 언급한 것임을 알 수 있습니다. 그래서 정답은 Ⓑ입니다.

어휘　suggest ~을 시사하다, 나타내다　threat 위협　natural event 자연적 사건, 자연 현상　manage ~을 관리하다　cause 원인　illustrate ~을 분명히 보여주다, 설명하다　complexity 복잡성　respond to ~에 반응하다　natural disaster 자연 재해

19. 다음 문장이 지문에 삽입될 수 있는 곳을 나타내는 네 개의 정사각형[■]을 보세요.

이러한 이유로, 판 눈사태는 눈사태로 인한 사망의 90%를 차지한다.

이 문장은 어디에 가장 적합할까요? 지문에 문장이 들어갈 상자[■]를 클릭하세요.

삽입 문장이 이러한 이유(this reason)를 먼저 언급하고, 판 눈사태의 사망률이 높다는 내용이므로, 이 문장이 삽입될 위치 앞에는 판 눈사태의 높은 사망률 이유가 언급되어야 합니다. 네 번째 정사각형 앞의 문장은 판 눈사태를 지칭하는 They가 갑자기 경고없이 빠르게 속도와 크기를 늘려간다는 내용인데, 이것은 판 눈사태의 규모와 속도가 커짐에 따라 사람이 사망할 수도 있다는 점을 시사하므로 삽입 문장은 네 번째 정사각형 [■]에 위치해야 합니다.

어휘　account for (부분, 비율을) 차지하다　death 사망(자)

20. **지시사항:** 지문의 간략한 요약을 위한 도입 문장이 아래에 주어져 있습니다. 지문에서 가장 중요한 아이디어를 나타내는 세 개의 선택지를 골라 요약을 완성하세요. 몇몇 문장들은 지문에 없는 아이디어나 지문에서 중요하지 않은 아이디어를 나타내고 있기 때문에 요약에 포함되지 않습니다. **이 문제의 배점은 2점입니다.**

> 정답 선택지들을 드래그하여 알맞은 자리에 놓습니다. 선택지를 제거하려면 클릭하시고,
> 전체 지문을 다시 보려면 **View Text**를 클릭하세요.

눈사태에 대한 기본적인 지식이 눈사태를 예측하고 피하는 것을 더 쉽게 만든다.
- ·
- ·
- ·

- (A) 지형, 강수량, 그리고 인간의 활동 모두 눈사태 발생의 원인이 될 수 있다.
- (B) 진흙 산사태는 흐르는 물과 물이 모은 잔해들로 구성된 눈사태의 한 유형이다.
- (C) 대부분 눈사태는 눈 위층이 아래 층으로부터 떨어져 나갈 때 발생한다.
- (D) 미국에서 눈사태 상황은 산림 관리청에 의해 운영되는 14개 센터에서 감시된다.
- (E) 두 줄의 나무 사이에 빈터는 눈사태의 낮은 가능성을 나타낸다.
- (F) 눈사태는 시작 구역, 눈사태 진로, 그리고 소멸 구역으로 구성되어 있다.

Prose Summary 유형

제시된 도입 문장을 뒷받침하는 내용은 눈사태의 기본 지식에 해당해야 하며, 그 지식은 눈사태의 예측과 회피에 도움이 되어야 한다는 내용이어야 합니다.

(A)는 두 번째 문단에서 언급된 내용이며, 눈사태의 원인에 관한 기본적인 지식에 해당하므로 정답입니다.

(B)는 진흙 산사태에 관한 내용이며, 이것은 지문에서 언급된 적이 없기 때문에 오답입니다.

(C)는 가장 잘 일어나고 위험한 판 눈사태(slab avalanche)의 발생에 관한 설명으로, 네 번째 문단에서 언급되었으며 눈사태에 대한 기본적인 지식에 해당하므로 정답입니다.

(D)는 마지막 문단에서 언급되었지만, 눈사태에 대한 기본 지식이 아닌 미국 산림 관리청에 관한 정보이므로 눈사태의 예측과 회피에 관한 내용으로 보기 어렵기 때문에 오답입니다.

(E)는 다섯 번째 문단 마지막 부분에서 관련된 내용이 언급되어 있는데, 이 부분에서 두 줄로 늘어선 나무들 사이의 빈터는 눈사태가 일어날 가능성이 높다고 하여 (E)의 내용과 정반대이기 때문에 오답입니다.

(F)는 다섯 번째 문단에서 언급된 내용이며, 눈사태의 세 단계 구역에 관한 것이므로 눈사태의 기본 정보로 볼 수 있으므로 정답입니다.

어휘 **predict** ~을 예측하다 **terrain** 지형 **precipitation** 강수(량) **contribute to** ~에 기여하다, 도움을 주다 **mudslide** 진흙 산사태, 이류 **detach from** ~로부터 떨어지다 **condition** 상태, 상황, 여건 **monitor** ~을 감시하다, 지켜보다 **strand** 가닥, 줄 **indicate** ~을 가리키다, 나타내다 **likelihood** 가능성 **be composed of** ~로 구성되다

Listening 실전 모의고사

PART 1 (Q1-11) ## Questions 1-5

1. Ⓓ   **2.** Ⓒ   **3.** Ⓒ   **4.** Ⓑ   **5.** Ⓓ

Listen to a conversation between a student and a receptionist at the registrar's office on the first day of the semester.

Male Student Good morning, um, I'm a bit confused. My economics class is scheduled for, well, right now, in the Warren Building. But, I went there, and, um, nobody is there. And, the room was dark… [1(D)]Do you know where the class is? Maybe I made a mistake. It's Economics 220.	**남학생** 안녕하세요, 음, 제가 좀 헷갈려서요. 제 경제학 수업이, 그게, 지금 바로 워런 빌딩에 예정되어 있어요. 그런데, 제가 그곳에 가보니까, 음, 아무도 없었어요. 그리고, 강의실이 어두웠어요… [1(D)]이 수업이 어디에서 있는지 아세요? 아마 제가 실수를 했을 수도 있어요. 경제학 220 수업입니다.
Receptionist [5(D)]The classroom assignments for the semester should be posted in the first floor of the Warren Building…	**안내원** [5(D)]이번 학기 강의실 배정이 워런 빌딩 1층에 게시되어 있을 텐데요…
Male Student Oh, right, yeah. I checked it, but my class wasn't on the list. I don't know where else to look. Maybe I should email the professor?	**남학생** 오, 맞아요, 네. 제가 확인해 봤는데, 제 수업이 목록에 있지 않았어요. 어디 다른 곳을 확인해 봐야 하는지 몰라서요. 혹시 담당 교수님께 이메일을 보내야 할까요?
Receptionist Hold on. Any updates should be on our registration system. Let me check my computer. It was Economics 202, right?	**안내원** 잠깐만요. 모든 업데이트는 저희 등록 시스템에 있어야 해요. 제 컴퓨터를 확인해 볼게요. 경제학 202가 맞죠?
Male Student Economics 220.	**남학생** 경제학 220입니다.
Receptionist One second… Oh, it says here that the class was canceled… didn't you get an email from the registrar's office about it? It would've been sent automatically.	**안내원** 잠시만요… 아, 여기 보니까 그 강의는 취소된 것으로 나오네요… 그것에 관한 이메일을 학적과로부터 받지 못하셨나요? 자동으로 보내졌을 텐데요.
Male Student An email? No, not that I remember.	**남학생** 이메일이요? 아뇨, 제가 기억하는 한 받지 못했어요.

Receptionist

Hmm… it looks like this change was made two weeks ago. The email would've gone out immediately. And, well… nobody else was there, right?

Male Student

Let me think… Maybe it was sent to my spam folder. But… I still check it frequently…

Receptionist

Those messages are always, well, should be, flagged as important. What's your email address?

Male Student

For the university?... dc423540@uninet.edu. Um, my name is Dan Continenza by the way.

Receptionist

Just a moment… Continenza… ah… maybe this is it. [2(C)]The email address we have ends with an eight, not a zero.

Male Student

What? Really? That's not right.

Receptionist

Well, do you remember receiving, um, any emails from the registrar's office? We send a lot..

Male Student

Now that I think about it… no, I don't.

Receptionist

Well, someone must've made a mistake. A typo, or, um, messy handwriting.

Male Student

Still… How can a class be canceled like that? I would've changed my schedule already.

Receptionist

I understand your, um… frustration. It's a real hassle for the students. But, sometimes, it can't be avoided. [3(C)]Each course, class, needs to have a certain number of students enrolled for it to have, to be assigned a professor. Otherwise it becomes a question of, um, resources. Does that make sense?

안내원

흠... 이 변경 사항이 2주 전에 이뤄진 것 같은데요. 그 이메일이 즉시 발송되었을 거예요. 그리고, 저... 그곳에 아무도 없었다고 했죠?

남학생

글쎄요... 아마 제 스팸 메일함으로 보내졌을 수도 있어요. 하지만... 저는 여전히 자주 확인하고 있는데요...

안내원

그 메시지는 항상, 그러니까, 중요 표시가 되어 있어요. 이메일 주소가 어떻게 되죠?

남학생

학교 이메일이요?... dc423540@uninet.edu입니다. 음, 그건 그렇고 제 이름은 댄 콘티넨자입니다.

안내원

잠시만요... 콘티넨자... 아... 아마 이것인 것 같네요. [2(C)]우리가 갖고 있는 그 이메일 주소는 '0'이 아니라 '8'로 끝나네요.

남학생

뭐라고요? 정말인가요? 그거 이상하네요.

안내원

저, 학적과에서 보낸, 음, 어떤 이메일이든 받은 기억이 있으세요? 저희가 많이 보내는데요...

남학생

생각을 해 보니까... 아뇨, 없어요.

안내원

저, 누군가가 실수한 것이 틀림없어요. 오타, 또는, 음, 지저분한 글씨 때문이에요.

남학생

그래도... 어떻게 수업이 그런 식으로 취소될 수 있죠? 제 수업 시간표를 벌써 바꿨을 거예요.

안내원

음... 그 좌절감을 이해합니다. 학생들에게 있어 정말로 혼란스러운 일이죠. 하지만, 때때로, 어쩔 수 없습니다. [3(C)]각 강의나 수업은 교수님께서 배정되실 수 있도록 필요로 하는 특정 학생 수가 있어야 합니다. 그렇지 않으면, 자원상의 문제가 됩니다. 이해가 되시나요?

Male Student	남학생
It does, but, it still puts me in a hard position. Now I have a gap in my schedule.	되기는 하지만, 그래도 여전히 저를 어려움에 처하게 하네요. 지금 제 시간표에 공백이 있어요.
Receptionist	안내원
It will be OK. Enrollment is still open for all classes. [4(B)]You should meet with your advisor, as soon as you can, and discuss what course you should take. And then, next semester, sign up again for Economics 220.	그건 괜찮을 겁니다. 모든 강의에 대한 등록이 여전히 가능합니다. [4(B)]최대한 빨리 지도 교수님을 뵙고 무슨 수업을 들어야 할지 논의해야 합니다. 그런 다음, 다음 학기에 경제학 220 수업을 다시 신청해 보세요.
Male Student	남학생
But… what if it's canceled again? Won't this same thing happen?	하지만… 또 취소되면 어떻게 하죠? 이번과 같은 일이 생기지 않을까요?
Receptionist	안내원
Don't worry. If a class is canceled like this, it is always offered the next semester, no matter what. There are other students in your situation, right? Just make a plan with your advisor. This happens all the time.	걱정하지 마세요. 강의가 이번처럼 취소된다면, 무슨 일이 있어도 그 다음 학기에 항상 제공됩니다. 같은 상황에 처한 다른 학생들도 있어요. 그렇죠? 지도 교수님과 함께 계획을 세워 보세요. 이런 일은 항상 일어납니다.
Male Student	남학생
If you say so. Thanks for your help.	그러시다면 어쩔 수 없죠. 도와주셔서 감사합니다.
Receptionist	안내원
You're welcome. Sorry for the, um, trouble… Oh, wait. Here, fill out this form before you go. Then I can correct your email address in the system.	별 말씀을요. 문제가 생겨서, 음, 죄송합니다… 아, 잠깐만요. 여기, 가시기 전에 이 양식을 작성해 주세요. 그래야 제가 시스템상에서 이메일 주소를 수정할 수 있습니다.
Male Student	남학생
Oh, right. Do you have a pen?	아, 맞네요. 펜 있으세요?

Vocabulary

a bit 조금, 약간 confused 헷갈린, 혼란스러운 economics 경제학 be scheduled 예정되어 있다 make a mistake 실수하다 assignment 배정, 할당 semester 학기 post ~을 게시하다 Hold on 잠깐만요 registration 등록 registrar's office 학적과 would have p.p. ~했을 것이다 automatically 자동으로 make a change 변경하다 immediately 즉시 frequently 자주 be flagged as ~로 표기되다 by the way 그건 그렇고 now that (이제) ~이므로 must have p.p. ~이 틀림없다 typo 오타 messy 지저분한 frustration 좌절(감) hassle 번거로운 일 avoid ~을 피하다 certain 일정한, 특정한 have A p.p. A가 ~되게 하다 enroll ~을 등록시키다 assign ~을 배정하다 otherwise 그렇지 않으면 resources 자원, 재원, 자산 make sense 말이 되다 put A in a hard position A를 어려운 입장에 처하게 하다 gap 공백, 간격, 차이 enrollment 등록 advisor 지도 교수 sign up for ~을 신청하다 what if ~? 만약 ~면 어쩌죠? no matter what 무슨 일이 있어도 situation 상황 make a plan 계획을 세우다 all the time 항상 If you say so 그렇다면 어쩔 수 없죠 fill out ~을 작성하다 form 양식, 서식 correct ~을 수정하다, 바로잡다

1. 왜 학생은 사무실에 왔나요?

- (A) 새 이메일 주소를 요청하기 위해
- (B) 워런 빌딩으로 가는 길을 묻기 위해
- (C) 수업 취소에 대해 문의하기 위해
- (D) 그의 경제학 수업이 어디서 열리는지 알아내기 위해

대화 초반, 남학생이 말하는 부분에 사무실에 온 목적이 수업이 어디서 열리는지 알기 위함이 드러나므로(Do you know where the class is?), 정답은 (D) 입니다.

어휘 **ask for** ~을 요청하다 **directions to** ~로 가는 길안내 **inquire about** ~에 대해 문의하다 **cancellation** 취소 **find out** ~을 알아내다 **economics** 경제학 **course** 강좌 **be held** (행사 등이) 열리다

---

2. 학적과에서 학생에게 보낸 이메일에 무슨 일이 일어났나요?

- (A) 스팸 폴더로 갔습니다.
- (B) 학생에 의해 삭제되었습니다.
- (C) 잘못된 주소로 보내졌습니다.
- (D) 자동으로 전송되지 않았습니다.

안내원이 학적과에서 이메일을 받지 못했냐고 물어보고, 자동으로 이메일이 보내졌을 것(didn't you get an email from the registrar's office about it? It would've been sent automatically.)이라고 말했으나, 이후 학생이 밝히는 이메일 주소와 시스템에 등록된 이메일 주소가 다르다는 것(The email address we have ends with an eight, not a zero.)을 알 수 있습니다. 이를 통해 이메일 주소가 잘못되었음을 알 수 있기 때문에 정답은 (C) 입니다.

참고로 Connecting Content는 특정 한 부분만 듣고는 풀 수 없고, 여러 내용을 듣고 연결하여야 풀 수 있는 문제 유형입니다.

어휘 **registrar's office** 학적과 **delete** ~을 삭제하다 **automatically** 자동으로 **forward** ~을 전달하다, 보내다

---

3. 학생의 경제학 수업은 왜 취소되었나요?

- (A) 교수가 수업을 가르칠 시간이 없었습니다.
- (B) 또 다른 경제학 수업과 합쳐졌습니다.
- (C) 수업에 등록한 학생이 너무 적었습니다.
- (D) 더 이상 경제학 전공에 필수 과목이 아닙니다.

안내원에 따르면, 수업은 교수가 배정되기 위해서 일정 수의 학생이 등록하여야 한다(Each course, class, needs to have a certain number of students enrolled for it to have, to be assigned a professor)고 언급한 것에서 수강생이 너무 적기 때문에 강의가 취소되었음을 알 수 있으므로 정답은 (C) 입니다.

어휘 **available** 시간이 있는 **combine** ~을 결합하다 **enroll** 등록하다 **required course** 필수 과목 **major** 전공

4. 안내원은 학생이 무엇을 해야 한다고 권고하나요?

    Ⓐ 주간 이메일 업데이트에 등록하는 것
    Ⓑ 지도 교수를 만나는 것
    Ⓒ 온라인 강좌에 등록하는 것
    Ⓓ 그의 교수에게 이메일을 보내는 것

Detail 유형

안내원은 학생에게 가능한 빨리 지도 교수를 만나서 어떤 강좌를 들어야 할지 논의해야 한다(You should meet with your advisor, as soon as you can, and discuss what course you should take)고 말하므로, 정답은 Ⓑ 입니다.

지문에서 사용한 표현처럼 You should는 추천, 권고 (recommend) 또는 제안(suggest)에 자주 사용됩니다.

어휘 receptionist 안내원, 접수원 **sign up** 등록하다 **weekly** 주간의, 매주의 **advisor** 지도교수, 고문

---

5. 대화 일부를 다시 듣고 질문에 답하세요.

남학생: 안녕하세요, 음, 제가 좀 헷갈려서요. 제 경제학 수업이, 그게, 지금 바로 워런 빌딩에 예정되어 있어요. 그런데, 제가 그곳에 가보니까, 음, 아무도 없었어요. 그리고, 강의실이 어두웠어요… 이 수업이 어디에서 있는지 아세요? 아마 제가 실수를 했을 수도 있어요. 경제학 220 수업입니다.

안내원: 이번 학기 강의실 배정이 워런 빌딩 1층에 게시되어 있을 텐데요…

안내원은 이 말을 할 때 무엇을 시사하나요?

"이번 학기 강의실 배정이 워런 빌딩 1층에 게시되어 있을 텐데요… "

    Ⓐ 그녀는 경제학 강좌가 취소되었음을 알고 있습니다.
    Ⓑ 그녀는 워런 빌딩에서 누군가 실수했다고 생각합니다.
    Ⓒ 강의실 배정은 자주 업데이트됩니다.
    Ⓓ 남자가 스스로 그 정보를 확인했어야 했습니다.

Function 유형

대화 앞부분 내용을 다시 듣고 화자의 의도를 파악하는 Function 유형입니다.

안내원은 강의실 배정은 빌딩 1층 게시를 통해 확인할 수 있다고 말하는데, 이 말은 그 정보는 스스로 확인할 수 있는 것이라는 것을 나타내므로, 여기서 자신에게 물어보지 말고 직접 확인하라는 의도를 포함합니다. 따라서 정답은 Ⓓ 입니다.

아직 안내원이 경제학 220 강의에 대한 정보를 확인을 한 것이 아니므로 Ⓐ 는 오답입니다. 워런 빌딩 1층에 게시되어 있다고 말하는 것은 강의실 배정에 관한 정보가 위치한 장소를 나타내므로 누군가의 실수를 의도하는 것이 아니기 때문에 Ⓑ 도 오답입니다. 강의실 배정 업데이트는, 제시된 대화 내용에서는 언급되지 않은 부분이므로 Ⓒ 도 오답입니다.

어휘 **be aware (that)** ~라는 것을 인지하다 **make a mistake** 실수하다 **assignment** 배정, 배치 **frequently** 자주, 빈번히

6. Ⓒ   7. Ⓓ   8. Ⓐ   9. Ⓓ   10. Ⓑ   11. Ⓐ

LISTENING

Listen to part of a lecture in a sociology class.

Professor
⁶⁽ᶜ⁾Today we will be discussing the labeling theory. This is the sociological theory of deviance. The main idea is that deviance is a product of society. It isn't solely a trait of the individual. Yes, you have a question?

Student A
⁷⁽ᴰ⁾Deviance refers to, um, any bad, or immoral behavior, right?

Professor
⁷⁽ᴰ⁾Hmm… well, no, Kevin, not necessarily.
¹¹⁽ᴬ⁾Before we continue, let's back up a little. We've discussed that deviance is anything that departs from the common standards. It's more about how society views the behavior, not the behavior itself. So, um… I'm a professor, right? If I were to, let's see, skateboard in class, would that be normal to you all? I don't think so.

Student B
Right, but, there's nothing immoral about it.

Professor
Exactly. It's just about how you, society, feels about my behavior. It wouldn't match how you expect a professor to act. That's the basic idea when we talk about deviance. But, of course, we do use it to discuss criminal behavior.
⁶⁽ᶜ⁾In the last class, we briefly covered George Herbert Mead and his idea of social interaction. This, um, helped lead to the labeling theory. Basically, people, or society, calling someone, or assuming someone, is a criminal, makes them more likely to act like a criminal.

Student A
Kind of like a self-fulfilling prophecy.

교수
⁶⁽ᶜ⁾오늘, 우리는 낙인 이론을 논하겠습니다. 이는 일탈에 대한 사회학적 이론입니다. 주된 개념은 일탈이 사회의 산물이라는 점입니다. 이는 오로지 개인의 특색만은 아닙니다. 네, 질문 있으신가요?

학생 A
⁷⁽ᴰ⁾일탈은, 음, 어떤 것이든 나쁘거나 부도덕한 행위를 가리키는 것이 맞죠?

교수
⁷⁽ᴰ⁾흠, 아뇨, 케빈, 꼭 그렇지는 않아요. ¹¹⁽ᴬ⁾얘기를 계속하기 전에, 조금 보충해볼게요. 우리는 '일탈'이 공통된 표준으로부터 벗어난 것이라는 얘기를 한 적이 있습니다. 이는 행위 자체가 아니라 사회가 그 행위를 바라보는 방식에 더 가깝습니다. 그래서, 음… 저는 교수입니다, 그렇죠? 만일 제가, 뭐랄까, 수업 중에 스케이트보드를 탄다면, 그게 여러분 모두에게 정상적으로 느껴질까요? 저는 그렇게 생각하지 않습니다.

학생 B
맞습니다. 하지만, 거기에는 부도덕한 것이 없습니다.

교수
바로 그렇습니다. 여러분, 즉 사회가 제 행동에 대해 어떻게 생각하는지에 대한 문제입니다. 여러분이 기대하는 교수가 행동하는 방식과는 일치하지 않을 겁니다. 이것이 우리가 일탈에 관해 얘기할 때의 기본적인 생각이죠. 하지만, 물론, 우리는 분명 범죄 행위를 이야기하기 위해 그 말을 사용합니다. ⁶⁽ᶜ⁾지난 수업에서, 우리는 조지 허버트 미드와 사회적 상호 관계에 대한 그의 개념을 간단히 다루었습니다. 이것이, 음, 낙인 이론으로 이어지는 데 도움을 주었습니다. 기본적으로, 누군가를 범죄자로 부르거나 가정하는 사람들, 즉 사회는 그 사람이 범죄자처럼 행동하도록 만들 가능성이 더 높습니다.

학생 A
일종의 자기 충족적 예언 같네요.

Professor

That's another name for the labeling theory. And, the idea has been developed through the 20th century. [6(C)]Some of you have read Howard Becker's Outsiders - a major work in sociology. Becker introduced the term "Moral Entrepreneur". This added to the labeling theory. Moral entrepreneurs condemn acts they consider criminal. By doing so, they, um, kind of enforce what is deviant or not, which, um, then creates labels. [8(A)]So, a moral entrepreneur, he or she might campaign against, um, smokers, for instance. It's not a criminal activity, right? But, the moral entrepreneur would make the smoker feel like a criminal. This shows how a deviant behavior can become, at least be considered, criminal. Furthermore, the smoker might be more likely to associate with other criminals – smokers in this case – and change other parts of their behavior.

Student B

So, just by being labeled a criminal – not by actually doing something criminal – the person can, um, experience an identity change.

Professor

Right. [6(C)]So, you can see how powerful the labeling theory can be. Well, think about this. Lemert suggested there were primary and secondary crimes with criminals. The first crime, he said, could take place because of unique circumstances: economic, biological, psychological. [9(D)/10(B)]But, the criminal's secondary crimes would be committed as a reaction to society, to, um, being labeled a criminal.

Student B

So, once a criminal, always a criminal? That doesn't seem fair.

Professor

It's a very dangerous situation. [10(B)]So, society needs to be careful with who it labels as criminal. You can imagine the effect on, let's say, teenage offenders, or juvenile delinquents.

교수

그것이 낙인 이론의 또 다른 이름이죠. 그리고, 그 개념은 20세기 전반에 걸쳐 발전되었습니다. [6(C)]여러분 중 일부가 사회학 분야의 주요 저서인 하워드 베커의 『아웃사이더』를 읽어 본 적이 있을 겁니다. 베커는 "도덕적 기업가"라는 용어를 소개했죠. 이것이 낙인 이론에 도움이 되었습니다. 도덕적 기업가들은 스스로 범죄라고 여기는 행동을 비난합니다. 그렇게 함으로써, 그들은, 음, 일탈적이거나 그렇지 않은 것을 어느 정도 강요하는데, 그런 후에 낙인을 만들어냅니다. [8(A)]따라서, 예를 들면, 도덕적 기업가는, 음, 흡연자들을 대상으로 캠페인을 벌일 수도 있습니다. 흡연이 범죄 행위는 아니잖아요, 그렇죠? 하지만, 도덕적 기업가는 흡연자가 범죄자처럼 '느끼도록' 만들 것입니다. 이것은 어떻게 일탈적 행위가 범죄가 될 수 있는지, 또는 최소한 범죄로 여겨질 수 있는지를 보여주죠. 게다가, 흡연자는 다른 범죄자들과 어울려, 이 경우에는 흡연자들이겠죠, 자신들 행위의 다른 부분들을 바꿀 가능성이 더 높아질 수도 있습니다.

학생 B

그럼, 실제로 어떤 범죄를 저지르는 것이 아니라 범죄자로 낙인 찍히는 것만으로도, 사람이, 음, 정체성 변화를 겪을 수 있는 거네요.

교수

그렇죠. [6(C)]자, 여러분은 낙인 이론이 얼마나 강력할 수 있는지 확인할 수 있습니다. 자, 이것을 생각해 보세요. 리머트는 범죄자들에게 1차 범죄와 2차 범죄가 있다는 의견을 제시했습니다. 그가 말하길, 1차 범죄는 경제적, 생물학적, 심리적인 것과 같은 독특한 상황 때문에 발생할 수 있습니다. [9(D)/10(B)]하지만, 범죄자의 2차 범죄는 사회에 대한 반응, 음, 범죄자로 낙인 찍힌 것에 대한 반응으로 발생될 것입니다.

학생 B

그럼, 한 번 범죄자는 영원히 범죄자인가요? 그건 공평한 것 같지 않아요.

교수

매우 위험한 상황이죠. [10(B)]따라서, 사회는 범죄자로 낙인 찍는 사람에 대해 신중할 필요가 있습니다. 예를 들면, 십대 범죄자들, 즉 비행 청소년들에 대한 영향을 상상해 보세요.

Student A They're still forming their identity anyways. If society already labels them...	**학생 A** 어쨌든 그들은 여전히 각자의 정체성을 형성하는 과정에 있어요. 만일 사회가 이미 그들을 낙인 찍는다면...
Professor It's, yes, a major issue to consider.	**교수** 그건, 네, 고려해야 할 주요 사안이죠.

Vocabulary

labeling theory 낙인 이론 **sociological** 사회학적인 **deviance** 일탈 **product** 산물 **solely** 오로지 **trait** 특색 **individual** 개인, 사람 **refer to** ~을 가리키다, 지칭하다 **immoral** 부도덕한(↔ moral) **behavior** 행동 **back up** 보충하다 **depart from** ~에서 출발하다 **common** 공통의, 흔한 **standard** 기준, 표준 **be more about** ~에 더 가깝다 **view** ~을 바라보다, 여기다 **normal** 정상적인 **match** ~와 일치하다 **criminal** a. 범죄의 n. 범죄자 **briefly** 간단히 **cover** (주제 등) ~을 다루다 **interaction** 상호 관계, 교류 **lead to** ~로 이어지다 **assume** ~라고 추정하다 **more likely** 가능성이 더 높은 **self-fulfilling** 자기 충족 **prophecy** 예언 **sociology** 사회학 **introduce** ~을 도입하다 **term** 용어 **entrepreneur** 기업가 **add to** ~에 보탬이 되다 **condemn** ~을 비난하다 **consider A B** A를 B로 여기다 **enforce** ~을 강요하다 **deviant** 일탈적인 **create** ~을 만들어내다 **campaign against** ~에 반대하는 운동을 하다 **at least** 적어도, 최소한 **furthermore** 뿐만 아니라, 더욱이 **associate with** ~와 어울리다 **identity** 정체성 **primary** 1차의, 주된 **secondary** 2차의, 부차적인 **take place** 발생되다 **unique** 독특한 **circumstances** 상황, 환경 **biological** 생물학적인 **psychological** 심리적인 **commit a crime** 범죄를 저지르다 **reaction to** ~에 대한 반응 **fair** 공평한, 타당한 **offender** 범죄자 **juvenile delinquent** 미성년 범죄자 **form** ~을 형성하다

---

6. 강의는 주로 무엇에 대한 것인가요?

    Ⓐ 범죄 행위를 고치기 위한 여러 방안들
    Ⓑ 어떻게 낙인 이론이 처음에 발견되었는지
    Ⓒ 한 이론에 여러 사회학자들의 기여
    Ⓓ 개인의 일탈 행동의 원인들

Gist-Content 유형

보통 Gist-Content 유형의 경우, 도입부에서 정답의 단서가 나옵니다. 특히 강의에서 "오늘 우리는 ~에 대해 논의하겠습니다"(Today we will be discussing~)라고 말하면 정답이 나올 확률이 매우 높습니다. 따라서 the labeling theory(낙인 이론)에 대한 논의가 강의의 핵심입니다. 다만 보기에서 더 구체적인 내용이 제시되어 있기 때문에 지문을 더 자세히 듣고 정답을 선택해야 합니다.

강의는 전체적으로 여러 사회학자들(George Herbert Mead, Howard Becker, Lemert)의 낙인 이론에 대한 기여를 다루고 있습니다. 따라서 Ⓒ 가 정답입니다.

어휘 **method** 방법 **correct** ~을 정정하다 **contribution** 기여 **sociologist** 사회학자 **theory** 이론 **cause** 원인 **deviant behavior** 일탈 행동

Listening 실전 모의고사 **21**

7. 교수는 학생 중 한 명에게 "일탈"이라는 용어에 대해 무엇을 설명하나요?

- (A) 다른 분야에서 다르게 정의됩니다.
- (B) 범죄 행동의 결과물입니다.
- (C) 현대 사회학에서 더이상 사용되지 않습니다.
- (D) 부도덕한 행동만을 지칭하지 않습니다.

Detail 유형

일탈은 부도덕한 행위를 가리키는 것인지 학생이 묻자 ("Deviance refers to, um, any bad, or immoral behavior, right?"), 교수는 꼭 그렇지만은 않다(not necessarily)고 대답을 하므로, 일탈이라는 단어가 반드시 부도덕한 행동을 지칭하는 것이 아님을 알 수 있습니다. 따라서 정답은 (D) 입니다.

어휘 deviance 일탈 definition 정의 field 분야 product 결과물, 산물 criminal 범죄의, 범죄자 sociology 사회학 refer to ~을 지칭하다, 가리키다 immoral 부도덕한

8. 왜 교수는 흡연자를 언급하나요?

- (A) 사람이 어떻게 범죄자로 낙인 찍힐 수 있는지 보여주기 위해
- (B) 낙인 이론의 결점을 비판하기 위해
- (C) 사안의 중요성을 강조하기 위해
- (D) 베커의 연구 결과 중 하나에 반박하기 위해

Organization 유형

교수는 흡연자를 언급하고는 어떻게 일탈적 행위가 범죄로 여겨질 수 있는지를 보여준다(This shows how a deviant behavior can become, at least be considered, criminal)고 언급하였습니다. 이와 동일한 내용으로 범죄자로 낙인이 찍히는 것을 보여주기 위해서 흡연자를 언급한 것이라는 (A) 가 정답입니다.

어휘 criminal 범죄자 criticize ~을 비난하다, 비판하다 flaw 결점 challenge ~에 이의를 제기하다 findings 연구 결과

9. 교수에 따르면, 2차 범죄는 무엇인가요?

- (A) 경제적 이유로 저질러진 범죄
- (B) 징역형 이후 저질러진 범죄
- (C) 도덕적 기업가로서 저질러진 범죄
- (D) 사회에 대한 반응으로 저질러진 범죄

Detail 유형

교수는 사회에 대한 반응으로 2차 범죄를 저지를 수 있다(secondary crimes would be committed as a reaction to society)고 언급하였는데, 이 내용이 그대로 언급된 (D) 가 정답입니다.

어휘 secondary 2차적인, 부차적인 commit (범죄를) 저지르다 prison sentence 징역형 moral 도덕적인 entrepreneur 기업가 in reaction to ~에 대한 반응으로

10. 비행 청소년으로 낙인 찍힌 십대들에 대해 무엇을 추론할 수 있나요?

- Ⓐ 그들의 일탈 행동을 고치려고 노력할 것입니다.
- Ⓑ 성인이 되고 나서도 계속해서 범죄를 저지를 것입니다.
- Ⓒ 다른 비행 청소년들과 어울리는 것을 멈출 것입니다.
- Ⓓ 그들은 더 많은 1차 범죄를 저지를 것입니다.

Inference 유형

교수는 Lemert의 2차 범죄가 사회에 범죄자로 낙인 찍힌 것에 대해 일어나는 반응이라고 설명하고, 학생 B는 한번 범죄자는 영원한 범죄자인 것이 불공평하다(once a criminal, always a criminal? That doesn't seem fair)고 말합니다. 그래서 교수는 그것은 위험한 상황이며, 범죄자로 낙인을 찍는 것에 신중해야 한다(society needs to be careful with who it labels criminal)고 언급합니다. 그리고 십대 범죄자들, 비행 청소년들에게 끼칠 영향을 생각해 볼 수 있다(you can imagine the effect on, let's say, teenage offenders, or juvenile delinquents)고 말한 것에서, 비행 청소년이 범죄자로 낙인이 찍히면 계속해서 범죄를 저지를 것으로 추론할 수 있기에 Ⓑ 가 정답입니다.

Ⓐ 와 Ⓒ 는 지문에 언급되지 않은 내용이며, 1차 범죄가 아닌 2차 범죄가 낙인에 따른 범죄이므로 Ⓓ 도 오답입니다.

어휘 **delinquent** 비행의, 비행 청소년 **attempt to do** ~하는 것을 시도하다 **correct** ~을 바로 잡다 **deviant behavior** 일탈 행동 **commit crimes** 범죄를 저지르다 **adulthood** 성인기, 성년 **associate with** ~와 어울리다 **primary** 최초의, 제 1의

---

11. 강의 일부를 다시 듣고 질문에 답하세요.

학생 A: 일탈은, 음, 어떤 것이든 나쁘거나 부도덕한 행위를 가리키는 것이 맞죠?

교수: 흠, 아뇨, 케빈, 꼭 그렇지는 않아요. 얘기를 계속하기 전에, 조금 보충해볼게요. 우리는 '일탈'이 공통된 표준으로부터 벗어난 것이라는 얘기를 한 적이 있습니다.

교수는 왜 이 말을 하나요?
얘기를 계속하기 전에, 조금 보충해볼게요.

- Ⓐ 그녀는 이전에 논의된 정보를 재검토하려고 합니다.
- Ⓑ 그녀는 수업의 내용에서 벗어난 개념을 소개하려고 합니다.
- Ⓒ 그녀는 수업 초반에 남학생이 말했던 것을 정정하고 싶어합니다.
- Ⓓ 그녀는 내용이 어려울 것임을 학생들에게 경고하고 싶어합니다.

Function 유형

대화 앞부분 내용을 다시 듣고 화자의 의도를 파악하는 Function 유형으로, 해당 문장(let's back up a little.)을 말한 후에 교수는 '우리는 ~에 대해 논의를 했습니다'라는 의미로 "We've discussed that ~"이라는 문장을 말한 것을 통해 지난 시간에 논의한 것을 다시 한번 검토하려는 것을 알 수 있습니다. 따라서 정답은 Ⓐ 입니다.

해당 문장 이후에 수업 외적인 개념이 설명되지 않았으므로 Ⓑ 는 오답입니다. 학생 A가 일탈의 정의에 대해 말한 것에 대해 교수가 아니라고 답하였지만, 그 이후의 내용은 학생 A의 말을 정정하려는 것이 아니라 이전 강의 내용을 다시 언급하는 것이므로 Ⓒ 는 오답입니다. 해당 문장을 말한 이후에 교수가 설명할 내용이 어렵다고 암시하는 내용은 없으므로 Ⓓ 도 오답입니다.

어휘 **review** ~을 재검토하다 **previously** 이전에 **be about to do** 막 ~하려고 하다 **concept** 개념 **warn** ~에게 경고하다 **material** 자료, 내용 **challenging** 힘든, 어려운

LISTENING

1. Ⓒ **2.** Ⓑ **3.** Ⓐ **4.** Ⓒ **5.** Ⓑ

Listen to a conversation between a student and his linguistics professor.

Professor	교수
Well, I'm glad you've already finished your outline. Now you'll have plenty of time to work on your first draft. But, I think you might want to make some changes before you start writing.	자, 네가 벌써 개요를 다 썼다니 기쁘구나. 이제 초안을 작업할 시간이 충분하겠구나. 하지만, 글쓰기를 시작하기에 앞서 몇 가지를 변경하면 좋을 것 같아.
Student	학생
Oh, OK. I can do that. That's why I tried to plan it ahead of schedule.	오, 알겠어요. 그건 할 수 있어요. 그게 바로 제가 일정보다 앞서서 계획하려 한 이유거든요.
Professor	교수
Your topic is relevant to our class – the nativist approach to language acquisition. [2(B)]But, you're trying to cover a lot of material. Remember, the essay only needs to be five pages long. Your section comparing the behavioral approach to the nativist gives you more than enough to write about… umm… but I'll leave that up to you. Did you have any other questions?	너의 주제는 우리 수업인 언어 습득에 대한 선천론적 접근법과 관련이 있어. [2(B)]하지만, 너는 많은 자료를 다루려고 노력하고 있지. 기억해야 할 점은, 에세이는 딱 다섯 페이지 분량이어야 한다는 거야. 네가 쓴 선천론적 접근법에 행동주의적 접근법을 비교하는 부분이 글을 쓸 충분한 분량을 넘는데… 음… 하지만 너에게 맡겨 두도록 할게. 다른 질문 있니?
Student	학생
[1(C)]Oh, I just saw, um, the flyer posted on your office door. There's a… research study?	[1(C)]아, 제가 막, 음, 교수님 연구실 문에 붙어 있는 전단을 봤어요. 연구 조사가… 있다는데요?
Professor	교수
Yes, that's right. It's not mine, but, um, one of my colleagues in the Education Department is conducting it. [3(A)]He needs some people to try an online learning tool his team has been developing, and then give feedback about its effectiveness. I think it's a new app for foreign language acquisition. You would just try it and then answer a questionnaire. Plus, you'll get credit as a tester for the app.	그래, 맞아. 나의 연구는 아니지만, 음, 교육학과에 있는 동료 교수 중 한 분이 진행하고 있어. [3(A)]그는 그의 팀이 개발해오고 있는 온라인 학습 도구를 시험 삼아 해본 후에 그것의 효용성에 대한 피드백을 줄 사람을 필요로 해. 외국어 습득을 위한 새로운 앱인 것 같아. 그냥 한 번 시도해보고 나서 설문지에 답변하면 될 거야. 게다가, 그 앱에 대한 시범 사용자로서 학점도 받게 될 거야.
Student	학생
Really? That sounds great! But, I'm not sure how my feedback would be useful. I don't know anything about apps.	정말요? 아주 좋은 것 같아요! 하지만, 제 피드백이 유용할지 잘 모르겠어요. 제가 앱에 관해서 아는 게 없거든요.

Professor

Actually, I think you'd be perfect. You already have a background in linguistics, and, aren't you bilingual? That means you have some personal experience with learning new languages. So, don't shy away from this opportunity. I think you could be really valuable to their study.

Student

Well, if you think so. How do I join it?

Professor

There was a list with the flyer. Let me get it… All right, let's see. Just choose one of these time slots. Looks like there are only times available Tuesday morning and Wednesday evening.

Student

I have my teaching practicum on Tuesday mornings, and Wednesday…

Professor

Oh, you're doing your student teaching now? Who's your advisor?

Student

It's Professor Tice, for Education 370. Um… I didn't hear anything about this study from him, though.

Professor

5(B)Well, there's always a lot going on in the Education Department. I'm just acquaintances with the man in charge of this study. But, anyways, you surely can't miss your practicum. What about Wednesday?

Student

That's a problem, too. I work from six to eleven at night.

Professor

Are they the same hours every week? Where's your job?

Student

At Croft Library, here on campus.

교수

실은, 난 네가 최적일 거라고 생각해. 이미 언어학에 대한 배경 지식이 있고, 2개 국어를 사용하지 않니? 그 말은 네가 새로운 언어를 학습하는 데 개인적인 경험이 좀 있다는 뜻이야. 그러니까, 이번 기회를 피하지 말아. 난 네가 그 연구에 정말로 귀중한 존재일 수 있다고 생각해.

학생

저, 그렇게 생각하신다면 좋죠. 그 연구에 어떻게 합류하죠?

교수

전단에 목록이 있었어. 내가 가져올게... 좋아, 어디 보자. 그냥 이 시간대 중에서 하나를 고르면 돼. 가능한 시간대가 화요일 오전과 수요일 저녁 뿐인 것 같네.

학생

제가 화요일 오전마다 교직 실습 과목이 있어요, 그리고 수요일은...

교수

아, 지금 교생 실습을 하고 있니? 누가 지도 교수님이니?

학생

교육학 370의 타이스 교수님이세요. 음... 하지만 그분에게서 이 연구에 관해 아무것도 듣지 못했어요.

교수

5(B)그게, 교육학과에는 항상 진행되는 일이 많이 있단다. 난 그저 이 연구를 책임지고 있는 사람과 알고 지낼 뿐이야. 하지만, 어쨌든, 분명 네가 실습을 놓칠 수는 없지. 수요일은 어때?

학생

그것도 문제예요. 제가 밤에 6시부터 11시까지 일을 해요.

교수

연구 조사와 그 일이 매주 같은 시간대야? 일하는 곳이 어디니?

학생

여기 캠퍼스에 있는 크로프트 도서관이요.

Professor	교수
Oh, as a student assistant? They must make it easy to switch shifts with other students.	오, 학생 조교로 말이니? 거기서 틀림없이 다른 학생들과 교대 근무를 바꾸는 것을 쉽게 해줄 거야.
Student	**학생**
Well, not really. Most people are desperate for hours. And, yeah, I really need the money, too.	그게, 꼭 그렇진 않아요. 대부분의 사람들이 근무 시간을 간절히 원해요. 그리고, 네, 저는 돈도 정말 필요하고요.
Professor	**교수**
4(C)Hmm... I know the library staff pretty well. Let me talk to Daryl – Mr. Hanover. You know him, right? Maybe your shift could start an hour later that night.	4(C)흠... 내가 그 도서관 직원들을 아주 잘 알아. 내가 데릴에게, 그러니까 하노버 씨에게 얘기해볼게. 그분 알지? 아마 네 교대 근무가 그날 밤에 한 시간 늦게 시작될 수 있을 거야.
Student	**학생**
If it's possible, that would be great. Being credited on a learning app would look pretty good on my CV!	그게 가능하다면, 아주 좋을 것 같아요. 학습용 앱에 대해 공을 인정받는 것은 제 이력서에 아주 좋아 보일 거예요!

Vocabulary

outline 개요, 개괄 first draft 초안 make a change 변경하다 ahead of schedule 미리 relevant to ~와 관련 있는 nativist 선천론자 approach 접근법 acquisition 습득 cover (주제 등) ~을 다루다 material 자료, 재료 compare ~을 비교하다 behavioral 행동의 more than enough 충분하고도 남는 leave A up to B A를 B에게 맡겨두다 flyer 전단지 research study 연구 조사 colleague 동료 conduct ~을 실시하다 develop ~을 개발하다 feedback 의견 effectiveness 효용성 questionnaire 설문지 credit 학점, 공로, 인정 linguistics 언어학 bilingual 2개 국어를 하는 shy away from 주저하다, ~을 피하다 opportunity 기회 valuable 소중한 time slot 시간대 available 이용 가능한, 시간이 있는 practicum 실습 과목 acquaintance 지인, 아는 사람 in charge of ~을 책임지고 있는 assistant 조교, 보조 switch A with B A를 B와 바꾸다 shift 교대 근무(조) desperate 간절히 필요로 하는 be credited on ~에 대한 공을 인정받다 CV 이력서(curriculum vitae)

1. 대화는 주로 무엇에 대한 것인가요?

Ⓐ 남자의 연구 논문을 위해 가능한 주제들
Ⓑ 언어학 연구의 새로운 영역
Ⓒ 남자가 연구에 참여할 가능성
Ⓓ 언어 습득의 다른 방법들

Gist-Content 유형

초반에 언어 습득 관련 남자의 보고서 작성에 대해 대화가 진행되다가, 남자의 연구 참가 가능성으로 화제가 바뀌어 남자가 연구에 참가하기 위해 가능한 시간과 일정에 대해 주로 대화를 나눕니다. 따라서 본 대화의 Gist-Content는 Ⓒ 남자가 연구에 참여할 가능성입니다.

> **어휘** research paper 연구 논문 linguistics 언어학 participate in ~에 참가하다 study 연구 acquisition 습득

---

2. 교수가 남자의 개요에 대해 암시하는 것은 무엇인가요?

Ⓐ 남자의 주장을 뒷받침할 충분히 신뢰할 만한 자료가 부족합니다.
Ⓑ 논문의 범위를 제한해야 한다는 것을 보여줍니다.
Ⓒ 교수가 동의하지 않는 주장을 합니다.
Ⓓ 언어학과 교육학의 관계를 무시합니다.

Inference 유형

교수는 남자의 개요에 대해 남자가 쓰는 논문의 주제가 수업과 관련이 있지만, 너무 많은 자료를 다루고 있다(Your topic is relevant to our class – the nativist approach to language acquisition. But, you're trying to cover a lot of material.)고 지적하였으며, 논문이 5페이지 분량이라는 점을 상기시켜(Remember, the essay only needs to be five pages long) 주었습니다. 이를 통해 교수는 남자의 논문이 너무 많은 주제로 인해 분량이 길어질 것을 우려하고 있으므로 논문의 범위를 제한해야 한다고 생각한다는 것을 알 수 있습니다. 따라서 정답은 Ⓑ 입니다.

역접의 표현인 but이나 however 뒤에 정답의 단서가 자주 나오므로 이를 반드시 노트테이킹 해야 합니다.

> **어휘** imply ~을 암시하다, 나타내다 outline 개요 lack ~이 부족하다, 없다 credible 믿을 만한, 신뢰할 수 있는 argument 주장 limit ~을 제한하다 scope 범위 agree with ~에 동의하다 ignore ~을 무시하다

---

3. 진행되고 있는 연구의 주요 목표는 무엇인가요?

Ⓐ 교육용 앱이 효과적인지 알아내는 것
Ⓑ 제2언어 학습자들의 개인적 진술을 기록하는 것
Ⓒ 학생의 글에 대한 언어학적 영향을 밝히는 것
Ⓓ 언어 습득의 새 이론을 검증하는 것

Detail 유형

진행되고 있는 연구는 교수의 동료가 진행하고 있는 것(one of my colleagues in the Education Department is conducting it)이라고 언급된 연구를 말하며, 교수는 동료 교수가 온라인 학습 도구를 한번 써보고 그 효용성에 대해 피드백을 줄 사람을 필요로 한다(He needs some people to try an online learning tool his team has been developing, and then give feedback about its effectiveness.)고 말하는 부분에서 온라인 교육용 도구의 효용성에 대한 연구임을 알 수 있습니다. 그리고 그 뒤에 온라인 교육용 도구가 외국어 습득을 위한 새로운 앱(it's a new app for foreign language acquisition.)이라고 밝혔으므로 정답은 Ⓐ 입니다.

> **어휘** account 설명 determine ~을 알아내다, 밝히다 influence 영향

4. 교수가 도서관 직원들에 대해 암시하는 것은 무엇인가요?

Ⓐ 그들은 아마도 남자의 스케줄을 변경하지 않을 것입니다.

Ⓑ 그들은 연구에 협조적일 것입니다.

Ⓒ 그들은 그녀의 요청을 받아들일 가능성이 높습니다.

Ⓓ 그들은 근로장학생이 추가로 필요합니다.

Inference 유형

교수가 도서관 직원들을 잘 안다(I know the library staff pretty well)고 말하는 부분에서 정답의 단서가 드러납니다. 교수는 하노버 씨에게 말해서 남자의 한시간 늦은 시간으로 근무 시간을 바꿔줄 수 있을 것(I know the library staff pretty well. Let me talk to Daryl – Mr. Hanover. [...] Maybe your shift could start an hour later that night.)이라고 말한 부분에서 교수가 도서관 직원들이 자신의 요청을 들어줄 것이라고 생각한다는 것을 알 수 있습니다. 따라서 정답은 Ⓒ 입니다. 도서관 직원들은 교수와 잘 아는 사이여서 교수의 부탁을 들어주는 것이고, 도서관 직원들이 연구에 협조적이라는 내용은 알 수 없으므로 Ⓑ 는 오답입니다.

어휘 **supportive** 지지하는, 협조적인 **accept** ~을 받아들이다, 수용하다 **request** 요청 **be in need of** ~을 필요로 하다 **additional** 추가의

---

5. 대화 일부를 다시 듣고 질문에 답하세요.

학생: 교육학 370의 타이스 교수님이세요. 음... 하지만 그분에서 이 연구에 관해 아무것도 듣지 못했어요.

교수: 그게, 교육학과에는 항상 진행되는 일이 많이 있단다. 난 그저 이 연구를 책임지고 있는 사람과 알고 지낼 뿐이야.

교수가 이 말을 할 때 무엇을 시사하나요?
그게, 교육학과에는 항상 진행되는 일이 많이 있단다.

Ⓐ 교육학과에는 참여할 연구 기회가 자주 있습니다.

Ⓑ 학생의 지도 교수는 연구에 대해 잘 모를 가능성이 높습니다.

Ⓒ 교육학과는 그 연구에 더 이상 참가자를 필요하지 않을지도 모릅니다.

Ⓓ 학생은 언어학에 더 정통한 지도 교수를 찾을 수 있습니다.

Function 유형

교수가 말한 문장 이전에 학생이 타이스 교수님에게서 연구에 관해 아무것도 듣지 못했다고 말하였으므로, 교수가 말한 "교육학과에는 진행되는 일이 많이 있다"는 문장은 교육학과에서 진행되는 것이 너무 많아서 다 알기는 어렵고, 그래서 학생의 지도 교수는 모를 가능성이 높다는 의미입니다. 따라서 정답은 Ⓑ 입니다.

어휘 **frequently** 자주, 빈번히 **opportunity** 기회 **participate in** ~에 참여하다 **advisor** 지도 교수 **participant** 참가자 **familiar with** ~에 익숙한, ~에 정통한

6. Ⓒ   **7.** Ⓒ   **8.** Ⓑ   **9.** Ⓐ   **10.** Ⓓ   **11.** Ⓑ

Listen to part of a lecture in an art history class.

Professor	교수
Cave paintings, or, um, parietal art, as it's also known, makes up most of the world's oldest preserved art. Sculptures, small idols, those are some other examples. But cave paintings, they've been discovered around the world, such as, for instance, on islands in Indonesia. But, the oldest examples, and highest concentration of cave art, would be in Europe, mostly Spain and France. ^{6(C)}One of the most famous locations is the Lascaux Cave in southwestern France. Well, this is what we'll be discussing today.	동굴 벽화, 즉, 음, 벽화 미술품은 알려진 바와 같이 전 세계에서 가장 오래 보존된 미술품의 대부분을 차지합니다. 조각품이나 소형 우상, 그러한 것들이 다른 몇몇 예시에 해당됩니다. 하지만 동굴 벽화는 전 세계 곳곳에서 발견되어 왔습니다. 예를 들어 인도네시아의 여러 섬과 같은 곳에서요. 하지만, 가장 오래된 본보기들이 존재하는 곳이자, 동굴 예술이 가장 많이 밀집되어 있는 곳은 유럽, 주로 스페인과 프랑스입니다. ^{6(C)}가장 유명한 장소들 중 하나가 프랑스 남서부의 라스코 동굴입니다. 이것이 오늘 강의에서 다룰 내용입니다.
And, I'm sure when you hear of cave paintings, or any type of primitive art, your first assumption might be that it's simplistic… ugly, even. ^{7(C)}My five-year-old son gave me one of his drawings the other day… just some cows, pigs, farm animals. Maybe you're thinking that these cave paintings might, well, look similar to his artwork. But, just because the Lascaux paintings were made 15,000… 20,000 years ago, that doesn't mean they aren't masterpieces. They're life-like and show the creatures in incredible detail. It, um, really adds to just how amazing they are.	그리고, 여러분이 동굴 벽화 또는 어떤 유형이든 원시 예술에 대해 들을 때, 여러분의 첫 생각은 그것이 단순하다거나… 심지어 추하게 보인다는 것일지도 모릅니다. ^{7(C)}5살 난 제 아들이 일전에 자신이 그린 그림들 중 하나를 저에게 준 적이 있는데… 그저 몇몇 소와 돼지, 가축들이었습니다. 아마 여러분은 이 동굴 벽화들이, 음, 제 아들의 그림과 비슷해 보일 수 있다고 생각하고 있을지도 모릅니다. 하지만, 단지 라스코 동굴의 그림들이 15,000년에서 20,000년 전에 만들어졌다고 해서, 그 그림들이 걸작이 아니라는 것을 의미하지는 않습니다. 그 그림들은 실물과 똑같으며, 믿을 수 없을 정도의 세밀함으로 생물체를 보여줍니다. 그 점이, 음, 그저 그 그림들이 얼마나 놀라운지를 정말 잘 보여줍니다.
The Lascaux cave paintings were first discovered in 1940, by total accident. A young Frenchman, Marcel Ravidat, lost his dog down a foxhole. ^{11(B)}Can you imagine? When he crawled down after his dog, he discovered various depictions of animals covering the cavern walls. Ravidat told his teacher about what he had found, and from there, interest grew. And by 1948, it was open to the public – which came with its own problems. But, we'll get to that.	라스코 동굴 벽화들은 완전히 우연하게 1940년에 처음 발견되었습니다. 젊은 프랑스인 마르셀 라비닷이 참호 밑으로 자신의 개를 잃어버렸습니다. ^{11(B)}상상이 되시나요? 그가 개를 쫓아 기어 내려갔을 때, 동굴 벽마다 뒤덮고 있는 다양한 동물 묘사 그림들을 발견했습니다. 라비닷은 발견한 것을 자신의 선생님께 말씀드렸고, 거기서부터 관심이 커졌습니다. 그리고 1948년 무렵, 일반 대중에게 공개되었는데, 자체적인 문제점이 포함되어 있었습니다. 하지만, 우리는 그 부분에 대해 알아볼 겁니다.

As for the paintings themselves, the cave contains around 6,000 images in total… and, um, 900 of those can be recognized as animals – mostly herbivores, like horses, stags, a lot of cattle. Aurochs, an extinct species of large cattle, were heavily featured. Predators aren't as common but there are some large felines and a bear. Most animals were painted in profile, with the heads facing forward. This is similar to some Egyptian art styles, but, umm… we won't be exploring that connection. [8(B)]One painting is known as 'The Crossed Bison', and it shows off the skill of these Paleolithic painters. It employs both depth and an early attempt at perspective, which, as you know, wasn't practiced in art until much later.

But, why, you might be asking? Why did these Paleolithic artists cover the walls of the cave with intricate, beautiful images? And, I haven't mentioned yet, these paintings aren't, um, easy to access. They're deep, deep in the cave networks. The artists had to work without any natural light, and, well, anyone who wanted to see them would maybe need some spelunking gear. And, while caves were popular dwellings at the time, there's no evidence that anyone lived in the Lascaux Cave. It was, most likely, umm… solely used for this artwork, and whatever ceremony or ritual it was possibly connected to.

Now, there's always a danger with, um… trying to interpret Paleolithic art. We tend to, well, let our imaginations get the best of us. We might be more influenced by our assumptions and beliefs than, um, any actual data. Mostly because there's just so little data available. But, um, being said, there are a few theories that might explain the purpose of these paintings. One theory suggests that the cave was used to prepare for successful hunting parties. The, umm, target animal would be painted to… psychologically motivate the hunters. The animals are frequently depicted with wounds – arrow wounds, blood – which seems to support this theory. [9(A)]It would also help explain why the images overlap, or are drawn on top of one another. After a successful hunt, well, I suppose that picture was no longer needed.

벽화 자체와 관련해서는, 그 동굴에 대략 총 6,000개의 그림이 포함되어 있고... 음, 그 중 900개는 동물로 인식될 수 있는데, 대부분 말과 수사슴, 많은 가축과 같은 초식 동물입니다. 멸종된 대형 가축 종인 오로크스가 대단히 특징적으로 그려져 있습니다. 포식자들은 그렇게 흔한 것은 아니지만, 대형 고양이과 동물들과 곰도 있습니다. 대부분의 동물은 머리가 정면을 바라보는 채로 옆모습으로 그려졌습니다. 이는 일부 이집트 미술 양식과 흡사한 것이지만, 음... 우리는 그 연관성을 살펴보지는 않을 것입니다. [8(B)]그림 하나는 '교차된 들소'라고 알려져 있는데, 이는 구석기 시대 미술가들의 실력이 잘 드러나는 그림입니다. 이 그림은 농도와 초기 원근법에 대한 시도를 모두 활용하고 있으며, 아시다시피, 원근법은 미술에서 훨씬 더 나중이 되어서야 행해진 것입니다.

하지만, 왜, 라고 여러분은 물을 수도 있겠죠? 왜 이 구석기 시대 미술가들은 복잡하고 아름다운 그림들로 그 동굴 벽들을 채웠을까요? 그리고, 제가 아직 언급하진 않았는데, 이 그림들은, 음, 접근하기 쉽지 않습니다. 이 그림들은 그 동굴 구조망 속 아주 깊은 곳에 있기 때문입니다. 이 미술가들은 어떠한 자연광도 없는 상태에서 작업해야 했는데, 그게, 이 그림들을 보고 싶어하는 사람은 누구든 아마 동굴 탐사 장비가 필요할 겁니다. 그리고, 당시에 동굴이 인기 있는 주거 공간이었지만, 라스코 동굴에는 누군가 살았던 증거가 없습니다. 이 동굴이, 음... 오로지 이 작품만을 위해서 이용되었을 가능성이 가장 크죠. 어떤 의식이나 종교 의례와 연관이 있을 가능성이요.

현재, 구석기 시대 미술을 해석하려 하는 일에는, 음... 항상 위험이 있습니다. 우리는, 그러니까, 우리의 상상력에 사로잡히는 경향이 있습니다. 우리는 어떠한 실제 자료보다, 음, 우리의 추정이나 신념에 의해 더 많은 영향을 받을 지도 모릅니다. 주로 활용할 수 있는 자료가 너무 적기 때문일 것입니다. 하지만, 음, 말이 나온 김에, 이 벽화의 목적을 설명해 줄 수도 있는 몇 가지 이론이 있습니다. 한 가지 이론은 그 동굴이 성공적인 사냥 파티를 준비하기 위해 이용되었다고 제시합니다. 그 목표 동물은, 음, 사냥꾼들에게 심리적으로 동기를 부여하기 위해... 그려졌을 것입니다. 그 동물들은 흔히 상처들, 즉 화살로 인한 상처나 핏자국과 함께 묘사되어 있는데, 이것이 이 이론을 뒷받침하는 것으로 보입니다. [9(A)]또한 그것이 그림들이 겹쳐져 있거나 위로 차곡차곡 그려져 있는 이유를 설명하는 데 도움이 될 수 있을 것입니다. 성공적인 사냥 후에는, 음, 저는 그 그림이 더이상 필요하지 않았다고 생각합니다.

Another theory points towards a more, um, mystical explanation. Some images are more abstract – human figures with the heads of birds, strange geometric patterns… The paintings could be hallucinated images, painted in a trance-like state. But, well, I mentioned letting our imaginations get the better of us earlier. Maybe these figures were hunters in masks, using a sort of camouflage. [10(D)]We will likely, honestly, never know.

또 다른 이론은 더욱, 음, 좀 더 신비스러운 설명을 지목합니다. 몇몇 그림들은 좀 더 추상적인데, 새의 머리를 한 인간의 형상이나, 이상한 기하학적 무늬들이 있습니다… 그 그림들은 최면에 걸린 것과 같은 상태에서 그려져서 착각을 일으키는 그림들일 수 있습니다. 하지만, 저, 제가 아까 우리가 상상력에 사로잡히는 것을 언급한 바 있습니다. 아마 이 형상들은 일종의 위장을 이용하여, 가면을 쓴 사냥꾼들이었을 수도 있습니다. [10(D)]우리는, 솔직히, 절대 알지 못할 것 같습니다.

Vocabulary

cave painting 동굴 벽화 parietal 벽의 make up ~을 구성하다 sculpture 조각품, 조각상 idol 우상 discover ~을 발견하다 concentration 밀집, 집중 primitive 원시의 assumption 생각, 추정 similar to ~와 유사한 masterpiece 걸작 life-like 실물 그대로의 creature 생물체 in detail 세밀하게, 상세히 incredible 믿을 수 없을 정도의 by accident 우연하게 foxhole 참호, 땅구멍 crawl down 기어 내려가다 depiction (그림) 묘사 cavern 동굴의 the public 일반 대중 come with ~을 포함하다 get to ~에 착수하다 as for ~에 관해서는 contain ~을 담고 있다 around 약, 대략 in total 총, 전부 합쳐 be recognized as ~로 인식되다 herbivore 초식동물 stag 수사슴 extinct 멸종된 species (동식물) 종 heavily 대단히, 아주 많이 feature ~을 특징으로 하다 predator 포식자 feline 고양이과에 속한 동물 in profile 옆모습으로 with A -ing A가 ~하는 채로 face forward 정면을 바라보다 explore ~을 살펴보다 connection 연관성 show off ~을 과시하다 Paleolithic 구석기 시대의 depth (그림) 농도 attempt at ~에 대한 시도 perspective 원근법 practice ~을 실행하다 intricate 복잡한 access ~에 접근하다 spelunking gear 동굴 탐사 장비 dwelling 거주지, 서식지 evidence 증거 ceremony 식, 의식 ritual 의례, 의식 be connected to ~와 연관되다 interpret ~을 해석하다 tend to do ~하는 경향이 있다 let A do A에게 ~하게 하다 imagination 상상(력) get the best of ~을 능가하다 influence ~에 영향을 미치다 belief 믿음 being said 말이 나온 김에 theory 이론 prepare for ~을 준비하다 psychologically 심리적으로 motivate ~에 동기를 부여하다 frequently 흔히, 자주 depict ~을 묘사하다 wound 상처 arrow 화살 support ~을 뒷받침하다 overlap 겹치다, 겹쳐지다 on top of one another 위로 차곡차곡 no longer 더이상 ~않다 point towards ~을 가리키다 mystical 신비로운 explanation 설명 abstract 추상적인 figure 형상, 모습 geometric 기하학적인 hallucinated 착각을 일으킨 trance-like 최면에 걸린 것 같은 state 상태 a sort of 일종의 camouflage 위장(술) likely ~할 것 같은

---

6. 교수는 주로 무엇을 논의하나요?

Ⓐ 동굴 벽화의 연도 측정 절차
Ⓑ 벽화의 다양한 종류들
Ⓒ 동굴 벽화로 잘 알려진 한 장소
Ⓓ 스페인의 가장 유명한 동굴 벽화들

Gist-Content 유형

보통 Gist-Content 유형의 경우, 강의 초반에 정답이 자주 나옵니다. 처음에 프랑스에 있는 라스코 동굴을 언급하고 이후 이 곳을 다루겠다(this is what we'll be discussing today.)고 하므로, 라스코 동굴을 의미하는 Ⓒ 가 정답입니다.

어휘 procedure 절차, 과정 date 연도를 추정하다 parietal 벽의

7. 교수는 왜 자신의 아들을 언급하나요?

    Ⓐ 동굴 벽화에 사용된 예술 기법을 강조하기 위해

    Ⓑ 동굴 벽화의 목적에 대한 가능성 있는 설명을 제공하기 위해

    Ⓒ 동굴 벽화에 대한 일반적인 추측에 반박하기 위해

    Ⓓ 동굴 벽화에서 발견된 공통적 특징들을 비교하기 위해

스크립트의 두 번째 문단에서, 교수는 학생들이 원시 예술에 대한 첫 번째 추측이 단순하고 아름답지 않을 것(simplistic, ugly)이라고 말하면서 5살짜리 아들의 단순한 그림을 언급합니다. 하지만 동굴 벽화는 걸작으로 실제와 같고 믿을 수 없이 세밀하다(masterpieces, life-like, incredible detail)고 말하며, 앞서 언급한 일반적 추측을 반박하였습니다. 따라서 Ⓒ 가 정답입니다.

어휘 highlight ~을 강조하다　artistic 예술의, 예술적인　explanation 설명　refute ~을 반박하다, 부인하다　assumption 추측, 추정 feature 특징

---

8. 교수에 따르면, "교차된 들소" 그림의 특별한 점은 무엇인가요?

    Ⓐ 지금은 멸종된 동물을 묘사합니다.

    Ⓑ 몇몇 진보된 기법을 사용합니다.

    Ⓒ 포식자와 초식동물을 특징으로 합니다.

    Ⓓ 라스코 동굴에서 가장 큰 그림입니다.

교수는 The Crossed Bison이 한참 후에나 사용되는 농도와 초기 원근법을 사용한다(It employs both depth and an early attempt at perspective, which, as you know, wasn't practiced in art until much later)고 언급하였는데, 이는 당시로서는 몇몇 진보된 기법이라고 볼 수 있으므로 Ⓑ 가 정답입니다.

어휘 depict ~을 묘사하다, 그리다　extinct 멸종된　advanced 진보된, 상급의　feature ~을 특징으로 삼다　predator 포식자 herbivore 초식 동물

---

9. 교수에 따르면, 몇몇 동굴 벽화가 겹쳐진 이유는 무엇인가요?

    Ⓐ 사냥이 성공한 후에 예전 그림 위에 덧그렸습니다.

    Ⓑ 예술가들이 빛이 거의 없는 상태에서 작업하였기에 실수가 있었습니다.

    Ⓒ 벽화들은 동물 무리의 이동 패턴과 일치했습니다.

    Ⓓ 동굴 안에서 사용할 수 있는 벽의 공간이 제한되어 있었습니다.

교수는 그림이 겹치거나 다른 그림 위에 그려져 있는 것에 대해 언급하고(It would also help explain why the images overlap, or are drawn on top of one another.), 그 뒤에 사냥이 성공한 이후 더 이상 예전 그림이 필요하지 않았을 것(After a successful hunt, well, I suppose that picture was no longer needed)이라고 언급하였으므로, 이와 같은 의미를 나타내는 Ⓐ 가 정답입니다.

어휘 overlap 겹치다, 겹쳐지다　draw over 겹쳐 그리다, ~위에 그리다　hunt 사냥　little 거의 없는　match ~와 일치하다 migration 이주, 이동　herd (동물의) 떼, 무리　usable 사용할 수 있는　space 공간

10. 벽화의 목적에 대한 신비스러운 설명들에 대해 교수의 태도는 어떤가요?

- Ⓐ 그녀는 기존의 데이터에 의해 그 설명들이 잘 뒷받침되었다고 생각합니다.
- Ⓑ 그녀는 그 설명들에 흥미를 느낍니다.
- Ⓒ 그녀는 그 설명들이 다른 설명들보다 더 그럴 듯하다고 생각합니다.
- Ⓓ 그녀는 그 설명들을 믿기를 주저합니다.

교수는 mystical explanation에 관련해서 여러 설명을 했지만, 마지막에 우리는 절대 알지 못할 것(We will likely, honestly, never know)이라고 말하는 것을 미루어 보아 이 설명이 정확한 것이 아니라는 의미를 나타냅니다. 따라서 Ⓓ 가 정답입니다.

어휘 well-supported 잘 뒷받침된, 지지가 잘 된 existing 기존의 be intrigued by ~에 흥미를 느끼다 likely 그럴듯한, 그럴싸한 be hesitant to do ~하기를 주저하다

---

11. 강의 일부를 다시 듣고 질문에 답하세요.

교수: 라스코 동굴 벽화들은 완전히 우연하게 1940년에 처음 발견되었습니다. 젊은 프랑스인 마르셀 라비닷이 참호 밑으로 자신의 개를 잃어버렸습니다. 상상이 되시나요? 그가 개를 쫓아 기어 내려갔을 때, 동굴 벽마다 뒤덮고 있는 다양한 동물 묘사 그림들을 발견했습니다.

교수가 이 말을 할 때 무엇을 의미하나요?
상상이 되시나요?

- Ⓐ 그녀는 학생이 그 사건을 상상해보기를 원합니다.
- Ⓑ 그녀는 그 발견에 대한 세부 내용에 놀랐습니다.
- Ⓒ 그녀는 마르셀 라비닷의 발견을 시기합니다.
- Ⓓ 그녀는 학생들이 그 정보를 믿지 않기를 원합니다.

교수는 마르셀 라비닷이 개를 찾으러 땅밑으로 기어들어갔다가 그림들을 발견한 사실을 언급한 후 'Can you imagine?'이라고 묻습니다. 이것은 상상할 수 없었던, 예상치 못했던 발견의 놀라움을 표현한 것이므로, 정답은 Ⓑ 입니다.

Ⓐ 는 개를 찾으러 참호 속에 들어갔을 때 동굴 벽화 발견이라는 상상하기 힘든 일이 발생했음을 나타내는 말이기 때문에 학생들에게 상상을 해보라는 권유형의 의문문은 아닙니다. 이렇게 의미 찾기 문제에서는 해당 문장을 단순하게 해석하는 것이 자주 오답으로 출제됩니다. Ⓒ 는 발췌된 내용에서 교수가 마르셀 라비닷을 시기하거나 부러워하는지 알 수 없으므로 오답입니다. Ⓓ 는 교수가 학생들에게 그 정보를 믿지 말라고 할 논리적 근거가 뒤에 설명되지 않았으므로 오답입니다.

어휘 visualize ~을 상상하다, 마음 속에 그려보다 discovery 발견 envy ~을 부러워하다, 시기하다

12. Ⓒ   **13.** Ⓓ   **14.** Ⓒ   **15.** Ⓐ   **16.** Ⓑ, Ⓓ   **17.** Ⓐ

Listen to part of a lecture in a biology class.

Professor	교수
Next in our series of insect studies is, well, actually not an insect at all. ^{12(C)}We'll be looking at spiders, which are arachnids, not insects. They have, um, two body parts – the cephalothorax and abdomen – and, as everyone knows, eights legs, not six. But, we won't be focusing on their anatomy. ^{12(C)}Instead, we'll be looking at some of their various defense mechanisms. Now, when people think about spiders, and, well, it's no surprise that a lot of people aren't fans, they might think about the most dangerous ones. For example, the black widow. Its venom is poisonous, but a bite is rarely lethal to humans.	일련의 곤충 연구에서 다음 순서는, 어, 사실 곤충이 전혀 아닙니다. ^{12(C)}거미를 살펴볼 것인데, 이들은 곤충이 아니라 거미류 동물입니다. 그것들은, 음, 두 부분의 신체, 즉 두흉부와 복부를 가지고 있습니다. 그리고, 모두가 알다시피, 6개의 다리가 아닌 8개의 다리를 가지고 있습니다. 하지만, 우리는 거미의 해부학적 구조에 초점을 맞추지 않을 것입니다. ^{12(C)}그 대신, 거미의 다양한 방어 기제들 중 몇 가지를 살펴볼 것입니다. 자, 사람들이 거미에 대해서 생각할 때, 그리고, 음, 많은 사람들이 거미의 팬이 아니라는 사실이 놀라운 일은 아니지만, 사람들은 가장 위험한 거미들을 떠올릴 지도 모릅니다. 예를 들어, 블랙 위도우가 있습니다. 블랙 위도우의 독은 독성이 강하지만, 한 번 물리는 정도는 인간에게 거의 치명적이지는 않습니다.

Student	학생
^{13(D)}I jump at even the sight of a house spider. I know it's more afraid than I am of it, but I can't help myself. They're just…	^{13(D)}저는 집에 사는 거미를 보기만 해도 펄쩍 뛰어요. 저는 제가 두려워하는 것보다 거미가 더 두려워한다는 것을 알지만, 저도 어쩔 수 없어요. 거미는 그저…

Professor	교수
Creepy, right? I completely understand. Consider the tarantula – large, hairy, sharp fangs. They surely want nothing to do with us, but that doesn't mean they can't evoke terror. Though, some people do keep them as pets… Have you ever been around a tarantula?	오싹하죠, 그렇죠? 전적으로 이해합니다. 크고 털이 많은데다 날카로운 송곳니를 지닌 타란툴라를 생각해 보세요. 분명 거미는 우리와 관련해서 원하는 것이 아무것도 없지만, 그것이 거미가 공포를 불러일으킬 수 없다는 뜻은 아닙니다. 그래도, 몇몇 사람들은 거미를 애완동물로 기릅니다… 타란툴라를 가까이서 본 적 있나요?

Student	학생
I would run out of the room if I saw one.	만일 제가 타란툴라를 본다면, 전 강의실에서 뛰쳐나갈 거예요.

Professor	교수
Of course. But, if you get the chance, look at its hair. It's actually an interesting defense mechanism. ^{14(C)}You see, tarantulas, and many other types of spiders, have a coat of hair along their abdomens that can protect the spider from predators. It's actually quite similar to how a porcupine defends itself. The spider will vibrate its hind legs and activate these, um, special	물론 그렇겠죠. 하지만, 기회가 생긴다면, 타란툴라의 털을 보세요. 털은 사실 흥미로운 방어 기제입니다. ^{14(C)}보시면, 타란툴라와 그리고 다른 많은 종류의 거미들은 복부를 따라 포식자로부터 거미를 보호할 수 있는 털로 덮인 외피를 가지고 있습니다. 사실 고슴도치가 자신을 방어하는 방식과 상당히 유사합니다. 거미는 뒷다리를 진동시켜서, 음, 이 특수한 털을 활성화시킬 것입니다.

hairs. They have hooks on the end, so they can pierce and then become attached to the attacker's skin. They also have a toxin on them that affects the attacker's vision, which gives the spider an even better chance at escape.

Student

Umm… what happens to the hair afterward? Does it grow back?

Professor

Well, when the spider molts again, the hairs get replaced. You're familiar with molting, right? Spiders have exoskeletons. So, in order to grow, they have to, um… well, grow out of their skin. But, the process can take a while. [15(A)]And after molting, the new exoskeleton is rather soft, so the spider is vulnerable at this point. Most spiders will lower themselves on a silk line and try to stay out of reach of would-be predators.

Student

Oh, hiding. I know spiders also use camouflage well.

Professor

Yes, camouflage is also an effective defense mechanism for spiders. Spiders are masters at blending in with their environment. Some species even build trap doors that are perfectly hidden along the forest floor. Plus, there's another type of camouflage that spiders practice called mimicry. Do you know what a mime is? Well, mimicry is when the spider behaves like another creature, or even a plant, to avoid a predator or attract prey. Um… it was recently discovered that a lot of species of spiders, more than 300 species, mimic ants. This is called myrmecomorphy, 'myrmec' being the Latin root for 'ant', and… well, you don't need to write that down. Anyways, ants are extremely territorial. So, as small as they are, a lot of creatures leave them alone. Umm… so, [16(B)]these spiders will wave their front legs near their heads to look like antennae. The spiders even change the way they walk. [16(D)] They'll walk in zigzags, like an ant. Let's see… and another spider can move its abdomen in a way that makes it look like a wasp's head. Impressive, isn't it?

이 털은 끝부분에 갈고리를 가지고 있어서, 공격자의 피부를 뚫고, 그런 다음 달라붙을 수 있습니다. 이 털은 또한 공격자의 시야에 영향을 미치는 독소를 지니고 있는데, 이것이 거미에게 훨씬 더 나은 탈출 기회를 줍니다.

학생

음... 그 후에 그 털은 어떻게 되나요? 다시 자라나요?

교수

저, 거미가 다시 탈피할 때, 그 털은 교체됩니다. 여러분들은 탈피에 대해서는 잘 알고 있습니다, 그렇죠? 거미는 외골격을 지니고 있습니다. 그래서 성장하기 위해서, 거미는 반드시, 음... 그러니까, 피부를 벗고 자라야 합니다. 하지만, 그 과정은 시간이 좀 걸릴 수 있습니다. [15(A)]그리고 탈피 후에, 새 외골격은 다소 부드러워서, 거미는 이 시점에 취약한 상태가 됩니다. 대부분의 거미들은 거미줄에 한 가닥에 매달려 스스로를 낮은 곳으로 내려 보냅니다. 잠재적인 포식자들로부터 떨어져 있으려 합니다.

학생

아, 숨는 거군요. 거미들도 위장을 잘 한다는 걸 알고 있어요.

교수

맞습니다, 위장술도 거미에게 효과적인 방어 기제입니다. 거미는 주변 환경과 조화를 이루는 데 고수입니다. 몇몇 종은 심지어 숲 바닥을 따라 완벽하게 감춰진 함정 입구를 만들기도 합니다. 게다가, 거미가 행하는 또 다른 종류의 위장술로 '모방'이라고 불리는 것이 있습니다. 마임이 뭔지 아시나요? 그게, '모방'은 거미가 포식자를 피하거나 먹이를 유인하기 위해 다른 생물체, 또는 심지어 식물처럼 행동하는 때를 말합니다. 음... 최근에 300종이 넘는 많은 거미 종이 개미를 모방하는 것으로 밝혀졌습니다. 이는 '개미 모방'이라고 불리는데, 'myrmec'가 라틴어로 '개미'를 뜻하며... 저, 이건 받아 적을 필요가 없습니다. 어쨌든, 개미는 대단히 영역 중심적입니다. 그래서, 크기가 작은 만큼, 많은 생물체들이 그냥 내버려둡니다. 음... 자, [16(B)]이 거미들은 머리 가까이에 있는 앞다리를 흔들어서 더듬이처럼 보이게 합니다. 거미는 심지어 걷는 방식까지 바꾸기도 합니다. [16(D)]개미처럼 지그재그로 걷는 것이죠. 어디 보자... 그리고 또 다른 거미는 말벌의 머리처럼 보이도록 만드는 방식으로 복부를 움직일 수 있습니다. 인상적이지 않나요?

Student

Ants are always in swarms, though, or hives. I've never seen more than one spider at a time. Well, except for in movies…

Professor

Good point, and you're right. Spiders are generally not social creatures. [17(A)]There are some species that have had to, um… cooperate… to meet the demands of their environment. So, their cohabitation is also a defense mechanism, really. The rainforest, for example, is one of the most challenging ecosystems on Earth. Tropical spiders that live in this climate are social. It might be an evolutionary response, since, um… single spiders living in such a harsh environment wouldn't be able to maintain a web, and, thus, survive. By living together, social spiders can build expansive, meter-long webs. Plus, they can work together to hunt and fend off predators.

Student

Giant webs? Just another reason for me to avoid visiting any rainforests…

학생

하지만 개미는 항상 떼지어 있잖아요. 벌떼도 그렇고. 저는 한번에 거미가 한 마리 이상 있는 것을 본 적이 없어요. 저, 영화 속에 나오는 것을 제외하면요…

교수

좋은 지적이네요, 그리고 맞는 말입니다. 거미는 일반적으로 사회적인 생물체가 아닙니다. [17(A)]그들의 환경에서 필요한 것을 충족하기 위해 음… 협동해야 했던 일부 종이 있습니다. 그래서, 그 종들의 공동 생활 또한 방어 기제입니다. 정말로요. 우림은, 예를 들어, 지구상에서 가장 살아가기 힘든 생태계 중의 하나입니다. 이 기후 속에서 사는 열대 지역 거미들은 사회적입니다. 그건 진화적 반응일 지도 모릅니다. 왜냐하면, 음… 그러한 가혹한 환경 속에서 홀로 사는 거미들은 거미집을 유지하고, 그리고, 이렇게 생존할 수 없을 것입니다. 함께 사는 것으로, 사회적인 거미들은 미터 단위 길이의 널찍한 거미집을 지을 수 있습니다. 또한, 함께 힘을 합쳐 사냥을 하고 포식자를 피할 수 있습니다.

학생

대형 거미집이요? 저에게는 그저 어떤 우림 지역이든 방문하지 말아야 하는 또 다른 이유일 것 같네요…

Vocabulary

insect 곤충 arachnid 거미류 동물 cephalothorax 두흉부 abdomen 복부 anatomy 해부학, 해부 구조 defense mechanism 방어 기제 venom 독(액) poisonous 독성이 강한 bite 물기 rarely 좀처럼 ~ 않다 lethal to ~에게 치명적인 at the sight of ~을 보는 것으로 can't help oneself 어쩔 수 없다 creepy 끔찍한, 소름 돋는 completely 완전히 tarantula 타란툴라 (독거미의 일종) fang 송곳니 nothing to do with ~와 아무런 관련이 없는 evoke ~을 유발하다 terror 두려움, 공포(심) coat 외피, 층, 겹 predator 포식자 quite 상당히, 꽤 porcupine 고슴도치, 호저 defend ~을 방어하다 vibrate ~을 떨다, 흔들다 hind leg 뒷다리 activate ~을 활성화하다 hook 고리 pierce ~을 뚫다 attached to ~에 붙어 있는 toxin 독소 affect ~에 영향을 미치다 vision 시야 at escape 탈출 시에 afterward 후에, 나중에 grow back 다시 자라다 molt 탈피하다, 허물을 벗다 get replaced 대체되다 be familiar with ~을 잘 알다 exoskeleton 외골격 take a while 시간이 좀 걸리다 vulnerable 취약한 lower ~을 내리다, 낮추다 silk line 거미줄 stay out of ~에서 떨어지다 reach 범위 would-be 잠재적인, 장래의 hiding 은신, 숨기 use camouflage 위장하다 master 고수, 달인 blend in 조화를 이루다 environment 환경 trap door 함정 입구 along (길게 늘어선) ~을 따라 forest floor 숲 바닥 practice ~을 실행하다 mimicry 모방, 흉내 mime 마임, 무언극 behave 행동하다 creature 생물체 avoid ~을 피하다 attract ~을 유인하다 prey 먹이 recently 최근에 mimic ~을 모방하다 extremely 대단히, 극히 territorial 영역의, 영토의 leave A alone A를 내버려두다 look like ~처럼 보이다 antennae 더듬이(antenna의 복수형) wasp 말벌 impressive 인상적인 swarm 무리, 떼 hive 벌떼 except for ~을 제외하고 generally 일반적으로, 보통 social 사회적인, 사교적인 cooperate 협동하다 demand 요구 cohabitation 공동 생활 rainforest 우림 challenging 힘든, 어려운 ecosystem 생태계 tropical 열대의 evolutionary response 진화적 반응 harsh 가혹한 maintain ~을 유지하다 web 거미집 thus 그로 인해, 따라서 survive 생존하다 expansive 널찍한 meter-long 미터 단위 길이의 fend off ~을 피하다, ~의 공격을 막다

12. 강의의 주요 목적은 무엇인가요?

(A) 곤충과 거미류 특징을 비교하기 위해

(B) 거미 해부 구조를 분석하기 위해

(C) 거미가 자신을 보호하는 방법들에 대해 논하기 위해

(D) 블랙 위도우의 독 생산 방식을 설명하기 위해

Gist-Purpose 유형

보통 Gist-Purpose 유형의 경우, 강의 초반에 정답이 나옵니다. 특히 강의에서 "우리는 ~에 대해 살펴보겠습니다"(we will be looking at~)라는 표현 뒤에는 정답의 단서가 언급됩니다. 교수가 "We'll be looking at spiders"라고 하였고, 그 뒤에 거미의 해부 구조에 집중하진 않을 것(We won't be focusing on their anatomy)이라고 말합니다. 그리고 그 대신에 다양한 방어 기제를 살펴보겠다(Instead, we'll be looking at some of their various defense mechanisms)고 말하였으므로, (C) 가 정답입니다.

어휘 feature 특징 insect 곤충 arachnid 거미류 analyze ~을 분석하다 anatomy 해부학, 해부학적 구조 defend ~을 방어하다, 지키다 produce ~을 생산하다 venom 독(액)

---

13. 거미에 대한 학생의 태도는 무엇인가요?

(A) 그녀는 오히려 곤충에 대해 논의하고 싶어합니다.

(B) 그녀는 거미에 흥미가 있습니다.

(C) 그녀는 거미의 해부 구조를 잘 알고 있습니다.

(D) 그녀는 거미를 두려워합니다.

Attitude 유형

거미에 대한 학생의 반응을 찾아야 하므로 학생이 거미에 대해 언급한 부분을 들어야 합니다. 학생은 집거미만 보더라도 펄쩍 뛰고, 자신이 더 거미를 두려워하는 것보다 거미가 자신을 두려워할 것을 안다(I jump at even the sight of a house spider. I know it's more afraid than I am of it)고 하지만 어쩔 수 없다고 말하는 것을 보아 학생은 거미를 매우 두려워한다는 것을 알 수 있습니다. 따라서 (D) 가 정답입니다.

어휘 rather 오히려, 차라리 be familiar with ~에 정통하다, ~에 익숙하다

---

14. 왜 교수는 고슴도치를 언급하나요?

(A) 거미의 주요 포식자를 강조하기 위해

(B) 일반적인 오해를 바로 잡기 위해

(C) 거미의 털이 어떻게 기능하는지 설명하기 위해

(D) 유사한 사냥 방법을 비교하기 위해

Organization 유형

고슴도치(porcupine)가 언급된 부분에서 교수는 거미의 털이 고슴도치가 스스로를 방어하는 것과 매우 유사하다(It's actually quite similar to how a porcupine defends itself.)고 말하였으므로, 거미 털의 기능을 설명하기 위해 고슴도치를 언급했음을 알 수 있습니다. 따라서 정답은 (C) 입니다.

어휘 predator 포식자 misconception 오해 illustrate ~을 분명히 보여주다 function 기능하다

---

15. 교수에 따르면, 탈피의 결과 중 하나는 무엇인가요?

(A) 거미가 더욱 공격에 노출됩니다.

(B) 거미는 더 정교한 거미줄을 만듭니다.

(C) 거미의 외골격은 더 튼튼하게 자랍니다.

(D) 거미의 사냥 능력이 감소됩니다.

Detail 유형

교수가 탈피(molting)에 대해 언급하는 부분에서, 거미가 탈피 이후 새로운 외골격이 부드러워서 이때 거미는 취약한 상태(after molting, the new exoskeleton is rather soft, so the spider is vulnerable at this point)라고 말하였습니다. 여기서 vulnerable은 '상처받기 쉬운', '공격에 취약한'이라는 의미이므로, 공격에 더욱 노출되어 있다고 볼 수 있습니다. 따라서 (A) 가 정답입니다.

어휘 consequence 결과 molting 탈피 become open to ~에 노출되다 elaborate 정교한 web 거미줄, 거미집 exoskeleton 외골격 grow back 다시 자라다 capability 능력

16. 교수에 따르면, 다음 중 모방의 예시는 어느 것인가요?

정답을 2개 고르세요.

- (A) 나무 색에 맞추는 거미
- (B) 개미의 더듬이처럼 팔을 흔드는 거미
- (C) 거미줄로 말벌을 잡는 거미
- (D) 지그재그 패턴으로 이동하는 거미

Detail 유형

교수가 모방(mimicry)에 대해 언급한 부분에서 거미가 개미를 모방하는 예로 거미가 앞다리를 안테나처럼 보이도록 흔드는 것(spiders will wave their front legs near their heads to look like antennae)과 개미가 걷는 것처럼 지그재그로 걷는다(The spiders even change the way they walk. They'll walk in zigzags, like an ant)고 말하였습니다. 따라서 정답은 (B)와 (D) 입니다.

어휘 mimicry 모방 match ~와 일치하다 wave 흔들다 antennae 더듬이 wasp 말벌 in a zigzag pattern 지그재그로

17. 온화한 환경에 서식하는 거미에 대해 추론할 수 있는 것은 무엇인가요?

- (A) 사회적 집단으로 살지 않습니다.
- (B) 위장할 필요가 적어집니다.
- (C) 다양한 포식자를 피해야 합니다.
- (D) 몸을 덮는 털을 더 많이 가집니다.

Inference 유형

질문의 키워드인 온화한 환경(mild environments)는 지문에서 언급되지 않았습니다. 대신 살아가기 힘든 생태계인 우림이 언급된 부분에서 열대지역에 사는 거미들(tropical spiders)의 특징과 반대되는 것을 정답으로 찾아야 합니다. 교수는 열대 지역 거미들이 사회적(Tropical spiders that live in this climate are social)이라고 언급하였으므로, 반대로 온화한 환경의 거미는 사회적이지 않을 것임을 유추할 수 있습니다. 따라서 정답은 (A) 입니다.

어휘 inhabit ~에 서식하다 mild (기후가) 온화한 camouflage 위장 a wider range of 보다 더 다양한 cover ~을 덮다

Speaking 실전 모의고사

Question 1

● 해석

당신은 다음 진술에 동의하나요, 아니면 동의하지 않나요? 왜 그런가요, 또는 왜 그렇지 않은가요? 구체적 설명과 예시를 활용해 답하세요.

아이들은 그림 그리기나 악기 연주처럼 창의적인 기술을 배워야 합니다.

필기 예시

agree 동의

① **expand thoughts** 사고를 확장한다

   ex) **drawing - understand emotions/surroundings** 예) 그림 그리기 - 감정과 주변 이해

② **help when apply to uni** 대학 지원에 도움이 된다

   a lot of uni want stu w/ various talents 많은 대학이 다양한 재능을 지닌 학생들 원한다

샘플 답안

I agree with the statement that **children should learn creative skills in art or music.**
아이들이 미술이나 음악에서 창의적인 기술을 배워야 한다는 진술에 동의합니다.

There are some reasons.
이에 대한 몇 가지 이유가 있습니다.

First, **children can expand their thoughts through art.**
첫째, 아이들은 예술을 통해 사고를 확장할 수 있습니다.

For example, **drawing is a great way for children to understand their emotions and surroundings.**
예를 들어, 그림 그리기는 아이들이 자신의 감정과 주변 상황을 이해할 수 있는 훌륭한 방법입니다.

Second, **learning a creative skill will help them when they apply to universities.**
둘째, 창의적인 기술을 배우는 것은 아이들이 대학에 지원할 때 도움이 됩니다.

This is because **a lot of universities want students who have various talents.**
이는 많은 대학들이 다양한 재능을 지닌 학생들을 원하기 때문입니다.

For these reasons, I agree with the statement.
이러한 이유로, 저는 그 진술에 동의합니다.

Vocabulary

creative 창의적인, 창조적인 skill 기술, 기량, 능력 painting 그림 그리기 instrument 악기 expand ~을 확장하다 thought 사고, 생각 through ~을 통해서 drawing 그림 그리기 way to do ~하는 방법 emotion 감정 surroundings 주변, 환경 various 다양한 talent 재능

Question 2

● 리딩

실험실 이용 요금 인상

내년부터, 우리 대학교에서는 실험실 이용 및 유지 관리에 대해 추가 요금을 도입할 예정입니다. 이 요금은 과학 관련 전공 학생들의 수업료에 포함될 것입니다. 우리 대학교는 어떠한 추가 요금이든 피하고자 하지만, 이번 요금 인상으로 인해 과학 학부가 새로운 장비로 모든 실험실을 업그레이드할 수 있을 것입니다. 이 장비는 졸업 후 구직하는 과정에서 도움이 될 실용적인 실험실 이용 경험을 학생들에게 제공해 줄 것입니다. 더욱이, 새 요금은 추가 실험실 관리자들을 고용하는 비용을 충당하게 되므로, 실험실들이 늦은 저녁 시간대와 주말마다 이용 가능하게 될 것입니다.

● 리스닝 스크립트

Woman
Wow, I can't believe this. Did you read the announcement about the lab fees?

Man
Yeah. But I think it's a good thing. Having new equipment will let us do more advanced experiments…

Woman
I know, and I agree. We need that kind of experience. But, why are the lab fees only being paid by us, students in the sciences? Anyone can take science classes as an elective, and then they get to use the labs, too. This really doesn't seem fair. It's obvious that these fees should be paid by every student.

Man
I didn't really think about that. But I understand. A lot of students never step foot in the labs.

여자
와우, 이건 믿기지 않아. 실험실 이용 요금에 관한 공지 읽어 봤어?

남자
응. 하지만, 난 좋은 일이라고 생각해. 새로운 장비를 보유하면 우리가 더 발전된 실험을 할 수 있을 거야.

여자
나도 알아, 그리고 동감이야. 우리는 그런 경험이 필요하니까. 하지만, 왜 우리 과학 학부 학생들에 의해서만 실험실 이용 요금이 지불되는 거지? 누구든 선택 과목의 하나로 과학 수업을 들을 수 있으니까, 그 학생들도 실험실을 이용하게 돼. 이건 정말 불공평한 것 같아. 분명 이 이용 요금은 모든 학생들에 의해 지불되어야 해.

남자
난 그 부분은 정말로 생각해보지 못했어. 하지만, 이해해. 많은 학생들은 그 실험실에 절대 발도 들이지 않아.

Woman	여자
But we all benefit from a better university... And what's this part about lab supervisors? They're always graduate students, and most of them don't even get paid for supervising the labs. So, I don't think these fees will go toward paying them. It just doesn't make any sense.	하지만 우리 모두는 더 나은 대학으로부터 혜택을 받아... 그리고 이 실험실 관리자들에 대한 부분은 또 뭐지? 그 사람들은 항상 대학원생들이었고, 대부분은 실험실을 관리하는 것에 대해 돈도 지불 받지 않아. 그래서, 난 이 이용 요금이 그 사람들에게 돈을 지불하는 데 쓰이지 않는다고 생각해. 그냥 도저히 이해가 안돼.

● 질문

여자는 공지된 변동 사항에 대해 자신의 의견을 표명합니다. 여자의 의견을 진술하고 그러한 의견을 갖는 이유들을 설명하세요.

필기 예시

리딩 필기 부분: 문장 1

uni → introduce an additional fee 4 lab use & maintenance 대학 → 실험실 이용 & 유지를 위해 추가 요금 도입

리스닝 필기 부분: 문장 2 ~ 문장 6

W: X 여자: 반대

① unfair ∵ only science stu pay fee 불공평 - 과학 학부생들만 지불
  - anyone can take sc class as an elective & use lab 누구나 선택 과목 & 실험실 이용

② lab supervisor = always graduate stu (x get paid) 실험실 관리자 = 대학원생 (급여받지않음)
  - fees → X go toward paying them 비용 → 그들에게 가지 않을 것

샘플 답안

From the announcement, we know that the university is adding laboratory fees to its tuition costs next year.
공지로부터, 우리는 대학이 내년에 실험실 이용 요금을 수업료에 추가할 것임을 알게 됩니다.

However, the woman does not believe that it's a good idea for two reasons.
그러나, 여자는 두 가지 이유로 그것이 좋은 아이디어라고 생각하지 않습니다.

First, she thinks it's unfair that only science students will pay the fee.
첫째, 그녀는 과학 학부생들만 그 요금을 내는 것이 불공평하다고 생각합니다.

Because any student can take science classes as electives and then use the labs, all students should pay the fees.
어느 학생이든지 과학 수업을 선택 과목으로 들으면서 실험실을 사용할 수 있기 때문에, 모든 학생들이 그 요금을 내야 합니다.

Second, she mentions that the lab supervisors are always graduate students.
둘째, 그녀는 실험실 관리자들은 항상 대학원생들이라고 말합니다.

Because they hardly get paid for that work, she doubts that the university will allocate the fees to pay them.
그들은 그 일에 대해 거의 돈을 받지 않기 때문에, 그녀는 대학이 그 요금을 대학원생들에게 지불하는 데 할당할 것이라는 데 의문을 갖습니다.

These are the reasons why she is displeased with the announcement.
이러한 이유들로 그녀는 그 공지가 마음에 들지 않습니다.

Vocabulary

● 리딩

lab 실험실, 연구실(= laboratory) fee 요금, 수수료 increase 인상(되다) introduce ~을 도입하다 additional 추가적인 maintenance 유지 관리 include ~을 포함하다 tuition payment 수업료 A-related A와 관련된 avoid ~을 피하다 allow ~을 할 수 있게 해주다 equipment 장비 practical 실용적인 aid 돕다 seek employment 구직하다 graduation 졸업 cover (비용 등을) 충당하다 employ ~을 고용하다 supervisor 관리자 available for use 이용 가능한

● 리스닝

let A do A에게 ~하게 해주다 advanced 발전된 experiment 실험 elective 선택 과목 get to do ~하게 되다 fair 공평한 It's obvious that 분명 ~이다 step foot in ~에 발을 들이다 benefit 혜택을 받다 graduate student 대학원생 get paid 돈을 지불 받다 supervise ~을 관리하다 go toward (돈 등이) ~에 쓰이다 make sense 이해가 되다

● 샘플 답안

hardly 거의 ~ 않다 doubt ~을 의심하다 allocate ~을 할당하다

Question 3

● 리딩

동료 집단으로부터 받는 압박감

동료 집단으로부터 받는 압박감, 즉, 사회적 압력은 동료들에 의해 사람들이 받는 영향력입니다. 동료 집단은 수많은 방식으로 정의될 수 있으며, 가족 구성원과 친구, 그리고 직장 동료를 포함합니다. 동료 집단으로부터 받는 압박감은 또한 대규모로 작용하기도 합니다. 이는 국적과 정치 체제, 또는 종교를 공유하는 구성원들 사이에서 대단히 큰 영향력을 미칠 수 있습니다. 동료 집단으로부터 받는 압박감을 통해, 한 사람은 영향력을 미치는 집단 또는 사람을 더 잘 따르기 위해 자신의 행동과 태도, 또는 가치관을 바꾸게 됩니다. 동료 집단으로부터 받는 압박감은 긍정적이거나 부정적인 결과를 초래할 수 있습니다.

● 리스닝 스크립트

Professor	교수
So, I'm sure you've all experienced some sort of peer pressure. It's, umm, rather unavoidable. But it can be surprisingly powerful.	자, 분명 여러분 모두가 일종의 동료 집단으로부터 받는 압박감을 경험해 보셨을 겁니다. 그게, 음, 다소 불가피한 일입니다. 하지만 놀라울 정도로 강력할 수 있습니다.

Let me describe a well-known experiment about peer pressure. Participants needed to compare one line with three others. These three lines were all different lengths, but one of them was the same length as the first line. They were then asked to select which was the same length as the first line, and, umm, it wasn't a trick. The answer was obvious. One line was clearly the same length as the first line. However, the participants had to answer in order, one after the other. The five other participants were fake. They were a part of the study. They all answered before the real participant. And these fake participants all chose the same wrong answer. So, what do you think the actual participant then did? He chose the same answer as his peers, even though he knew it was wrong. And this happened over and over again as the researchers repeated the experiment with different participants. After hearing the other participants give the same answer, the test subject followed their lead and answered incorrectly.

제가 동료 집단으로부터 받는 압박감과 관련된 잘 알려진 실험 하나를 설명해 드리겠습니다. 실험 참가자들은 하나의 줄을 다른 세 개와 비교해야만 했습니다. 이 세 개의 줄은 모두 길이가 달랐지만, 그 중 하나는 첫 번째 줄과 같은 길이였습니다. 참가자들은 그 후 어느 것이 첫 번째 줄과 같은 길이였는지 선택하도록 요청 받았고, 음, 이건 속임수는 아니었습니다. 답은 분명했습니다. 줄 하나는 분명히 첫 번째 줄과 같은 길이였습니다. 하지만, 참가자들은 한 명씩 차례로 대답해야 했습니다. 다섯 명의 참가자들은 가짜였습니다. 이들은 이 실험의 일부였습니다. 이 사람들은 모두 진짜 참가자들보다 앞서 대답했습니다. 그리고 이 가짜 참가자들은 모두 동일하게 잘못된 답을 선택했습니다. 그럼, 실제 참가자는 그 후에 어떻게 했을 것이라고 생각하세요? 그 참가자는 동료 참가자들과 동일한 답을 선택했습니다, 자신이 틀렸다는 것을 알고 있었음에도 불구하고 말이죠. 그리고 이와 같은 일은 연구자들이 다른 참가자들을 대상으로 실험을 반복했을 때도 계속해서 일어났습니다. 다른 참가자들이 동일한 답을 말하는 것을 들은 후에, 실험 대상자는 그들을 따라 부정확하게 답변했습니다.

SPEAKING

● 질문

교수가 말한 실험을 활용해, 동료 집단으로부터 받는 압박감에 대한 기본 개념을 설명하세요.

필기 예시

리딩 필기 부분: 문장 1
peer pressure 동료 집단으로부터 받는 압박감
- influence on ppl by their peer 사람들이 동료 집단으로부터 받는 영향
- change behaviors/ attitude/ values 행동/ 태도/ 가치 바꾸게 함
리스닝 필기 부분: 문장 2 ~ 문장 6
ex) experiment 예) 실험
    - participants - compare a line w/ 3 others 참가자들 - 하나의 선과 3개를 비교
    - select same length as the 1st 첫번째 선과 같은 길이 선택
    - fake participants → chose wrong answer 다른 가짜 참가자들 → 오답선택
    - real participant → chose the same answer (even tho he knew X)
      실제 참가자 → 같은 대답 선택 (자신이 틀렸다는 것을 알면서도)

The reading passage gives an overview of peer pressure, which is the influence that people get from their peers and can change their behaviors.
리딩 지문은 동료 집단으로부터 받는 압박감에 대한 개요를 제공하며, 이는 사람들이 동료 집단으로부터 받는, 그래서 행동을 바꾸게 할 수 있는 영향력입니다.

The professor illustrates this concept in her lecture by using an experiment.
교수는 강의에서 한 가지 실험을 활용해 이 개념을 설명합니다.

The experiment is about comparing one line with three others.
그 실험은 1개의 줄을 다른 3개와 비교하는 것입니다.

Participants had to choose a line that was the same length as the first one; the answer was clear.
참가자들은 첫 번째 줄과 길이가 같은 줄을 선택해야 하는데, 정답은 분명했습니다.

However, when the other fake participants gave incorrect answers on purpose, the actual participant also chose the wrong answer.
하지만, 다른 가짜 참가자들이 일부러 오답을 말하자, 실제 참가자 또한 오답을 선택했습니다.

Because of peer pressure, the actual participant did this even though he knew the answer was wrong.
동료 집단으로부터 받는 압박감 때문에, 실제 참가자는 자신의 대답이 잘못되었음을 알았지만 그렇게 대답했습니다.

Vocabulary

● 리딩

peer 동료 pressure 압박(감) influence 영향(력) define ~을 정의하다 in numerous ways 수많은 방식으로 co-worker 직장 동료 function 기능하다, 작용하다 on a large scale 대규모 highly 대단히 influential 큰 영향을 미치는 nationality 국적 politics 정치 religion 종교 individual 개인, 사람 behavior 행동 attitude 태도 value 가치(관) conform to ~을 따르다, 준수하다 influencing 영향을 미치는 lead to ~로 이어지다, ~을 초래하다 positive 긍정적인 negative 부정적인 result 결과

● 리스닝

some sort of 일종의 rather 다소, 좀 unavoidable 불가피한 describe ~을 설명하다 well-known 잘 알려진 experiment 실험 participant 참가자 compare ~을 비교하다 select 선택하다 trick 속임수 obvious 분명한 clearly 분명히 in order 차례로 one after the other 한 명씩 fake 가짜(의) over and over again 계속 repeat ~을 반복하다 subject 대상(자) incorrectly 부정확하게

● 샘플 답안

overview 개관, 개요 incorrect 부정확한, 맞지 않는 on purpose 일부러

Question 4

Professor

It might seem like an obvious question, but what is money? Most of you are probably thinking of the coins and bills in your pocket. But there are two ideas of money and one of them is broader than just that. Money, under its most general definition, is anything that people can use to buy goods or services.

This first, broader sense of money is used in a barter system. Transactions can be made with anything, not just bills and coins. People can exchange goods and services for other goods and services. For example, a baker can use coins and bills to pay for his dry cleaning at a laundry. Or he might give the dry cleaner a cake in exchange for the laundry service. Since the cake was used to pay for a service, it is considered money in this scenario, with this broader understanding of money.

However, the second idea of money is less general. The second idea is legal tender. Legal tender is a form of money that must be accepted if it is offered as payment. The bills and coins we use are legal tender in the U.S. Sellers must accept them as payment, by law. If you pay the baker for the cake with a five-dollar bill, the baker must accept it as payment. But a cake isn't legal tender. So, the laundryman doesn't have to accept a cake as payment from the baker. This means that, more specifically, money is whatever is accepted as legal tender in a country.

교수

뻔한 질문인 것 같을지 모르겠지만, 돈이란 무엇일까요? 여러분 대부분은 아마 주머니 속에 있는 동전이나 지폐를 생각하고 있을 겁니다. 하지만, 돈에 대한 두 가지 개념들이 있으며 그 중 하나는 단순히 그런 것보다 더 폭넓습니다. 돈이란, 가장 종합적인 정의 하에서, 사람들이 상품이나 서비스를 구입하기 위해 이용할 수 있는 모든 것입니다.

돈에 대한 이 첫 번째의 더 폭넓은 개념은 물물 교환 제도에서 사용됩니다. 거래는 동전이나 지폐가 아닌 다른 무언가를 통해 이뤄질 수도 있습니다. 사람들은 상품과 서비스를 다른 상품과 서비스로 교환할 수 있습니다. 예를 들어, 제빵사는 세탁소에서 드라이클리닝에 대한 댓가로 지불하기 위해 동전이나 지폐를 이용할 수 있습니다. 또는 드라이클리닝 업자에게 세탁 서비스를 받는 대가로 케이크를 줄 수도 있습니다. 케이크가 서비스 비용을 지불하는 데 이용되었기 때문에, 이 이야기에서는 더 폭넓은 돈의 이해라는 관점에서 돈으로 여겨집니다.

하지만, 두 번째 개념은 덜 종합적입니다. 두 번째 개념은 법정 통화입니다. 법정 통화는 지불 수단으로 제공되면 반드시 받아야 되는 돈의 형태입니다. 우리가 사용하는 지폐와 동전은 미국 내에서 법정 통화입니다. 법에 의해 판매자는 반드시 이 지폐와 동전을 지불금으로 받아 들여야 합니다. 만일 여러분이 제빵사에게 케이크 값으로 5달러짜리 지폐를 지불한다면, 그 제빵사는 반드시 그것을 지불금으로 받아야 합니다. 하지만, 케이크는 법정 통화가 아닙니다. 따라서, 세탁업자는 제빵사로부터 지불금으로 케이크를 받지 않아도 됩니다. 이는, 더 구체적으로 말해, 돈이란 무엇이든 한 국가에서 법정 통화로서 받아들여지는 것임을 의미합니다.

강의 포인트와 예시를 활용해, 교수가 다루는 돈에 대한 두 가지 개념을 설명하세요.

2 ideas of \$ 돈에 대한 두 가지 개념들

① **barter system** 물물 교환 제도

    \$ = anything in transactions 돈 = 거래에서 어떤 것이든 가능

    ex) baker 예) 제빵사

        - can pay coins & bills or cake 4 service 동전&지폐 혹은 케이크로 서비스 지불

        - cake → used to pay, considered money 케이크 → 지불되었음, 돈으로 간주

② **legal tender** 법정 통화

    - \$ must be accepted as payment 돈은 지불 수단으로 받아들여져야 함

    - bills& coins = legal tender in U.S. → seller accept 지폐&동전은 미국에서 법정통화 → 매도인은 받아야 함

    - cake ≠ legal tender → laundryman X accept 케이크는 ≠ 법정통화 → 세탁소 받지 않아도 됨

The professor talks about **two ideas of money.**
교수는 돈에 대한 두 가지 개념을 이야기합니다.

First, the professor introduces **a barter system.**
먼저, 교수는 물물 교환 제도를 소개합니다.

In a barter system, **money is anything that people can use in transactions.**
물물 교환 제도에서, 돈은 사람들이 거래에 사용할 수 있는 모든 것입니다.

He uses **a baker as** an example.
그는 제빵사를 예로 듭니다.

The baker can pay with **coins and bills for laundry service, or use a cake to pay for the service.**
제빵사는 동전과 지폐를 세탁 서비스에 대해 지불할 수 있거나, 케이크를 서비스에 대한 비용을 지불하는 데 사용할 수도 있습니다.

Because the cake is used as a form of payment, **it is regarded as money in a barter system.**
케이크는 하나의 지불 형태로 사용되기 때문에, 물물 교환 제도에서 케이크는 돈으로 간주됩니다.

Second, the professor describes **legal tender, which is money that must be accepted as payment.**
두 번째로, 교수는 법정 통화를 설명하는데, 이는 지불 수단으로 반드시 받아들여져야 하는 돈입니다.

To be specific, **in the U.S., a seller must accept coins and bills as payment by law.**
구체적으로, 미국에서, 판매자는 법에 의해 반드시 동전과 지폐를 받아야 합니다.

Under this idea of money, however, **a cake isn't legal tender, so the laundryman doesn't need to accept a cake instead of bills.**
하지만, 이러한 개념 하에서, 케이크는 법정 통화가 아니므로, 세탁업자는 지폐 대신 케이크를 받을 필요가 없습니다.

Vocabulary

It might seem like ~일지도 모른다 coin 동전 bill 지폐 obvious 뻔한, 분명한 broad 폭넓은 general 종합적인, 일반적인 definition 정의, 의미 goods 상품 purchase ~을 구입하다 baker 제빵사 laundry 세탁, 세탁소 sense 의미, 인식 make transactions 거래하다 other than ~가 아닌 barter system 물물 교환 제도 consider ~로 간주하다 exchange ~을 교환하다 in exchange for ~의 대가로 economy 경제 specific 구체적인 required 필요한 legal tender 법정 통화 accept ~을 받아들이다 payment 지불(금) specifically 구체적으로 whatever ~하는 무엇이든

be regarded as ~로 간주되다 by law 법적으로 laundryman 세탁업자

Writing 실전 모의고사

Question 1

● 리딩

연구에 따르면 사람들이 문학 작품을 점점 덜 읽는 것으로 나타났습니다. 이는 특히 젊은 사람들 사이에서 나타나는 사실입니다. 소설과 희곡, 시를 읽는 사람들이 점점 더 줄어들고 있으며, 대학에서 이러한 고전 작품들을 공부하는 학생들도 점점 더 적어지고 있습니다. 이렇게 줄어든 관심은 독서 문화와 문화 전반에 걸쳐, 그리고 예술 형태로서 글쓰기의 미래에 부정적으로 영향을 미칩니다.

전반적으로 책을 읽는 사람들이 점점 더 줄어들면서 요즘 독서 문화의 상황이 좋지 못하지만, 이러한 감소 추세는 문학 작품에 있어 특히 혹독했습니다. 이는 걱정스러운 일인데, 다른 어떤 정신 활동도 문학 작품을 읽는 것과 동일한 혜택을 제공해 주지 못하기 때문입니다. 문학 작품을 읽음으로써, 사람들은 생각을 확장할 수 있고 서로를 더 잘 이해하는 법을 배울 수 있습니다. 동시에, 읽는 사람의 언어 능력도 크게 향상시켜 줍니다. 문학 작품을 읽지 않으면, 사람들은 이와 같은 필수 능력을 잃게 됩니다.

이러한 문제는 사람들이 문학 작품을 읽는 것 대신에 참여하는 문화 활동에 의해 악화됩니다. 현재의 베스트셀러 목록만 확인해 봐도 이 문제를 이해할 수 있습니다. 소중히 여겨지는 문학 작품 대신, 독서를 꼭 하는 사람들이 아주 단순한 줄거리와 주제를 재활용하는 청년층 소설에 시간을 허비하고 있습니다. 이 소설들은 깊이 없이 어설프게 쓰여지는 것들이며, 독자를 향상시키는 데 거의 아무런 역할도 하지 못합니다. 더욱이, 독서 대신, 사람들은 TV 또는 짧고 장난스러운 인터넷 동영상을 시청하는 데 모든 여유 시간을 소비하고 있습니다. 대수롭지 않은 오락거리를 찾는 이와 같은 변화는 전반적으로 문화의 질을 계속 저하시킬 것입니다.

문학 작품의 미래 또한 이 심상치 않은 추세에 의해 위협받고 있습니다. 현대 기술을 통해, 과거 그 어느 때보다 더 질 높은 문학 작품이 발견되고 출간되고 있습니다. 능력 있는 작가들이 부족하지는 않습니다. 하지만, 독자가 없다면, 이 작가들은 지지받지 못할 것입니다. 출판사들은 더 적은 자원을 최고의 작가들에게 투자하게 될 것이므로 글의 수준이 하락할 것입니다. 글쓰기 자체뿐만 아니라 문학 작품의 미래도 독서 습관과 취향의 퇴보로 인해 위험에 처해 있습니다.

● 리스닝 스크립트

The article claims that fewer people are reading literature these days – classic novels, plays, and poetry. And, you can't really argue against that, because it's true. It does take an overly pessimistic stance against this trend, though, and I'd like to argue that it isn't so bad.

이 글은 요즘 문학 작품, 그러니까 고전 소설과 희곡, 그리고 시를 읽는 사람들이 점점 더 줄어들고 있다고 주장합니다. 그리고, 그것이 사실이기 때문에 여러분이 그 점에 대해 정말로 반박할 수 없습니다. 하지만, 이 글이 이러한 추세에 대해 지나치게 비관적인 입장을 취하고 있어서, 저는 그것이 그렇게 나쁘지만은 않다는 점을 주장하고자 합니다.

First, claiming that other books can't be as intellectually stimulating as literature is quite a statement. Every year, insightful biographies and works of nonfiction are published. They give readers the chance to see the world through someone else's eyes. And then there are the countless scientific articles posted online every day, available for anyone to read. And there's no shortage of political analyses. Any of these examples can be just as stimulating as literature, if not more so. It doesn't have to be literature to be good.

After that, the writer attacks the other activities people are pursuing. Among readers, the writer criticizes an incredibly popular genre – young adult literature. This genre has inspired so many new readers, and you know what? I'm sure a lot of them go on to read literature. And the quality of TV shows these days is through the roof. TV isn't some low cultural standard now. It has become an art form in itself. As for the Internet videos, well… the writer might be right about those.

Finally, the common person probably doesn't get too excited about new modern literature coming out. But, is that really the reader's fault? Modern literature is written to be difficult and confusing. A lot of it really isn't enjoyable. Sure, you might learn something… but you have to finish the book first. With so many high-quality options available, people are probably just finding better ways to both entertain themselves and broaden their horizons.

우선, 다른 책들이 문학 작품만큼 지적으로 자극적일 수 없다고 주장하는 것은 상당한 발언입니다. 매년, 통찰력 있는 전기와 논픽션 작품들이 출간됩니다. 이 작품들은 독자들에게 다른 사람의 눈을 통해 세상을 바라볼 수 있는 기회를 줍니다. 그리고 그 다음으로 매일 온라인으로 게시되어 누구나 읽을 수 있는 수없이 많은 과학에 관한 글들이 있습니다. 그리고 정치적인 분석도 부족하지 않습니다. 이 예시들 중 그 어느 것도 바로 문학 작품만큼 자극적일 수 있으며, 어쩌면 더 그럴지도 모릅니다. 문학 작품만 좋은 것이라고 할 수 없습니다.

그 다음으로, 글쓴이는 사람들이 추구하는 다른 활동들을 공격하고 있습니다. 독자들 중에도, 글쓴이는 믿을 수 없을 정도로 인기 있는 장르인 청년층 문학을 비난합니다. 이 장르는 많은 새로운 독자들에게 영감을 줬습니다. 그리고, 여러분 그거 아시나요? 분명 그들 중 많은 사람들이 더 나아가 문학 작품을 읽게 됩니다. 그리고 요즘 TV 프로그램의 수준은 최고조에 달한 상태입니다. TV는 이제 저급한 수준의 문화가 아닙니다. 그 자체로 하나의 예술 형식이 되었습니다. 인터넷 동영상과 관련해서는, 음… 글쓴이가 맞을지도 모릅니다.

마지막으로, 평범한 사람은 아마 새로운 현대 문학이 나오는 것에 대해 그렇게 흥미롭게 느끼지는 않는 것 같습니다. 하지만, 그것이 독자의 잘못일까요? 현대 문학은 어렵고 혼란스럽게 쓰여집니다. 그 중 많은 것이 정말로 재미있지 않습니다. 물론, 뭔가 배울 수 있을지도 모릅니다… 하지만 책을 먼저 다 읽어야 합니다. 수준 높은 선택사항들이 그렇게 많이 있기에, 사람들은 아마 그저 스스로 즐길 수 있으면서 시야도 넓힐 수 있는 더 나은 방법을 찾고 있는 것일 수도 있습니다.

● 질문

리딩 지문의 구체적 논점들에 어떻게 이의를 제기하는지 설명에 초점을 두어, 리스닝 강의 논점들을 요약하세요.

reading less lit – negativ affect 문학을 덜 읽음 – 부정적 영향	trend X so bad 트렌드가 그렇게 나쁘지 않음
1. ↓ severe 4 lit - worrisome b/c X other mental activity 문학에서 심각하게 감소 - 문제 왜냐하면 다른 정신 활동이 없어서 - expand minds, learn how to understand each other 　사고를 넓히고 서로를 이해하는 법을 배움 - improve language skills readers 　독자들의 언어 능력 향상	1. other books X intellectually stimulating → quite statement 다른 책들은 지적으로 자극적이지 않음 → 상당한 발언 - biographies, nonfiction → see the world through someone else's eyes 　전기, 논픽션 → 다른 누군가의 눈으로 세상을 봄 - scientific articles online, political analyses → stimulating 　과학 관련 온라인 글, 정치 분석 → 자극이 됨
2. cultural activities instead of reading lit 문학 독서 대신 문화 활동 - waste time on young adult novels 　청년층 대상 소설에 시간 낭비 - TV, Internet videos → degrade culture 　TV, 인터넷 비디오 → 문화 수준을 낮춤	2. writer attack other activities 글쓴이가 다른 활동들을 공격 - young adult lit: inspired so many new readers 　청년층 문학: 많은 새로운 독자들에게 영감을 줌 - quality of TV show: X low, art form 　TV 쇼의 질: 낮지 않음, 예술 형태 - internet video: writer right 　인터넷 비디오: 글쓴이 옳음
3. future threatened 미래 위협 받음 - X shortage of talented writers △ X audience → ↓ investment → standard of writing ↓ 　능력 있는 작가들의 부족X 하지만 독자 없음 → 투자 감소 　→ 글의 수준 저하 - future in danger due to ↓ reading habits 　미래가 위험함, 독서 습관이 감소하기에	3. X excited 좋아하지 않음 - modern lit: difficult, confusing, X enjoyable 　현대 문학: 어렵고, 난해하고, 재미있지 않음 - many options: to entertain and broaden horizons 　많은 선택사항들: 즐기고 시야 넓힘

The lecturer argues that **even though people are reading less literature, it is not such a negative trend.** By providing three reasons, the lecturer effectively challenges the main points made in the reading.

강의자는 사람들이 문학을 덜 읽을지라도 그것이 그렇게 부정적인 추세는 아니라고 주장합니다. 세 가지 근거들을 제공하여, 강의자는 효과적으로 리딩의 주요 논점들에 이의를 제기합니다.

First, the lecturer asserts that **reading other genres is just as rewarding as reading literature.** To illustrate her point, she talks about **the quality of biographies, nonfiction works, and academic articles.** This counters the claim in the reading that **literature is more valuable than other genres.**

먼저, 강의자는 다른 장르를 읽는 것이 문학을 읽는 것과 마찬가지로 가치 있다고 주장합니다. 자신의 요점을 설명하기 위해, 그녀는 전기, 논픽션 작품, 그리고 학문적 글에 대한 이야기를 합니다. 이것은 문학이 다른 장르에 비해 더 가치 있다는 리딩의 주장을 반박합니다.

Next, the lecturer contends that **other cultural activities are also important.** She points out that **young adult literature has inspired many new readers and that the quality of TV shows has become extremely high these days.** This contradicts the reading's claim that **these activities are simply a waste of time.**

다음, 강의자는 다른 문화 활동 역시 중요하다고 주장합니다. 그녀는 청년층 문학이 많은 신규 독자들에 영감을 주어 왔고 TV쇼의 질도 요즘 매우 높아졌음을 지적합니다. 이는 이러한 활동들이 단순히 시간 낭비라는 리딩의 주장을 반박합니다.

Finally, the lecturer maintains that **it is not their fault that people are not excited about literature.** She mentions that **modern literature is often difficult and confusing, while other forms of entertainment are enjoyable as well as educational.** This refutes the reading's argument that **reading habits of people threaten the future of literature.**

마지막으로, 강의자는 사람들이 문학에 흥미가 없는 것은 그들의 잘못이 아니라고 주장합니다. 그녀는 현대 문학은 종종 어렵고 난해한 반면, 다른 형태의 오락물은 교육적이면서도 재미있음을 언급합니다. 이는 사람들의 독서 습관이 문학의 미래를 위협한다는 리딩의 주장을 반박합니다.

In conclusion, the points made in the lecture contradict those made in the reading and show that **reading less literature is not such a critical issue.**

결론으로, 강의에 논점들은 리딩의 그것들을 반박하며 문학을 덜 읽는 것이 그렇게 심각한 문제가 아님을 보여줍니다.

단어 수: 208개

Vocabulary

* 리딩

reveal that ~임을 나타내다 **especially** 특히 **play** 희곡 **poetry** 시 **work** 작품 **decrease** 감소시키다, 감소하다 **interest** 관심(사) **negatively** 부정적으로 **affect** ~에 영향을 미치다 **overall** 전반적으로, 전반적인 **art form** 예술 형태 **state** 상황, 상태, 사정 **poor** 형편 없는 **in general** 전반적으로 **decline** 감소(하다), 퇴보(하다) **particularly** 특히 **severe** 심각한, 혹독한 **literature** 문학 (작품) **worrisome** 걱정스러운 **mental activity** 정신 활동 **provide** ~을 제공하다 **benefit** 혜택, 이점 **expand** ~을 확장하다 **mind** 생각, 마음 **how to do** ~하는 법 **improve** ~을 향상시키다 **vital** 필수적인

worsen ~을 악화시키다 engage in ~에 관여하다, 참여하다 current 현재의 instead of ~ 대신에, ~가 아니라 cherish ~을 소중히 여기다 waste time 시간을 낭비하다 young adult 청소년 recycle ~을 재활용하다 simplistic 아주 단순한 plot 줄거리 theme 주제 shallow 얕은 do little 거의 아무런 역할을 못하다 spend (돈, 시간 등)을 소비하다 silly 우스운, 어리석은 shift toward ~을 향한 변화 lesser 덜 중요한, 더 적은 form of entertainment 오락거리 continue to do 계속 ~하다 degrade ~을 저하시키다 threaten ~을 위협하다 alarming 심상치 않은, 걱정스러운 trend 추세, 경향 quality 질 높은, 양질의 than ever before 과거 그 어느 때보다 shortage 부족 talented 능력 있는 audience 독자, 관객, 시청자 invest 투자하다 resource 자원, 재원 standard 수준, 기준 as well as ~뿐만 아니라 …도 in danger 위험에 처한 due to ~로 인해 taste 취향, 기호

● 리스닝

claim that ~라고 주장하다 argue against ~에 대해 반박하다 overly 지나치게 pessimistic 비관적인 stance 입장, 태도 though 하지만 as A as B B만큼 A한 stimulating 자극적인 quite 상당한 statement 발언, 진술 insightful 통찰력 있는 biography (개인의 일생을 기록) 전기 countless 수없이 많은 scientific 과학의 article 기사문 post ~을 게시하다 available 이용 가능한 shortage 부족 political 정치적인 analysis 분석 (복수형은 analyses) attack ~을 공격하다 pursue ~을 추구하다 criticize ~을 비난하다 incredibly 믿을 수 없을 정도로 inspire ~에게 영감을 주다 go on to do 더 나아가 ~하다 quality 수준, 질 through the roof 최고조에 달한 in itself 그 자체로, 본질적으로 as for ~와 관련해서 fault 잘못 confusing 혼란스럽게 하는 enjoyable 즐거운, 재미있는 option 선택사항 way to do ~하는 방법 entertain ~을 즐겁게 해주다 broaden one's horizons 시야를 넓히다

● 샘플 답안

rewarding 가치 있는, 보람 있는 waste of time 시간 낭비 entertainment 오락물 critical 중대한, 심각한

Question 2

교수님이 경제학 수업을 가르치고 있습니다. 교수님의 질문에 응답하는 게시글을 작성하세요.

답변에는 반드시:

· 본인의 의견을 표현하고 뒷받침하세요
· 토론에 기여하세요

좋은 답안은 100단어 이상으로 작성됩니다. 여러분은 10분 동안 답안을 작성합니다.

교수님:

지난 2세기 동안 이루어진 발명 또는 발견 중에서, 스마트폰과 컴퓨터가 가장 중요하다고 사람들은 일반적으로 말합니다. 하지만, 우리 매일 삶에 영향을 주는 수많은 다른 발명품과 발견된 것들이 있습니다. 우리 다음 수업 전에 다음 질문을 답하십시오:

지난 2세기 동안 이루어진 기술적 발명 또는 과학적 발견 중에서 가장 영향력 있는 것이 어떤 것이라고 생각하시나요?

메간:

기술적 발명품과 과학적 발견된 것들은 우리가 깨닫는 것 보다 더 우리의 삶의 방식을 변화시켰습니다. 저에겐, 위성이 떠오릅니다. 이것들은 불과 100년 전에 발명되었고, 우리들이 전 세계 사람들과 연결 상태를 유지, 안전하게 이동, 그리고 날씨를 관찰하는 데 유용하게 사용되었습니다.

찰리:

나는 과학적 혁신이 많았다고 생각합니다. 과학자들은 우리가 건강을 유지하기 위해 어떤 비타민과 미네랄이 필요한지 식별할 수 있었습니다. 우리는 특히 비타민 알약이 개발된 이후, 200년 전에 살던 사람들보다 훨씬 건강합니다. 나는 지금 수업에 가야 하지만, 비타민을 섭취하는 사람들이 더 건강하다는 통계를 추가할 것입니다.

샘플 답안

Megan and Charlie gave great examples of **important scientific discoveries made in the last two centuries.** Satellites and vitamins have certainly been **influential in our lives.** However, I do not think satellites and vitamins are the most important scientific advancement. In my opinion, **vaccines have been the most influential scientific discovery made in the last two hundred years.** Before vaccines were developed, people's lifespans were significantly shorter. Many were dying young because of unsafe and unsanitary living conditions. However, after the invention of vaccines, diseases that previously killed millions of people could now be treated easily. Therefore, **I think that vaccines are the most important discovery in science.**

메간과 찰리는 지난 2세기 동안 이루어진 과학적 발견에 대한 좋은 예시를 들었습니다. 위성과 비타민은 확실히 우리 삶에 영향을 미쳤습니다. 하지만, 나는 위성과 비타민이 가장 중요한 과학적 발전이라고 생각하지 않습니다. 내 생각에는, 백신이 지난 2세기 동안 이루어진 과학적 발견 중에서 가장 영향력 있는 것입니다. 백신이 개발되기 전, 사람들의 수명은 상당히 더 짧았습니다. 위험하고 비위생적인 생활 환경으로 인해 많이 어린 나이에 죽어가고 있었습니다. 하지만, 백신이 발명된 이후, 이전에 수백만 명을 죽이던 질병이 이제 쉽게 치료될 수 있게 되었습니다. 그러므로, 나는 백신이 과학에서 가장 중요한 발견이라고 생각합니다.

단어 수: 108개

Vocabulary

century 세기 (100년) numerous 수많은 invention 발명품 discovery 발견 influence 영향을 주다 following 다음(과 같은)
technological 기술적 scientific 과학적 influential 영향력 있는 realize 깨닫다 satellite 위성 connect 연결하다 travel 이동하다 monitor 관찰하다 breakthrough 혁신 identify 식별하다 tablet 알약 statistics 통계 advancement 발전 develop 개발하다
lifespan 수명 significantly 상당히 unsafe 위험한, 안전하지 않은 unsanitary 비위생적인 living condition 생활 환경 treat 치료하다

시원스쿨 LAB

시원스쿨 LAB